O FINANCIAMENTO DAS AUTARQUIAS LOCAIS PORTUGUESAS

JOÃO PAULO ZBYSZEWSKI

Mestre em Administração e Políticas Públicas
Ex. Director-Geral de Aministração Autárquica
Professor Universitário

O FINANCIAMENTO DAS AUTARQUIAS LOCAIS PORTUGUESAS

UM ESTUDO SOBRE A PROVISÃO PÚBLICA MUNICIPAL

ALMEDINA

O FINANCIAMENTO DAS AUTARQUIAS LOCAIS PORTUGUESAS

AUTOR
JOÃO PAULO ZBYSZEWSKI

EDITOR
EDIÇÕES ALMEDINA, SA
Rua da Estrela, n.º 6
3000-161 Coimbra
Tel: 239 851 904
Fax: 239 851 901
www.almedina.net
editora@almedina.net

Com a colaboração da Universidade Católica

EXECUÇÃO GRÁFICA
G.C. GRÁFICA DE COIMBRA, LDA.
Palheira – Assafarge
3001-453 Coimbra
producao@graficadecoimbra.pt

Novembro, 2006

DEPÓSITO LEGAL
250804/06

Os dados e as opiniões inseridos na presente publicação
são da exclusiva responsabilidade do(s) seu(s) autor(es).

Toda a reprodução desta obra, por fotocópia ou outro qualquer processo,
sem prévia autorização escrita do Editor,
é ilícita e passível de procedimento judicial contra o infractor.

AGRADECIMENTOS

A presente tese representa o trabalho de ano e meio de pesquisa sobre um tema familiar ao seu autor pois tem dedicado a sua carreira profissional ao contacto com as autarquias locais. A possibilidade da frequência do Mestrado em Administração e Políticas Públicas ministrado pelo Instituto Superior de Ciências do Trabalho e da Empresa – ISCTE veio permitir um aprofundamento conceptual das experiências profissionais vividas e facultar instrumentos de abordagem técnico-científicos necessários à investigação.

Aos colegas e professores agradeço o excelente ambiente de trabalho que proporcionou uma aprendizagem muito enriquecedora e da qual guardo gratas recordações.

Ao Senhor Professor Juan Mozzicafreddo *"alma mater"* deste mestrado e meu professor e orientador de tese, agradeço os preciosos ensinamentos que me transmitiu ao longo de todo o Mestrado e que influenciaram profundamente a minha forma de trabalhar. Muito obrigado!

PREFÁCIO

A administração municipal portuguesa fez, desde 1974, um longo caminho. Em termos políticos e focando principalmente a consolidação e o respeito pêlos mecanismos democráticos, pode-se dizer, desde já, que é o principal feito ao nível local, em articulação, naturalmente, com a realidade nacional. Em termos sociais, num sentido amplo, não é de negligenciar o avanço, em termos de reorganização do tecido social e de bem estar básico dos habitantes locais, que a gestão municipal tem propiciado à realidade local, se bem que, com assinaláveis diferenças e assimetrias na realização social local. Agora, em termos de recomposição do tecido territorial local, desde a inserção das populações, passando pelo desenvolvimento da cultura e da informação, até ao incentivo e atratividade da realidade local, não se pode dizer que a gestão municipal se paute por uma generalidade incontestada de desempenho modernizador e integrador do desenvolvimento local.

Neste último aspecto o desempenho autárquico é, mais do que evidente, assimétrico. A realidade financeira local, o dinamismo económico, as iniciativas locais isentas de partidarismo ideológico, que são bases fundamentais do desenvolvimento modernizador e integrador, não se encontram distribuídas de forma a que a administração local encontre plataformas adequadas à sua acção modemizadora. Todavia, mesmo quando esses elementos, sobretudo os económicos, se encontram presentes, o resultado não é visível: a liderança e a modernidade da administração local fazem a diferença. As condições da liderança local, inovadora, moderna, relativamente autonomizada dos espartilhos ideológicos partidários, não depende estreitamente das condições da gestão financeira local. A diferença resulta tanto do contexto do tempo e do espaço, como da qualidade individual da liderança, da ética pública e do respeito pelo interesse público, mais do que pelo interesse da Câmara ou da estrutura partidária em acção política e dos seus clientes locais.

Ora, um aspecto da administração local que, definitivamente, não se pode considerar estruturado ou consolidado, refere-se à utilização dos recursos públicos, à aplicação indutora de desenvolvimento, à equidade redistributiva e, principalmente, à qualidade da gestão pública dos orçamentos locais, ou seja, a forma, os indicadores e a afectação das receitas e despesas locais e centrais. Este é o tema do presente livro, rigorosamente trabalhado pelo mestre João Paulo Zbyszewski que, além das competências técnicas e teóricas adequadas ao tema em causa, introduz, no tratamento do mesmo, uma outra variável de interesse e que se refere à experiência profissional e pessoal através dos cargos e tarefas que desenvolveu neste campo e que, assim, enriquece a compreensão analítica com a percepção política e pública.

O estudo sobre a *provisão pública municipal*, no contexto do financiamento das autarquias locais portuguesas, tema do estudo em causa, versa, naturalmente, sobre as receitas e as despesas, mas, principalmente sobre a forma como estas realidades estão equacionadas. A definição das competências da administração local, a regulamentação relativa às parcerias público-privadas ou a delegação ou, ainda, contratualização de actividade ou a consolidação da lei das finanças públicas locais. Portanto, o que está em causa, também, é uma abordagem política, no sentido nobre da palavra, de definição do contexto da gestão pública local.

No nosso entender o modelo de gestão pública local assenta, basicamente, em três grandes componentes. Por um lado, a gestão e administração local, onde os elementos da gestão por objectivos, da prestação de contas dos recursos colectivos, a transparência e a impessoalidade dos critérios de afectação de verbas caracteriza a boa gestão pública. Por outro lado, a administração local, no que se refere, neste caso, à questão do financiamento municipal, está inserida num contexto de articulação entre a administração central e a local, nomeadamente com base nas normas de financiamento público municipal, nas iniciativas de captação de receitas próprias, nas formas de delegação de competências, de autonomia de contratualização ou regulamentação de parcerias público-privadas, sujeitas a legislação. Por último, a administração local é uma administração dos recursos, dos agentes, das entidades e necessidades locais. Significa isto que a gestão local se institui como uma gestão mediadora entre diferentes grupos, agentes, interesses e necessidades, numa gestão em rede ou como se diz, numa *governance* local onde a liderança autárquica decide num sistema de interacção entre agentes públicos e privados.

Nesse sentido, a delegação de competências ou o aumento das competências e de recursos, ou seja, o aumento de poder de gestão pública municipal é contingente e depende da forma de gestão pública instituída: a delegação de competências ou a contratualização é um instrumento de gestão e não um fim em si mesmo. A estrutura de regulação do chamado poder local integra a questão das competências e de afectação dos recursos públicos. Os estudos relativos a utilização e a aplicação, sem esquecer a prestação de contas dos dinheiros públicos e dos actos administrativos, são necessários de forma a definir um modelo de regulação da gestão pública local. A definição das formas de afectação local das finanças públicas, a afectação e redistribuição dos recursos colectivos locais e a aplicação estratégica desses recursos constitui o modo de regulação político do poder local. As formas de contratualização de serviços, as parcerias público-privadas e as formas de desregulamentação de determinadas actividades locais não indicam uma ausência de regulação política de bens dotados de valor social. Pelo contrário, estas formas de administração local, ao combinar *descentralização* com *recentralização, desregulamentação* com *regulação,* processo de decisão vertical e horizontal integrado em rede de governação são formas e características de modernização da gestão pública local e formas de integração de grupos, entidades e agentes intervenientes no âmbito local.

Em síntese afigura-se pertinente, a este propósito, assinalar que as formas de delegação de competências, de descentralização ou de regionalização não resolvem facilmente ou só por si os problemas das assimetrias regionais, a menos que estas instâncias de intermediação que mencionamos consigam funcionar como um *catalisador* do desenvolvimento territorial, como um instrumento de coordenação e de mobilização de recursos públicos e privados, nacionais e locais. Desta forma, a regionalização ou a descentralização pode ser entendida como um mecanismo adequado à afectação e redistribuição equilibrada dos recursos colectivos. O reforço das instituições intermediárias, a rede de *governance* na organização do Estado local, pode, nesse sentido, contribuir para uma melhoria da gestão pública e do aprofundamento da democracia e da dinâmica da sociedade local.

Outubro 2006

JUAN MOZZICAFREDDO

ABREVIATURAS

AC	Administração Central
ARI	Autoridades Reguladoras Independentes
CADA	Comissão de Acesso aos Documentos Administrativos
CCDR	Comissão de Coordenação e Desenvolvimento Regional
CCR	Comissão de Coordenação Regional
CDU	Coligação Democrática Unitária
ComUrb	Comunidade Urbana
CPA	Código do Procedimento Administrativo
CRP	Constituição da República Portuguesa
DGAA	Direcção Geral da Administração Autárquica
DGAL	Direcção Geral das Autarquias Locais
DGOT	Direcção Geral do Ordenamento do Território
EUA	Estados Unidos da América
FBM	Fundo de Base Municipal
FCM	Fundo de Coesão Municipal
FEF	Fundo de Equilíbrio Financeiro
FFF	Fundo de Financiamento das Freguesias
FGM	Fundo Geral Municipal
GAM	Grande Área Metropolitana
GAT	Gabinete de Apoio Técnico
ICAP	Índice de Capacidade fiscal
ICF	Índice de Compensação Fiscal
IEF	Índice de Esforço Fiscal
INE	Instituto Nacional de Estatística
IRC	Imposto de Rendimento Colectivo
IRS	Imposto de Rendimento Singular
IVA	Imposto de Valor Acrescentado
LFL	Lei de Finanças Locais
MCOTA	Ministério da Cidades, Ordenamento do Território e Ambiente
MLP	Médio e Longo Prazo
MPAT	Ministério do Planeamento e da Administração do Território

NUT	Nomenclatura de Unidade Territorial
OCDE	Organização para a Cooperação e Desenvolvimento Económico
PCP	Partido Comunista Português
PER	Programa Especial de Realojamento
PIB	Produto Interno Bruto
PIDDAC	Plano de Investimento e de Desenvolvimento da Administração Central
POC	Plano Oficial de Contabilidade
POCAL	Plano Oficial de Contabilidade das Autarquias Locais
PPD	Partido Popular Democrático
PS	Partido Socialista
PSD	Partido Social Democrata
QCA	Quadro Comunitário de Apoio
RA	Regiões Autónomas
RAA	Região Autónoma dos Açores
RAM	Região Autónoma da Madeira
SEC 95	Sistema Europeu de Contas Nacionais
SPA	Sector Público Administrativo
STAPE	Secretariado Técnico de Apoio ao Processo Eleitoral
U.E	União Europeia

INTRODUÇÃO

O tema do Estudo

A instituição em concreto de regiões administrativas ficou adiada *"sine die"* após o resultado do referendo realizado em 1998. Visando antecipar-se a qualquer nova tentativa, o XV Governo Constitucional empreendeu uma reforma descentralizadora através da reformulação das áreas metropolitanas. Mantendo a sua natureza associativa (distinta do conceito de autarquia local) mas desta vez instituídas por iniciativa dos próprios municípios, as GAM – Grandes Áreas Administrativas ou as ComUrb – Comunidades Urbanas têm vindo a ser criadas como forma de melhorar a provisão pública local. Mas será esta a resposta acertada ou poderá esta reforma constituir uma armadilha para os municípios?

Uma dificuldade para se obter uma razoável eficiência na provisão municipal reside nas assimetrias existentes entre municípios (quer em população, quer em território). Uma outra dificuldade reside na heterogeneidade da própria provisão que abrange actividades muito diversas que encontram a sua eficiência máxima em níveis diversos de provisão (intermunicipal, agrupamento de municípios ou NUT III, nível sub regional ou regional). Mas a estabilização das competências municipais está longe de se verificar. Ao longo da III República tem vindo a ser transferidas competências da Administração Central para as autarquias locais de uma forma avulsa, sem que tenha existido uma avaliação séria da eficiência da provisão pública. Como consequência tem-se verificado por parte dos municípios, uma procura de economias de escala através da criação de associações e mais tarde de empresas com capitais autárquicos visando o exercício de diversas competências autárquicas.

Num contexto de profunda alteração da provisão pública em todos os países da União Europeia em consequência da necessidade de controlo dos défices orçamentais e de novas tendências de gestão dessa mesma provisão de que se destacam as parcerias publico – privadas, adquire grande oportunidade um exame sobre a equidade redistributiva dos recursos públicos e centrar essa análise no município.

O presente estudo visa compreender o financiamento da provisão pública municipal, primeiro numa perspectiva vertical de repartição dos recursos públicos entre a Administração Central, as Regiões Autónomas e as Autarquias Locais. Um segundo objectivo consiste em verificar se a actual Lei de Finanças Locais assegura a justa repartição horizontal dos recursos transferidos, entre autarquias de mesmo grau.

A diversificação das receitas municipais como forma de reduzir a dependência das transferências da Administração Central e a melhoria da eficiência municipal através da criação de uma sistema de avaliação, são algumas preocupações também presentes neste trabalho.

Metodologia

A metodologia utilizada consistiu predominantemente numa observação tendo utilizado fontes documentais directas escritas assentes nas contas de gerência das autarquias locais, publicadas pela Direcção Geral das Autarquias locais – Ministério das Cidades, Ordenamento do Território e Ambiente e por documentação indirecta obtida a partir de numerosa bibliografia consultada a partir dos Centros de Documentação e Informação de diversos organismos oficiais portugueses (CCDR, CEFA, DGAL, DGOT, Banco de Portugal, Ministério das Finanças e diversas Universidades) e estrangeiros tais como o Parlamento Europeu e o seu comité das Regiões, a OCDE, o Banco Mundial, o Fundo Monetário Internacional para citar os mais utilizados. Na análise dos documentos procura-se seguir uma via externa, contextualizando-os politicamente de forma a melhor adquirir a sua racionalidade mas sem deixar de os analisar internamente em termos de captar as ideias que encerram.

O trabalho assenta também na observação directa que o seu autor realizou ao longo da sua carreira profissional através dos cargos que ocupou e das situações que enfrentou, que o fizeram interrogar-se sobre as soluções possíveis para a resolução dos problemas que afectam as autarquias locais portuguesas. Neste sentido desenvolveram-se ideias próprias que ao longo do texto vão surgindo no contexto dos vários assuntos tratados e que se pretende tenham enriquecido o trabalho.

Estrutura

A estrutura do trabalho assenta em quatro partes, que se completam e encaixam como as peças de um dominó, numa sequência que começa por apresentar noções e conceitos indispensáveis, para passar a uma descrição quantitativa e qualitativa da realidade da actividade autárquica, sucedendo-se um percurso conceptual pela provisão pública autárquica, terminando numa análise sociopolítica da actividade autárquica.

Assim, a primeira parte da tese fornece ao leitor menos familiarizado com a temática abordada, um conhecimento básico sobre a realidade autárquica e sobre algumas questões pendentes de resolução que são desde logo abordados. Para se entender a realidade autárquica é necessário conhecer o seu percurso e neste sentido, apresenta-se uma perspectiva histórica do mesmo onde se descobre que algumas questões antigas continuam actuais. Apresentam-se as assimetrias existentes entre autarquias de mesmo nível, quer em termos de população, quer de território, o que nos alerta desde logo para a dificuldade de se assegurar uma provisão municipal uniforme. Faz-se também um percurso explicativo do funcionamento de diversas entidades que embora não sendo autarquias, interagem com estas diariamente.

A segunda parte visa apresentar a realidade autárquica numa perspectiva dos recursos disponíveis e da sua aplicação. Apresenta-se a receita e a despesa pública num contexto nacional, regional e local, fomentando-se as comparações entre os diversos níveis. Compara-se a realidade Portuguesa com a de outros países pertencentes à União Europeia e encontram-se padrões de comportamento que permitem identificar clubes de países com comportamentos semelhantes. O endividamento municipal merece uma atenção particular nesta parte.

A terceira parte aborda a repartição dos recursos públicos e a equidade redistributiva, situando-se a teoria económica sobre a provisão pública, no contexto autárquico português. A descentralização da despesa pública é objecto de análise e o mecanismo de redistribuição existente na Lei de Finanças Locais é escalpelizado no sentido de se verificar a sua adesão aos objectivos. São apresentadas propostas de reforma destinadas a melhorar a eficiência e a eficácia da provisão municipal.

Na quarta parte a qualidade e transparência da administração local são o objectivo principal. A transparência no funcionamento da provisão pública municipal é condição necessária para o funcionamento da teoria económica, particularmente na objectividade das escolhas orçamentais realizadas através do voto. Para que esta transparência se verifique, existem alguns pressupostos como por exemplo a necessidade de renovar a classe política para permitir uma alternância democrática e portanto o funcionamento da democracia. A participação dos cidadãos na actividade administrativa em variados momentos do procedimento é outra condição inerente à transparência que se pretende. O controlo de legalidade ou de gestão são necessários num contexto de avaliação da qualidade da actividade autárquica. Para votar, o cidadão necessita de estar bem informado e sobretudo de poder comparar escolhas orçamentais, condição necessária ao funcionamento da teoria económica.

PARTE I

INTRODUÇÃO À ADMINISTRAÇÃO E AO TERRITÓRIO

1. CONCEITOS, NOÇÕES E ENQUADRAMENTO

1.1 Conceitos

1.1.1 *Conceito de autarquia local*

Ao abordar na presente tese uma problemática complexa como o é o financiamento das autarquias locais é importante que se tenha a noção clara do objecto da análise empírica. Importa assim clarificar conceitos, estabelecer noções e enquadrar o sujeito da análise na realidade em que este desenvolve a sua actividade.

A realidade autárquica é rica e multifacetada, sujeita a uma evolução que altera as realidades jurídicas e económicas esbatendo a distância entre o público e o privado, fazendo intervir novas entidades onde se cruzam simultaneamente o direito público e o direito privado

A melhor forma de principiarmos a abordagem à realidade autárquica será começar pelo conceito constitucional que inclui as autarquias locais na organização democrática do Estado (art. 235.º). As autarquias locais são assim, pessoas colectivas territoriais dotadas de órgãos representativos, que visam a prossecução de interesses próprios das populações respectivas.

É deveras interessante a ligação que legislador constitucional estabeleceu entre autarquias e organização democrática do Estado. Não poderá haver um Estado democrático sem a existência de autarquias locais. Estas estão assim ligadas intimamente ao funcionamento do regime democrático porque estão perto das populações e são por elas eleitas. As autarquias locais são assim uma peça do edifício democrático em que assenta o Estado.

20 *O financiamento das autarquias locais portuguesas*

Outro aspecto interessante deste artigo reside no facto de se considerar a autarquia como uma pessoa colectiva distinta do Estado que prossegue interesses próprios da respectiva população. Poder-se-á deduzir que estamos perante uma contradição em que o Estado possui os seus interesses e as populações locais defendem os seus próprios interesses através dos seus órgãos representativos que são as autarquias locais.

No entanto, o artigo 6.º da CRP dá-nos resposta a esta dúvida ao determinar que o Estado é unitário na sua organização, no funcionamento do regime autonómico insular, da autonomia das autarquias locais e da descentralização democrática da administração pública. O Estado, as Regiões Autónomas e as Autarquias Locais exercem a sua actividade em diversos níveis, com funções próprias ou em vertentes distintas destas. Cabe ao Estado definir as políticas nacionais e harmonizar os interesses aos diversos níveis, equilibrando e discriminando positivamente quando tal se justifique

O paradigma do interesse da comunidade local e do interesse geral prosseguido pelo Estado estará sempre presente nas relações entre a Administração Central e as autarquias locais e explicará em parte a relação de amor-ódio que tem caracterizado o seu relacionamento.

Luís Sá[1] identifica quatro elementos constitutivos essenciais nas autarquias locais que são o território, a população, os interesses comuns e os órgãos representativos democraticamente eleitos.

Note-se que o conceito de autarquia nem sempre foi uniforme. Por exemplo, Marcelo Caetano[2] considerava que o carácter representativo dos órgãos das autarquias locais não era essencial ao conceito de autarquia. No decurso do período conhecido por *Estado Novo*, os presidentes e vice-presidentes eram nomeados pelo Governo.

Para Marcelo Rebelo de Sousa[3] deve destacar-se o carácter associativo das autarquias locais e a representatividade dos seus órgãos. As autarquias associam os cidadãos em torno de projectos

---

[1] SÁ, Luís de (2000), *Introdução ao direito das autarquias locais*, Lisboa, Universidade Aberta.

[2] CAETANO, Marcelo (1982), *Manuel de Direito Administrativo I*, Coimbra, Almedina.

[3] SOUSA, Marcelo Rebelo de (1994), Lições de Direito Administrativo I, Lisboa.

de interesse comum e em certa medida conduzem à participação cívica.

Importa também analisar a estrutura das autarquias locais e distinguir as diversas categorias de autarquias existentes que mais adiante serão abordadas com maior detalhe. Existe uma tendência natural para confundir autarquias com municípios talvez por estes estarem presentes no dia a dia das nossas comunidades.

O artigo 236.º da CRP estabelece a divisão administrativa, sendo no território continental constituída por freguesias, municípios e regiões administrativas e nas Regiões Autónomas apenas pelas duas primeiras.

De facto, as regiões administrativas embora criadas não chegaram a ser implementadas após o "chumbo" efectuado no referendo de 1998.

1.1.2 *Conceito de Poder Local*

Existe um outro conceito muito utilizado sobretudo na literatura que se ocupa da ciência política, que consiste em denominar como Poder Local, as autarquias locais. Os dois termos são próximos mas o conceito de poder local é mais vasto e transcende a realidade jurídico-administrativa para entrar no campo da ciência política.

Luís Sá diz-nos que o Poder Local designa o conjunto das autarquias locais, das atribuições e competências de que dispõem e do modo como são exercidas num sistema político e administrativo concreto.

Sobre o Poder Local Marcelo Rebelo de Sousa diz-nos que "uma característica que distingue a democracia portuguesa, essa característica é o Poder Local. O Poder Local permitiu a milhares de portugueses a participação na vida cívica. Permitiu que a Democracia não fosse um privilégio de uma minoria, de uma classe sedeada em Lisboa e passasse a ser partilhada por dezenas de milhar de portugueses..."

Mas a utilização do termo Poder Local é muita vezes justificada pela necessidade de encontrar o contraponto de um outro termo – o Poder Central.

Este Poder Central dominou desde sempre a estrutura do Estado Português desde os tempos da monarquia e já sob a Republica.

A Constituição de 1976 atribuiu a um e a outro destes dois poderes a mesma legitimidade democrática, equilibrando a sua relação de forças para evitar o esmagamento de um pelo outro ou o fraccionamento do Estado por um contra-poder demasiado forte. A limitação dos poderes de tutela[4] sobre as autarquias locais, a autonomia administrativa e financeira e a autonomia patrimonial[5] são apenas facetas do *"modus operandi"* em que assenta o funcionamento das autarquias locais.

1.1.3 *Conceito de dinheiros públicos*

O conceito de dinheiros públicos tem evoluído ao longo dos últimos anos, tendo adquirido novo sentido com a transformação profunda que se verifica na administração pública.

Para Sousa Franco[6], os dinheiros públicos são fundos ou valores possuídos ou detidos por uma entidade pública, que pertencem em propriedade aos organismos públicos, adquirindo a característica publica quando são adquiridos em execução de um crédito e perdendo-a quando alienados em cumprimento de uma dívida.

Carlos Moreno[7] considera que os fundos e demais valores detidos pelas entidades que integram o Sector Empresarial do Estado, nomeadamente as empresas públicas, as sociedades de capitais integralmente públicos, as sociedades de capitais maioritariamente públicos ou controlados na gestão pela parte pública, não podem deixar de ser considerados como dinheiros públicos, embora não pertençam a organismos públicos. Considera Carlos Moreno que são públicos os fundos provenientes de entidades públicas, de que beneficiem entidades de qualquer natureza, incluindo-se nestas os privados.

---

[4] Art. 242.º da CRP

[5] Art. 238.º da CRP

[6] FRANCO, António Sousa (1995), *Finanças Públicas e Direito Financeiro*, Vol. I, Almedina, Coimbra.

[7] MORENO, Carlos (2000), *Finanças Públicas – Gestão e Controlo dos Dinheiros Públicos*, 2.ª edição, Lisboa, Universidade Autónoma de Lisboa, p. 29.

Introdução à administração e ao território 23

Portanto o conceito de dinheiros públicos adquiriu hoje um âmbito vasto, sendo de reter um elemento essencial para a sua classificação que é a sua proveniência do erário público. A fronteira entre o público e o privado tem vindo a esbater-se encontrando-se hoje diversas formas atípicas em que coexistem na mesma entidade, formas características do direito público e critérios de gestão típicos da actividade privada. Dois exemplos ilustram bem esta nova realidade: – as empresas públicas municipais[8] que se regem pelo direito privado (art.3.º) e estão sujeitas a restrições típicas de uma entidade pública, como é o caso dos poderes de superintendência (art.16.º) – e o caso das parcerias público-privadas[9] em que uma entidade privada prossegue uma finalidade pública, mediante contrato que estabelece com um parceiro público. A dicotomia público-privado tende a esbater-se.

1.2 Noções

1.2.1 *Noção de freguesia e sua evolução*

A freguesia é a mais pequena circunscrição administrativa existente e a sua origem remonta a um período anterior à fundação da monarquia portuguesa. As freguesias eclesiásticas ou paróquias como eram denominadas, correspondiam à divisão eclesiástica e vieram a moldar a futura divisão administrativa.

Como descreve Nuno Gonçalo Monteiro[10], após o Concílio de Trento (1545 – 1563) com a obrigatoriedade dos registos paroquiais, a multiplicação dos manuais de confessores e da tratadística moral, os párocos viram-se dotados de um conjunto singular de dispositivos de controlo das populações.

---

[8] Vide Lei n.º 58/98, de 18 de Agosto.

[9] Vide, regime geral das parcerias público-privadas, aprovado pelo D.L. n.º 26//2003 de 26 de Abril.

[10] MONTEIRO, Nuno Gonçalo (1996), "A sociedade local e os seus protagonistas" em César de Oliveira (Org.), *História dos Municípios Portugueses*, Lisboa, Círculo de Leitores.

A administração central da coroa não tutelava qualquer corpo político abaixo das câmaras, pelo que as freguesias gozavam de plena autonomia.

A partir de 1836, com a revolução liberal foram criadas as freguesias civis e iniciou-se uma progressiva mas muito lenta separação entre o Estado e a igreja que se estenderia até ao final da monarquia em 1910.

José António Santos[11] explica que as freguesias embora dotadas a partir de 1830 de órgãos colegiais electivos, circunscreviam-se na sua actividade quase que exclusivamente ao foro religioso, pelo que só a partir da publicação da lei de 25 de Abril de 1835 é que estas passaram a integrar a divisão administrativa do País.

Todavia viriam a perder essa qualidade pela lei de 29 de Outubro de 1840 sob a justificação de que *"não era possível encontrar em cada uma das freguesias o número bastante de cidadãos idóneos para o cabal desempenho das funções próprias das magistraturas singulares e dos corpos deliberantes"*.

Segundo Fernando de Sousa[12] o número de freguesias já existentes entre 1801 e 1802 era de 4092.

A despromoção das freguesias operada em 1840, fizera os regedores paroquiais perder a sua qualidade de magistrado administrativo mas as suas competências e a prática do seu exercício mantiveram-se, tal era sua utilidade.

Por detrás da querela em torno do estatuto administrativo da freguesia desenhava-se já a guerra surda entre os partidários de uma administração laica (os adeptos da Republica) e aqueles que se alinhavam do lado da continuação da preponderância da igreja (onde se situava a causa monárquica). Esta guerra "estalaria" em 1910 com o advento da Republica.

A exclusão da freguesia da divisão administrativa tinha ainda outras causas. De facto as paróquias dispunham de uma vasta autonomia que não era bem vista por um poder central que já nessa

---

[11] SANTOS, José António (1995), *As Freguesias – História e actualidade*, Lisboa, Celta.

[12] SOUSA, Fernando de (1979), *A população portuguesa nos Inícios do Século XIX*, Porto, Mimeo.

ocasião, se sentia ameaçado de desmembramento. O poder central reagiu assim prevenindo a possibilidade do exemplo se estender a outros níveis.

Em 1863, por iniciativa do ministro Anselmo Braamcamp, é introduzido na divisão administrativa, um nível inframunicipal denominado Regedoria, que consistia em uma ou mais freguesias pertencentes a um mesmo concelho.

Em 1867, Mártens Ferrão decretou uma reforma territorial autárquica que consistiu na criação de uma *freguesia civil*, por reunião de várias paróquias existentes. A esta freguesia nova foram conferidas funções de natureza religiosa (comissão fabriqueira) e de carácter administrativo.

Em 1910, com o advento do regime republicano, a separação entre a Igreja e o Estado foi uma das preocupações principais do novo regime.

O Código Civil de 1911 estabeleceu a criação do registo civil obrigatório retirando definitivamente às paróquias essa incumbência. A transição dos livros de registo paroquiais foi gradual.

A Constituição do mesmo ano, no respectivo artigo 3.º n.º 33 dizia *"o estado civil e os respectivos registos são da exclusiva competência da autoridade civil"*.

Em 1910, foi adoptado o Código Administrativo de Rodrigues Sampaio (1878) bem mais favorável às autarquias do que o Código de João Franco (1896), de caracter centralizador. Os magistrados administrativos eram então o governador civil, o administrador de concelho e o regedor.

A Lei n.º 88 de 1913 veio dar à freguesia um formato próximo do actual. A paróquia civil passou a ter um corpo administrativo colegial de cinco membros, eleitos trienalmente e a junta da paróquia elegia de entre os seus membros o executivo (órgão uninominal) que integrava um Presidente.

Sob o Estado Novo, a Constituição de 1933 veio conferir à freguesia um destaque particular ao conferir-lhe a particularidade de ser a única autarquia eleita directamente.

A freguesia foi então definida como *"o agregado de famílias que, dentro do território municipal, desenvolve uma acção social comum por intermédio de órgãos próprios"*. Estes órgãos eram as famílias representadas pelos seus chefes e as juntas de freguesia

26   *O financiamento das autarquias locais portuguesas*

(uma forma semelhante persiste nos nossos dias, nas freguesias com menos de 150 eleitores, em que a assembleia de freguesia não existe e é substituída pelo plenário dos eleitores).

O regedor deixou de ser magistrado administrativo e passou a depender do presidente da câmara (que passou a nomeá-lo) e a exercer as funções de fiscal da câmara quanto à execução pelas juntas de freguesia das directivas superiores.

As juntas de freguesia eram compostas por três vogais eleitos directamente por três anos que elegiam entre si o presidente da junta.

Com o advento do regime democrático em 1974, a Constituição aprovada em 1976 manteve o estatuto da freguesia conferindo-lhe no respectivo artigo 237.º a qualidade de autarquia local.

1.2.2 Noção de município e sua evolução

"A municipalização do espaço político local constitui uma das heranças medievais mais relevantes" afirma Nuno Gonçalo Monteiro[13] acrescentando que *"nos últimos séculos da idade média tende a atenuar-se, em parte, a contraposição entre concelhos rurais e concelhos urbanos, ou mesmo, entre terras da coroa e terras do senhorio."* Pareceu indiscutível ao mesmo autor que *"no final do século XV é a universalidade do modelo concelhio como unidade administrativa e judicial de primeira instância, como tal reconhecida e identificada nos primeiros numeramentos".*

Neste processo de municipalização do território, a coroa desempenhará um papel de codificação das fontes de direito, de que são exemplo a legislação de Trezentos sobre os juízes de fora e os corregedores e a ordenação dos pelouros.

A compilação das Ordenações Afonsinas concluída em 1446 visou retomar a legislação dos reinados de D. Afonso IV e D. Fernando e tentar salvaguardar a autonomia dos concelhos ainda que situados em terras senhoriais. Já neste tempo a autonomia municipal constava da agenda política.

---

[13] Op. cit. p. 4.

Mais tarde, entre 1512 e 1514, as Ordenações Manuelinas consagrariam um modelo de competências e do provimento dos ofícios camarários que perduraria por cerca de três séculos. A reforma manuelina dos forais (1497-1520) contribuiria para completar a tarefa de uniformização das competências dos municípios.

Seria com a implantação do liberalismo em Portugal que o sistema administrativo sofreria profundas modificações. A estruturação de um Estado Constitucional impunha a defesa dos seus interesses através de uma administração eficaz.

A Constituição de 1822 dedicou um título à administração local no qual se previa a existência de distritos (art. 212.º) chefiados por um administrador geral nomeado pelo rei e auxiliado por uma junta administrativa (art. 213.º). E adiante determinava-se que *"... haveria Câmaras em todos os povos, onde assim convier ao bem público. ..."* (art. 219.º), sendo os seus oficiais, vereadores, procurador e respectivos substitutos, eleitos anualmente de forma directa em escrutínio secreto (art. 220.º), cabendo-lhes o *"governo económico e municipal dos concelhos"* (art. 218.º).

A publicação do decreto de 27 de Julho de 1822 veio regulamentar as eleições para os oficiais das câmaras estabelecendo que os governos municipais seriam compostos por vereadores, um procurador e um escrivão (art. 1.º) eleitos (excepto o escrivão), pelo munícipes, sendo elegíveis os cidadãos que estivessem no exercício dos seus direitos, maiores de 25 anos, com residência no concelho há pelo menos dois anos, e que tivessem *"meios de honesta subsistência, e não estivessem ocupados em algum emprego incompatível"* (art. 3.º)[14]. As eleições realizadas em 1822 foram a primeiras eleições representativas da vontade popular tendo o acesso ao poder municipal sido permitido a um número maior de cidadãos, provenientes de vários estratos sociais.

A guerra civil entre liberais e absolutistas veio marcar um compasso de espera (entre 1823 e 1834) na alteração da divisão administrativa, ainda que naquele período Mouzinho da Silveira tenha publi-

---

[14] FERNANDES, Paulo Jorge da Silva (2000), "Poder Local e Revolução Liberal: As transformações necessárias", *Revista da Administração Local*, Lisboa, António M. Rebordão Montalvo, p. 649 a 660.

28   *O financiamento das autarquias locais portuguesas*

cado o decreto n.º 23 de 16 de Maio de 1832 durante a regência sedeada nos Açores, através do qual são criadas províncias, comarcas e concelhos chefiados respectivamente por um prefeito, subprefeito e provedor de nomeação pelo rei. Junto destes magistrados existiam corpos administrativos *"da confiança dos povos e por eles eleitos"*[15].

Porém o decreto em causa foi considerado excessivamente centralizador contrastando com a autonomia de que já haviam gozado os municípios. Assim as cortes aprovaram em sua substituição a carta de lei de 25 de Abril de 1835, posteriormente regulamentada no mesmo ano, que dividia o território nacional em distritos, concelhos e freguesias, assumindo assim a actual estrutura administrativa embora a divisão geográfica fosse diferente da actual. A legislação publicada por Mouzinho da Silveira caracterizar-se-ia pelo tipo descentralizador sendo de destacar a preservação das antigas liberdades municipais de que é exemplo a capacidade de auto governo.

Seria em 1836 que Passos Manuel faria publicar um decreto que daria ao território nacional uma forma muito próxima da actual, dividindo o território em 17 distritos, e 351 concelhos e suprimindo cerca de 400 municípios.

O Código Administrativo de Passos Manuel publicado nesse mesmo ano, aprofunda a linha descentralizadora da legislação publicada no ano anterior. O presidente da Câmara passa a ser eleito pelos vereadores e o Governador Civil passa a designar-se administrador geral.

Em 1842, um novo Código Administrativo de Costa Cabral mantendo um vasto conjunto de competências aos municípios faria depender as deliberações camarárias de aprovação superior. A junta e o conselho do distrito passaram a exercer uma apertada tutela sobre os municípios. A autonomia municipal foi fortemente restringida. O Código de 1842 manter-se-ia até 1878.

---

[15] Op. cit. página anterior.

[16] OLIVEIRA, César (1996), "Os municípios no liberalismo monárquico constitucional" in César de Oliveira (Org.), *História dos Municípios Portugueses*, p. 211, Lisboa, Círculo de Leitores.

Para César de Oliveira[16], a longevidade deste Código explica-se pela necessidade de contenção das despesas públicas num período de grandes investimentos públicos e da necessidade de contenção das despesas públicas e de concentração da receita do Estado. A história por vezes repete-se.

Em 1878, com Rodrigues Sampaio surgiria um novo código de cariz mais descentralizador que fixaria 21 distritos (17 no continente e quatro nas ilhas), 290 concelhos (263 no continente) e 160 comarcas.

O Código de 1896, mais conhecido pelo Código de João Franco veio reformar o Código anterior (de 1878) com a preocupação principal de racionalizar as despesas (num contexto de grandes dificuldades financeiras sentidas pala Nação) através do reordenamento administrativo dos municípios, extinguindo aqueles que carecessem de recursos para o desempenho da sua actividade (território insuficiente ou fraca população). Em matéria de tutela sobre as autarquias locais, este código reinstituiu a tutela do governo sobre as autarquias que o anterior código passara a meros poderes de superintendência. Esta tutela, no entanto, não assumiria a amplitude do Código da Costa Cabral (1842) e manter-se-ia circunscrita aos assuntos relativos à fazenda e à polícia.

Com o advento da I República em 1910 houve uma tentativa para repor o Código Administrativo de 1878, considerado mais descentralizador e portanto mais próximo do ideal republicano (decreto de 13 de Outubro de 1910), conforme nos explica Manuel Baiôa[17]. Todavia não foi possível adoptá-lo na íntegra, tendo-se então recorrido ao Código de João Franco (1896).

A Constituição republicana de 1911 veio estabelecer algumas bases da administração local de que merece destaque (art. 66.°):

- Ser garantida a não ingerência do poder executivo na vida dos corpos administrativos;
- A modificação das deliberações do corpos administrativos ser apenas permitida aos tribunais quando ofendam leis ou regulamentos de ordem geral;

---

[17] BAIÔA, Manuel (2000), "A Administração e o Poder Local na transição da I República para a Ditadura Militar", in *Revista da Administração Local*, António M. Rebordão Montalvo, p. 775 a 788;

– Os órgãos distritais e municipais terem sido dotados de um órgão deliberativo e de um órgão executivo;
– Ser permitido o exercício do referendo, nos termos em que a lei o determinar;
– Ser assegurada a representação das minorias nos corpos administrativos;
– Ser garantida a autonomia financeira dos corpos administrativos, nos termos da lei.

Sob o ponto de vista autárquico as disposições constitucionais atrás citadas eram de grande arrojo para a época.

De notar que mesmo em regime democrático (após 25 de Abril de 1974) algumas destas disposições só gradualmente vieram a ser implementadas (por exemplo, no caso do referendo local, entre outras.)

Também o regime republicano, a exemplo do que fizeram os governos anteriores quis deixar marca na administração local e foi decidido elaborar um novo código administrativo.

Todavia, como bem descreve César de Oliveira[18], após longas peripécias (a descentralização pretendida por alguns republicanos debatia-se com a tradição jacobina de muitos dirigentes republicanos que pendiam para a centralização) entre a Câmara dos Deputados e o Senado a proposta de código só parcialmente viria a ser promulgada, dando lugar à Lei n.º 88 de 7 de Agosto de 1913.

Através da Lei n.º 88, adaptou-se o regime funcionamento da administração local à nova conjuntura política passando esta lei a constituir a primeira lei de atribuições e competências dos corpos administrativos.

A lei criava três órgãos deliberativos – a Junta Geral do Distrito, a Câmara Municipal (também designada por Senado Municipal) e a Junta de Freguesia, eleitos directamente por três anos pelos cidadãos inscritos no recenseamento eleitoral. Eram mantidas as figuras do Governador Civil e do Regedor recuperados pela entrada em vigor do Código de 1878.

---

[18] OLIVEIRA, César (1996), "Os municípios no liberalismo monárquico constitucional" em César de Oliveira (Org.), *História dos Municípios Portugueses*, Lisboa, Círculo de Leitores, p. 260 e 261.

Esta Lei considerada a justo titulo por César de Oliveira como de grande inovação na administração local, além de instituir o referendo, permitia a contracção de empréstimos para melhoramentos municipais, o lançamento de contribuições directas e indirectas, a municipalização de serviços, a organização da previdência e de seguros e a possibilidade da celebração de acordos com outras câmaras. A dissolução dos corpos administrativos apenas podia ser feita através do recurso aos tribunais administrativos.

A Lei n.º 88 estabelecia uma distinção em relação às freguesias que não dotara de órgão deliberativo embora lhes tivesse atribuído competências próprias.

Esta mesma lei considerava ainda como receita ordinária dos municípios *"os subsídios especiais consignados no orçamento do Estado"*, mantendo estes à mercê das disposições do poder central e na prática cerceando a sua autonomia.

Em jeito de conclusão sobre a 1.ª República, César de Oliveira afirma[19] que *"o concelho subsistira, no quadro da afirmação do estado territorial do liberalismo oitocentista, como a única instância significativa de afirmação autárquica. Eles constituem as únicas colectividades territoriais fora do Estado dotadas de personalidade jurídica que chegaram a 1910."* e acrescenta *"a República prometera aos municípios maior autonomia e sobretudo mais poder político. Entre as promessas e a prática a distância foi, porém, incomensurável."*

À República sucedeu a ditadura militar e a esta sucedeu o Estado Novo.

Nascido do golpe militar de 28 de Maio de 1928, o Estado Novo trouxe consigo um novo conceito de autarquia. Referindo-se a esse novo conceito, José Hermano Saraiva[20] escreveu que *" o corporativismo veio tentar construir uma nova teoria administrativa que procurou superar a antinomia elemento-conjunto"* (sendo o elemento, o município e o conjunto o Estado ou a Nação).

---

[19] Idem, p. 279.

[20] SARAIVA, José Hermano (1959), *Evolução Histórica dos Municípios Portugueses*, p. 90, Centro de estudos Políticos e Sociais, Lisboa.

Não existia um interesse municipal dissociado do interesse nacional, eles eram apenas formas complementares do mesmo interesse geral.

Citando Marcelo Caetano, César de Oliveira explica que esta destacada figura do Estado Novo afirmara que *"no Estado corporativo todos os interesses que possam por em jogo a segurança, o poderio ou o equilíbrio nacional são interesses públicos"*.

A Constituição de 1933, que vigorará até 1974 definia a autarquias como elementos estruturantes da Nação (art. 21.º) e hierarquizava-as de baixo para cima, em freguesias, concelhos e províncias substituídas pelos distritos a partir de 1959.

Neste contexto, o novo Código Administrativo de 1936, passou a definir a autarquia como *"uma pessoa colectiva de população e território e essa fracção do território do Estado pode simultaneamente ser a circunscrição-base e parte integrante das circunscrições de outras autarquias, o concelho e a província."*

A freguesia era a estrutura de base, composta por três vogais eleitos pelos chefes de família e que escolhiam entre si o presidente, o secretário e o tesoureiro. O Regedor mantinha-se como um fiscal da Câmara junto da Junta.

Os municípios eram divididos em duas classes, rurais e urbanos e dentro destas ordenavam-se em três ordens, em função da importância da demografia, do território e da fiscalidade.

Os órgãos do município dividiam-se em órgãos comuns e órgãos especiais, de acordo com as suas funções. Como órgãos comuns existiam o conselho municipal, a câmara municipal e o presidente da câmara. Como órgãos especiais tínhamos, as juntas de turismo, as comissões municipais de assistência e os órgãos consultivos.

As províncias em número de onze, eram o escalão autárquico mais elevado, compostas por um conselho de formação e composição corporativa, eram dirigidas por uma Junta. Estas autarquias tinham funções de coordenação económica, fomento, cultura e assistência pública.

Em 1959, a Assembleia Nacional dotada de poderes de revisão da Constituição extinguiu as províncias, substituindo-as pelos distritos.

Introdução à administração e ao território 33

O golpe militar de 25 de Abril de 1974 e a revolução dos cravos que se lhe seguiria viria dar novo ímpeto as autarquias locais portuguesas.

A Constituição democrática de 1976, instituiu alguns princípios novos e recuperou outros que a História apagara.

Destaque-se desde logo o conteúdo do artigo 6.º:

– Princípio da unidade do Estado;
– Princípio da autonomia das autarquias locais;
– Princípio da descentralização democrática da administração pública;

e a partir da revisão de 1997,

– o funcionamento do regime autonómico insular, associado à organização unitária do Estado;
– o princípio da subsidiariedade.

Atente-se ao conceito de autarquia local (art. 235.º):

"... pessoa colectiva territorial dotada de órgãos representativos, que visam a prossecução de interesses próprios das populações respectivas";

e às categorias de autarquias locais (art. 236.º):

"No continente as autarquias locais são as freguesias, os municípios e as regiões administrativas. ... nas regiões autónomas são as freguesias e os municípios."

Nas grandes áreas urbanas e nas ilhas, *"a lei poderá estabelecer outras formas de organização territorial autárquica."*

As atribuições das autarquias seriam reguladas por lei e respeitariam o princípio da descentralização administrativa (art. 237.º). As autarquias passaram a dispor de património e finanças próprios (art. 238.º) e a partir da revisão constitucional de 1997 passaram a poder exercer poderes tributários.

Acima de tudo, o regime democrático trouxera consigo o sufrágio directo e universal, não distinguindo entre homens e mulheres

34   *O financiamento das autarquias locais portuguesas*

ou entre pessoas instruídas ou iletradas. O regime eleitoral das autarquias locais composto por dois diplomas (o DL 701-A/76 e 701-B/76 de 29 de Setembro) vigoraria até 2001.

1.2.3 Região administrativa versus distrito

Marcelo Rebelo de Sousa lembra[21] que "não é de hoje nem de um passado recente o debate acerca de uma autarquia supra-municipal".

E para Gomes Canotilho e Vital Moreira "*a instituição das regiões administrativas, como autarquia supra-municipal de âmbito regional, em substituição do distrito, foi a principal inovação constitucional em matéria de estrutura das autarquias locais*".

César de Oliveira recorda a propósito da substituição em 1959 das províncias pelos distritos como autarquia, que "*foram praticamente ineficazes as províncias como autarquias pese o facto de terem dignidade consagrada no texto da Constituição de 1933. No entanto, a sua utilidade e eficácia foi sempre contestada sobretudo entre a entrada em vigor do Código Administrativo e a sua extinção em 1959.*

Os distritos tinham adquirido com o constitucionalismo monárquico e com a própria República um peso e uma tradição suficientemente enraizados para poderem ser suprimidos com facilidade. Não podiam ser substituídos por outra realidade autárquica sem controvérsia."

e mais adiante César de Oliveira acrescenta ... "*num regime centralizador, dirigista e interventor como era o Estado Novo, o governador civil do distrito não era o representante da comunidade dos "seus" municípios junto da administração central mas, bem pelo contrário, o representante do governo nos diferentes distritos e perante as autarquias locais (e governadores civis houve que ocuparam o cargo, anos e anos) as populações sentiam todavia maior proximidade com a acção e a figura do governador civil que tinha*

---

[21] SOUSA, Marcelo Rebelo (1994), *Lições de Direito Administrativo*, Lisboa

um nome, um rosto e uma personalidade concreta e passível de ser conhecida do que uma estrutura demasiado impessoal, mais distante das comunidades e sobretudo sem uma cara visível e concreta como eram as juntas de província e os concelhos provinciais.

A referência a esta experiência adquire particular acuidade pois foi recentemente repetida a propósito do referendo sobre a regionalização que representou uma tentativa de substituição dos distritos.

Recorda-se que sob ponto de vista da divisão administrativa, a Constituição de 1976 acolheu a região administrativa como uma autarquia local que substituiria gradualmente os distritos (art. 291.º). O legislador constitucional refere-se aos distritos, neste artigo, como uma mera divisão territorial e acrescenta que esta divisão se manterá no espaço não abrangido pelas regiões, fazendo prever a sua implementação faseada.

A criação de Regiões Administrativas no continente, como recorda António Montalvo[22], foi de iniciativa do então Partido Popular Democrático – PPD, em 1975, em pleno processo parlamentar de elaboração da Constituição da República, e destinava-se a combater a hegemonia de que dispunham o Partido Socialista – PS e o Partido Comunista Português – PCP, que controlavam o aparelho do Estado e a Administração Central e Local e que por esse facto, demonstraram na ocasião, reservas a tal medida[23].

Portanto, as motivações que presidiram à criação de regiões administrativas no continente, foram políticas mas estas motivações alteraram-se com a situação política do país. Estes intuitos políticos explicarão também os sucessivos atrasos e hesitações que o processo de regionalização seguiria futuramente.

O processo de instituição das regiões administrativas contou com diversas peripécias de que podemos começar por citar a disposição travão inserta na Constituição que obrigava à criação simultânea de todas as regiões (art. 255.º) podendo a sua implementação concreta ser diferenciada entre regiões (art. 256.º).

---

[22] MONTALVO, António, "Nota de abertura", in *Revista da Administração Local*, (1995), António M. Rebordão Montalvo, p. 623 e 624.

[23] Vide "Diário da Assembleia Constituinte", n.º 104, p. 3385 e segs. e n.º 106, p. 3459 e segs.

Este facto por si só, obrigava a um amplo consenso sobre a regionalização nomeadamente sobre o recorte territorial e essa era talvez a maior dificuldade.

Os distritos haviam-se implantado no quotidiano das populações e nenhuma capital de distrito deixaria de concorrer com as restantes para se afirmar como capital da região.

A publicação da Lei-quadro das Regiões Administrativas (Lei n.º 56/91, de 13 de Agosto) foi o primeiro passo concreto dado no sentido de avançar com o processo.

Apesar deste passo importante, esta lei era vaga nas competências e nos meios financeiros atribuídos às regiões e continuava a manter um representante do governo junto da região, que se denominava agora governador regional e detinha poderes de representação do governo na região. Pouco ou nada mudara em relação ao distrito.

Foi necessário esperar sete anos pela criação em concreto das regiões administrativas, o que seria feito com a publicação da Lei n.º 19/98, de 28 de Abril que instituía oito regiões administrativas no continente. O XIII Governo Constitucional havia feito da regionalização um dos seus objectivos principais para a reforma do estado e da administração pública.

Mas a regionalização não era consensual (como seria de esperar) e pressionado pela opinião pública e por uma revisão constitucional de que necessitava, o governo acedeu a realizar um referendo com duas perguntas.

Classificado como híbrido por Marcelo Rebelo de Sousa[24] que entendia que primeiro deveria ser referendada a lei-quadro e as competências das regiões e só depois em função de uma resposta favorável se deveria referendar, o recorte geográfico das regiões. A resposta ao referendo foi um rotundo "Não" à regionalização.

Na perspectiva do governo a região administrativa representava um nível sub nacional, de dimensão superior ao dos distritos no qual podia delegar algumas competências que deviam ser exercidas numa escala supra municipal. Muitas destas competências desenvol-

---

[24] SOUSA, Marcelo Rebelo de (1997), *Uma constituição moderna para Portugal*, Lisboa, Grupo Parlamentar do PSD.

viam-se nas vertentes de coordenação de investimentos de fiscalização e de gestão de equipamentos e de planeamento em alguns casos. As Comissões de Coordenação Regional – CCR já vinham assegurando muitas destas funções, embora com limitados poderes de gestão.

Na perspectiva dos municípios, a região administrativa representava também um nível supra municipal onde poderiam ser alinhadas algumas competências que os municípios haviam transferido para as associações ou, mais recentemente, para as empresas intermunicipais. Todavia, existia um problema adicional, a região administrativa seria eleita tal como o era o município e esta característica divergia do modelo da CCR.

A região poderia disputar ao município a legitimidade política que este orgulhosamente arvorava e desde logo alguns presidentes de câmara começaram a mostrar alguma relutância em relação ao processo de regionalização. A pouco e pouco assistiu-se a um esfriar do entusiasmo por parte dos autarcas senão mesmo ao passar para o campo contrário de muitos deles.

A conjuntura política tinha mudado e a utilidade da regionalização não era a mesma em 1998, 22 anos depois da aprovação da Constituição.

O distrito havia resistido mais uma vez, tinha atravessado a monarquia liberal, a primeira República e o Estado Novo e continuava bem vivo no quotidiano dos portugueses.

Um presidente de Câmara explicava um dia que se constatasse que os seus munícipes atravessavam um belo relvado público, a sua reacção não seria a de levantar uma cerca para proteger o dito relvado mas seria a de abrir um caminho para facilitar a passagem pois significaria que alguém se tinha enganado e não tinha avaliado devidamente as necessidades dos munícipes.

1.2.4 *As regiões-plano e a desconcentração.*

A par da criação das regiões administrativas, o legislador constitucional criou a figura da região-plano (art. 95.º) cuja delimitação e regulamentação foi remetida para a lei. Importa avaliar a evolução da função de planeamento em Portugal.

O financiamento das autarquias locais portuguesas

As primeiras medidas tendentes à criação das Comissões Consultivas Regionais (já anunciadas no III Plano de Fomento – Janeiro 1968 a Dezembro de 1973), foram publicadas pelo decreto-lei n.º 48.905 de 11.03.1969, que institucionalizou uma estrutura orgânica destinada a implementar a política regional anunciada naquele plano.

O território nacional foi dividido então, em seis regiões de planeamento, Norte, Centro, Lisboa, Sul, Açores e Madeira cabendo a estas estruturas, a colaboração na elaboração e execução do plano da respectiva região, a consulta dos interesses locais, públicos e privados, a coordenação regional dos serviços técnicos dos vários ministérios, a articulação técnica dos planos a nível nacional e a sua compatibilização global e sectorial.

Entretanto, convertidas em Comissões de Planeamento Regional, pelo Decreto-Lei n.º 49.364, de 08.11.1969, estas comissões vão preparar o IV Plano de Fomento, destinado a vigorar de 1974 a 1979. Este Plano já dedica uma divisão especial ao ordenamento do território e à política de desenvolvimento regional.

Em vésperas de 25 de Abril de 1974, mais precisamente, através do Decreto-Lei n.º 108/74, de 15 Março, as Comissões Consultivas Regionais de Planeamento são integradas na recém criada Secretaria de Estado do Planeamento, pertencente ao Ministério das Finanças e da Coordenação Económica.

Após 25 de Abril de 1974, as Comissões Regionais de Planeamento transitaram do Ministério das Finanças para Ministério da Administração Interna, pelo Decreto-Lei n.º 524/74, de 8 de Outubro.

Em 1977 é publicada a Lei n.º 31/77, de 23 de Maio, que institui o sistema e orgânica de planeamento e composição do Conselho Nacional do Plano, onde se prevê a criação em cada região-plano de um departamento regional de planeamento, destinado a preparar e acompanhar a execução do respectivo plano regional, que funcionará na dependência do ministério responsável pelo planeamento.

Nessa época, a função de planeamento encontrava-se inserida no Ministério das Finanças mas as Comissões Regionais de Planeamento dependiam do Ministério da Administração Interna, no que resultava numa disfuncionalidade orgânica.

Um passo importante para melhorar a eficácia da administração central é dado com a criação das cinco Comissões de Coordenação Regional, concretizado pelo Decreto-Lei n.º 494/79, e 21 de Dezembro. Nesse diploma pode-se ler nos seus objectivos, *"a criação de condições para um apoio real aos municípios preparando o caminho para uma gradual descentralização de funções da administração central para estes e uma coordenação de acções por forma a garantir o interesse geral".*

Um outro marco na descentralização surge durante a vigência do X Governo Constitucional (primeiro Governo Cavaco Silva, minoritário), com a publicação do Decreto-Lei n.º 130/86, de 7 de Junho que aprovou a orgânica do Ministério do Plano e da Administração do Território e alterou a estrutura das Comissões de Coordenação Regional. Foram então acrescentadas às competências das CCR, o ordenamento do território e o ambiente.

Em termos orgânicos, são criadas as novas Direcções Regionais do Ordenamento do Território e do Ambiente e Recursos Naturais, equiparadas a direcções de serviços e são criadas a partir de serviços já existentes, a Direcção Regional de Planeamento e Desenvolvimento e a Direcção Regional da Administração Autárquica.

O Conselho Consultivo Regional passou a designar-se por Conselho da Região e o Conselho Coordenador Regional passou a nomear-se Conselho Coordenador.

A regulamentação da Lei Orgânica do MPAT, no que concerne às competências das Comissões de Coordenação Regional só seria concretizada já sob o XI Governo Constitucional (1.º Governo de maioria absoluta de Cavaco Silva), através do Decreto-Lei n.º 260/89, de 17 de Agosto que aprova a Lei Orgânica das Comissões de Coordenação Regional e procede à reunião de diversa legislação avulsa.

Sob o XIV Governo Constitucional (2.º Governo Guterres) é publicado um conjunto de diplomas que estabelecem uma nova orientação em matéria de desconcentração. Trata-se de uma nova lei orgânica das CCR[25], do enquadramento da administração descon-

---

[25] Decreto-Lei n.º 224/2001, de 9 de Agosto.

centrada do Estado[26] e das orientações sobre a desconcentração territorial da Administração do Estado[27].

Este pacote legislativo surgiu em fim de mandato do XIV Governo Constitucional como contingência ao revés sofrido no referendo sobre a regionalização mas já não reuniu condições para sua implementação. O Governo demitir-se-ia pouco tempo depois após um desastroso resultado nas eleições autárquicas.

O XV Governo Constitucional que se seguiu, de cor política diferente cedo entendeu que se não tomasse rapidamente a iniciativa, mais tarde ou mais cedo seria ultrapassado pela dinâmica política e desejando prevenir qualquer veleidade por parte da oposição para recolocar a regionalização na agenda política, resolveu promover a descentralização de competências para os municípios. Tratava-se de retirar margem de manobra à implementação das regiões administrativas.

O Conselho de Ministros realizado em Tomar em 26 de Julho de 2002 propôs-se transferir novas atribuições e competências para as autarquias, reforçando os municípios, fomentando a criação pelos municípios de novas áreas metropolitanas, transferindo as competências do Governador Civil para as autarquias e extinguindo o cargo, delegando nos municípios a execução de obras da responsabilidade da administração central, democratizando as CCR de modo a permitir a intervenção participada dos municípios e reformulando o seu estatuto.

A exemplo do que havia acontecido anos antes, com o sistema educativo, as reformas administrativas sucederam-se a um ritmo que não permitiu a avaliação das políticas públicas.

1.2.5 Autonomia e descentralização

A autonomia pode ter várias acepções, a autonomia política, a autonomia administrativa ou a autonomia financeira. Na sua aplicação às autarquias interessa-nos estes dois últimos tipos.

---

[26] Decreto-Lei n.º 264/2001, de 28 de Setembro
[27] Resolução do Conselho de Ministros n.º 146/2001, de 29 de Setembro

Introdução à administração e ao território 41

Marcelo Caetano define[28] a autonomia administrativa como "*o poder conferido ao órgão de uma pessoa colectiva de direito público de praticar actos administrativos que serão executórios desde que obedeçam a todos os requisitos para tal exigidos por lei.*" Segundo o mesmo professor, a autonomia financeira da pessoa colectiva existe "*quando os rendimentos do património e os outros que a lei lhe permita cobrar sejam considerados receita própria aplicável livremente, segundo orçamento privativo, às despesas ordenadas por exclusiva autoridade dos seus órgãos.*"

O legislador constitucional consagrou na Constituição de 1976, diversos princípios que caracterizam as autarquias locais, eleitas democraticamente.

Dois princípios se destacam:

– o princípio de autonomia (administrativa) das autarquias (art. 6.º);
– o princípio da autonomia financeira das autarquias locais (art. 238.º).

O primeiro destes princípios, regulamentado na lei ordinária[29] confere às autarquias uma autonomia que se manifesta verticalmente não só em relação ao Estado e às Regiões Autónomas mas também entre os três níveis autárquicos existentes. A autarquia local, qualquer que seja, exerce a sua actividade independentemente dos restantes níveis de organização do Estado e da administração pública.

Aliás, o relacionamento entre os diversos níveis da administração pública, está expresso no artigo 211.º que prevê a separação e interdependência dos órgãos de soberania, das regiões autónomas ou do poder local.

A referida autonomia das autarquias em relação ao governo é reafirmada no artigo 242.º que define os poderes de tutela sobre as autarquias locais. São de mero controlo da legalidade.

A revisão constitucional de 1997 aditou ao artigo 6.º, o princípio da subsidiariedade e ao artigo 238.º, a possibilidade de as autarquias poderem exercer poderes tributários.

---

[28] CAETANO, Marcelo (1980), *Manual de Direito Administrativo*, Lisboa, p.215.
[29] Vide Lei n.º 159/99, de 14 de Setembro e Lei n.º 169/99, de 18 de Setembro.

O princípio de autonomia financeira mencionado, tem por objectivo garantir a estabilidade dos meios financeiros ao dispor das autarquias locais, permitindo assim o seu funcionamento autónomo. A Lei de Finanças Locais estabelece o universo dos recursos financeiros dos municípios e das freguesias assegurando valores mínimos de financiamento, através de regras de distribuição das transferências da administração central.

A descentralização está ligada à autonomia das autarquias locais através do mesmo artigo 6.º da CRP que refere a descentralização democrática da administração pública como um dos princípios de funcionamento do Estado unitário. Mas para se entender o alcance total desta descentralização é necessário ter em atenção o disposto no artigo 267.º da CRP.

A administração pública deverá ser estruturada de forma a aproximar os serviços das populações e garantir a participação dos interessados na sua gestão efectiva, através de formas de representação democráticas que não podem ser outras senão as autarquias locais. A descentralização e a desconcentração administrativas não se devem sobrepor à eficácia e à unidade de acção da administração.

Parece claro que para o legislador constitucional a descentralização não é um objectivo mas um dos vários instrumentos para se atingir a autonomia.

O próprio conceito de autonomia tem vindo a evoluir com o aparecimento de formas híbridas de funcionamento da actividade pública de que é exemplo a possibilidade de criação de entidades administrativas independentes prevista no n.º 3 do aludido art. 237.º da CRP na redacção que lhe foi dada após a revisão de 1997.

1.3 Considerações gerais

1.3.1 *As autarquias locais e o Estado*

Em termos da teoria geral da organização administrativa, as autarquias locais são em sentido orgânico, órgãos dotados de personalidade jurídica distintos do Estado.

A sua razão de ser prende-se com a satisfação de necessidades colectivas próprias das respectivas populações dentro de uma esfera de atribuições que a lei desenvolve.

Introdução à administração e ao território

Na prossecução das suas atribuições, as pessoas colectivas autárquicas (região, município e freguesia) dispõem de órgãos (executivo e deliberativo) nos termos do artigo 239.º da CRP. As autarquias exercem a sua actividade no quadro do Estado unitário, que deve no entanto respeitar a autonomia destas (art. 6.º da C.R.P). A autonomia das autarquias locais consiste em dispor de finanças e de património próprios (art. 238.º da CRP) e em poder administra-los livremente nos termos da lei segundo critérios estabelecidos por cada autarquia. A partir de 1997 passaram a poder dispor de poderes tributários nos termos a estabelecer na lei (n.º 4 deste artigo foi aditado após a revisão constitucional de 1997).

No artigo 235.º da CRP o legislador diz-nos que *"a organização democrática do Estado compreende a existência de autarquias locais"* decorre portanto que as autarquias são indispensáveis à existência de um Estado democrático.

O contributo das autarquias locais para esse mesmo Estado democrático consiste em estas "prosseguirem interesses próprios das populações respectivas"[30] e os seus órgãos "serem eleitos por sufrágio universal, directo e secreto pelos cidadãos recenseados na área da respectiva autarquia".

1.3.2 *As autarquias e a administração pública*

A Constituição da Republica Portuguesa ao referir-se ao Estado unitário no seu artigo 6.º estabelece garantias de respeito por diversos princípios que poderiam ser entendidos como indispensáveis ao normal funcionamento do Estado unitário, daí a referência expressa do legislador.

Estes princípios são, o respeito pela organização e funcionamento do regime autonómico insular, o respeito pelo princípio da subsidiariedade, o respeito pelo princípio da autonomia das autarquias locais e o respeito pelo princípio da descentralização democrática da administração pública.

Em termos da sua sistematização, estes princípios encontram-se inseridos num conjunto de artigos da Constituição que o legislador

---

[30] Vide n.º 2 do art. 235.º da C.R.P.

44 O financiamento das autarquias locais portuguesas

denominou de princípios fundamentais, portanto atribuindo-lhes dentro da própria Constituição um estatuto superior ao das restantes matérias nela compreendidas. Trata-se de um núcleo de competências que é vital para a coerência do texto Constitucional.

Importante para a compreensão da ligação entre autarquias locais e descentralização é o artigo 237.º quando refere que *"as atribuições e competências das autarquias locais, bem como a competência dos seus órgãos serão reguladas de harmonia com o princípio da descentralização administrativa"*.

Neste intrincado "dominó" que é a Constituição da República Portuguesa a ligação final entre autarquias e administração pública é dada pelos artigos 266.º e 267.º que regulam a estrutura e funcionamento da administração pública.

No artigo 266.º o legislador diz-nos que *"a administração pública visa a prossecução do interesse público, no respeito pelos direitos e interesses legalmente protegidos dos cidadãos"*. Portanto, a administração pública não é um corpo meramente instrumental ou de execução. Ela tem uma tarefa constitucional, ser o garante do respeito de certos direitos dos cidadãos.

Como é que a administração pública exerce estes direitos? O artigo 237.º refere-nos a forma como esta deverá ser estruturada para cumprir a sua missão. A administração pública *"será estruturada de modo a evitar a burocratização, de modo a aproximar os serviços das populações e a assegurar a participação dos interessados na sua gestão efectiva, designadamente por intermédio de associações de moradores e outras formas de representação directa"*.

As autarquias locais são pois uma forma de exercício da actividade da administração pública, particularmente através da descentralização de competências que se vem efectuando ao longo dos anos.

A revisão constitucional de 1997, que passou a prever no seu artigo 267.º a possibilidade de a lei criar na estrutura da Administração, entidades administrativas independentes. Estas entidades exercem a sua actividade em sectores outrora fechados ao mercado em que presentemente a concorrência existe sendo portanto indispensável o regulador, da entidade definidora das regras de funcionamento de mercado. A Administração está a passar por modificações profundas que afecta também as autarquias locais.

1.3.3 *As autarquias e a Europa*

A nível europeu a Carta Europeia de Autonomia Local[31] aprovada em 15 de Outubro de 1985 pelo Conselho da Europa, estabeleceu um marco importante na definição de uma estatuto autárquico comum aos vários países europeus e não apenas aqueles que compunham a Comunidade Europeia, naquela data. De facto a Carta foi assinada por 21 Estados dos quais faziam parte, por exemplo, a Turquia, Malta e Chipre. A Carta estabelecia conceitos, condições para o exercício das responsabilidades ao nível local, limites de tutela sobre as autarquias locais, protecção legal das autarquias e direito de associação destas, entre muitas outras disposições destinadas a ser aplicadas em comum nos países signatários da Carta.

No caso Português, praticamente todas a disposições já tinham tido acolhimento na legislação nacional e algumas até tinham dignidade constitucional conforme reconheceu o Congresso das Autoridades Locais e Regionais da Europa no Parlamento Europeu[32]. A "revolução dos cravos" e o regime democrático que se seguiu tinham produzido uma das constituições europeias, mais avançadas para o seu tempo e esta influenciara toda a legislação subsequente. No capítulo da autonomia local Portugal está no "pelotão da frente" dos países europeus.

1.3.4 *As autarquias e a sua gestão económico-financeira*

A gestão económico-financeira das autarquias locais assenta no princípio constitucional da sua autonomia financeira e patrimonial (art. 238.º da CRP).

As autarquias locais possuem as receitas provenientes da gestão do seu património e as cobradas pela utilização dos seus serviços.

Todavia, estas receitas não são suficientes, pelo que o mesmo artigo da Constituição prevê um regime de finanças locais com o

---

[31] Ministério do Plano e da Administração do Território (1987), *Carta Europeia de Autonomia Local*, Lisboa.

[32] Vide recomendação n.º 127 (2003) sobre Democracia Local e Regional em Portugal

objectivo de assegurar uma justa repartição dos recursos públicos pelo Estado e pelas autarquias, visando ainda a correcção de desigualdades entre autarquias do mesmo grau.

Esta lei é a Lei n.º 42/98, de 6 de Agosto, conhecida como Lei de Finanças Locais. Existem assim duas repartições dos recursos, a primeira realizada verticalmente entre os vários níveis da administração pública e a segunda dentro do nível autárquico, entre as autarquias de mesmo grau.

Mas na repartição vertical, a Lei de Finanças Locais não é o único instrumento existente. Idêntica lei foi criada para garantir a estabilidade das receitas e garantir a autonomia financeira da Regiões Autónomas, trata-se da lei n.º 13/98, de 24 de Fevereiro também conhecida por Lei de Finanças Regionais. Ao longo dos anos, desde a primeira Lei de Finanças Locais em 1979[33] que o legislador tem vindo a aumentar as receitas próprias das autarquias por forma a reforçar a sua autonomia financeira e a reduzir a sua dependência do Orçamento do Estado. Quando a primeira Lei de Finanças Locais foi publicada em 1979, os municípios dependiam do Orçamento do Estado em cerca de 80% da sua receita total. Hoje, na vigência da quarta Lei de Finanças Locais, é de cerca de 46% do total da receita[34]. A diversificação das fontes de receita aumentou em relação às anteriores leis, de que é exemplo a prestação de serviços resultante de novas funções exercidas pelos municípios.

---

[33] Vide Lei n.º 1/79, de 6 de Janeiro.

[34] Vide Direcção Geral das Autarquias Locais (2002) "Finanças Municipais 2000" Ministério das Cidades, Ordenamento do Território e Ambiente – Secretaria de Estado da Administração Local, p.205.

2. A CARACTERIZAÇÃO DAS AUTARQUIAS LOCAIS

2.1 Caracterização das freguesias

Seleccionaram-se quatro indicadores para auxiliar à caracterização das freguesias sendo os dois primeiros, a população e a área, justificados pelo peso que ocupam na repartição horizontal das transferências da administração central.

O terceiro indicador, a classificação administrativa é relevante para se avaliar a classificação que o legislador atribui às freguesias. Por fim o quarto indicador serve para relacionar o nível autárquico freguesia com o nível autárquico município.

2.1.1 *Dimensão populacional das freguesias*

Quando se analisa um universo estatístico por vezes existe a tendência para generalizar os resultados das observações feitas. A estatística resolveu este problema criando as medidas ditas de localização e de dispersão. Tentar-se-á caracterizar as freguesias de forma a evidenciar as grandes disparidades existentes no seu seio e desta forma mostrar que a realidade autárquica deve ser abordada com prudência e sobretudo com sentido de observação.

Da observação da tabela 1, verificamos que 85% das freguesias têm entre 1000 e 5000 habitantes. Apenas 1,72% das freguesias podem ser consideradas de grande dimensão. Este facto pode justificar a fraca actividade deste nível autárquico. De facto para se realizar investimentos públicos é necessário possuir uma escala que rentabilize os mesmos.

QUADRO 2.1

Dimensão populacional das freguesias, por classes de eleitores

	Classes de freguesias	Freguesias	%
1	> 20.000 eleitores	73	1,72
2	5.000 < eleitores <= 20.000	375	8,82
3	1.000 < eleitores <= 5.000	1.637	38,51
4	150 < eleitores <= 1.000	1.989	46,79
5	150 <= eleitores	177	4,16
	Total Freguesias	4.251	100

Fonte: DGAL – Direcção Geral das Autarquias Locais, distribuição das Finanças Locais em 2003

2.1.2 Dimensão geográfica das freguesias

O quadro 2.2 que se segue evidencia uma realidade semelhante à registada para a população. Com efeito, cerca de 90% das freguesias têm uma área inferior a 5.000 Km². Das dez freguesias mais pequenas nove situam-se no município de Lisboa e muitas outras freguesias deste município estão perto do fim da tabela.

QUADRO 2.2

Dimensão das freguesias, por classes de área

	Classes de freguesias	Freguesias	%
1	> 40.000 Km²	1	0,02
2	20.000 < área freg. <= 40.000 Km²	29	0,68
3	10.000 < área freg. <= 20.000 Km²	123	2,89
4	5.000 < área freg. <= 10.000 Km²	226	5,32
5	1.000 < área freg. <= 5.000 Km²	1928	45,35
6	500 < área freg. <= 1.000 Km²	931	21,90
7	100 < área freg. <= 500 Km²	943	22,18
8	<= 100 Km²	70	1,65
	Total	4251	100,00

Fonte: DGAL – Direcção Geral das Autarquias Locais, distribuição das Finanças Locais em 2003

Recorda-se que Lisboa possui 53 freguesias enquanto o Porto com cerca de metade da população e da área apenas é constituído por 17.

2.1.3 Classificação Administrativa das freguesias

A classificação administrativa das freguesias sob a II Republica constava do artigo 4.º do DL 31095, de 31 de Dezembro de 1940 (Código Administrativo) cuja redacção se transcreve:

> *"Artigo 4.º*
> *(Ordem das freguesias)*
>
> *As freguesias podem ser de 1.ª, 2.ª e 3.ª ordem.*
> *§ 1.º São de 1.ª a ordem as freguesias com 5.000 ou mais habitantes e as das cidades de Lisboa e Porto.*
> *§ 2.º São de 2.ª ordem as freguesias com 800 ou mais habitantes e menos de 5.000.*
> *§ 3.º São de 3.ª ordem as freguesias não compreendidas em qualquer dos parágrafos anteriores."*

A primeira lei de atribuições e competências das autarquias locais reformulou esta classificação para efeito da determinação do número de mandatos. A actual lei (Lei 169/99, de 18 de Setembro, alterada e republicada pela Lei n.º 5-A/2002, de 11 de Janeiro) no respectivo artigo 5.º estabelece a seguinte composição da Assembleia de Freguesia:

> *"Artigo 5.º*
> *Composição*
>
> *1 – A assembleia de freguesia é composta por 19 membros quando o número de eleitores for superior a 20 000, por 13 membros quando for igual ou inferior a 20 000 e superior a 5000, por 9 membros quando for igual ou inferior a 5000 e superior a 1000 e por 7 membros quando for igual ou inferior a 1000.*
> *2 – Nas freguesias com mais de 30 000 eleitores, o número de membros atrás referido é aumentado de mais um por cada 10 000 eleitores para além daquele número.*
> *3 – Quando, por aplicação da regra anterior, o resultado for par, o número de membros obtido é aumentado de mais um."*

2.1.4 *Número de freguesias por município*

O número de freguesias por município advém da divisão eclesiástica sendo patente o seu maior número no Norte do país onde se atinge um máximo de freguesias no município de Barcelos (89), verificando-se o mínimo no município do Corvo (Açores), que não possui freguesias.

Esta realidade assimétrica não possui qualquer racionalidade em termos da sua utilidade para a prossecução das atribuições actuais da autarquia freguesia. A desigualdade da repartição geográfica das freguesias explica-se pela evolução da divisão eclesiástica das antigas paróquias que se transformaram em freguesias (situação amplamente abordada no ponto 1.2.1 – Noção de freguesia e sua evolução) e pelo povoamento do país que se fez de Norte para Sul.

QUADRO 2.3
Número de freguesias por município

Classes de freguesias	N.º mun.	%
> 50 Freg.	9	2,92
40< Freg. <=50	2	0,65
30< Freg. <=40	18	5,84
20< Freg. <=30	27	8,77
10< Freg. <=20	88	28,57
<= 10 Freg.	164	53,25
Total Municípios	308	100,00

Fonte: DGAL – Direcção Geral das Autarquias Locais, distribuição das Finanças Locais em 2003

Verifica-se que cerca de metade dos municípios possuem menos de dez freguesias e que cerca de 82 % tem menos de vinte freguesias. Cerca de 3% dos municípios possuem um número exagerado de freguesias, superior a 40 freguesias.

Este facto dificulta a obtenção de quórum de funcionamento nas respectivas Assembleias Municipais, tendo presente que da sua composição fazem parte todos os Presidentes de Junta de Freguesia (membros por inerência) e pelo menos, um conjunto de membros eleitos em número superior ao das inerências (acrescido de mais um mandato).

2.2 Caracterização dos municípios

2.2.1 Dimensão populacional dos municípios

Analisando os 308 municípios (quadro 2.4) o valor modal é atingido na classe entre 5.000 e 20.000 habitantes. Esta classe compreende quase 48% do efectivo total. As classes superiores compreendem um maior efectivo, registando-se 24 municípios com mais de 100.000 habitantes. Nas classes inferiores o efectivo fica-se por cerca de 11%. Observando-se os extremos da distribuição (quadro 2.5) verifica-se que dos dez maiores municípios, cinco pertencem à Área Metropolitana de Lisboa e quatro à Área Metropolitana do Porto. Entre os dez menores municípios, quatro pertencem às Regiões Autónomas e quatro à NUT Alentejo. A insularidade e a interioridade explicam os maiores e os menores registos. Um recente estudo elaborado pelo Ministério da Finanças demonstra que a dicotomia interior-litoral tende a esbater-se com o aparecimento de cidades intermédias que vieram estabelecer pólos de atracção de população no interior do país[35].

---

[35] CHORINCAS, Joana (2003), *Dinâmicas Regionais em Portugal – Demografia e Investimentos*, Departamento de Prospectiva e Planeamento, Ministério das Finanças.

QUADRO 2.4
Dimensão populacional dos municípios, por classes de habitantes

	Classes de municípios	N.º de munic	%
1	> 100.000 habitantes	24	7,79
2	50.000 < habitantes <= 100.000	31	10,06
3	30.000 < habitantes <= 50.000	36	11,69
4	20.000 < habitantes <= 30.000	37	12,01
5	5.000 < habitantes <= 20.000	147	47,73
6	1000 > habitantes <= 5.000	32	10,39
7	< 1000 habitantes	1	0,32
	Total	308	100

Fonte: DGAL – Direcção Geral das Autarquias Locais, distribuição das Finanças Locais em 2003

QUADRO 2.5
Dimensão populacional dos maiores e menores municípios

Os dez maiores municípios	Habitantes	Os dez maiores municípios	Habitantes
Lisboa	559. 089	Corvo	422
Sintra	371 118	Lajes das Flores	1 466
Vila Nova De Gaia	288 058	Barrancos	1 891
Porto	258 134	S. Cruz das Flores	2 441
Loures	199 184	Alvito	2 639
Amadora	175 534	Porto Moniz	2 871
Cascais	171 555	Mourão	3 181
Matosinhos	165 921	Arronches	3 314
Braga	163 784	Vila De Rei	3 331
Gondomar	163 574	Monforte	3 338

Fonte: DGAL – Direcção Geral das Autarquias Locais, distribuição das Finanças Locais em 2003

Introdução à administração e ao território 53

2.2.2 Dimensão geográfica dos municípios

Da observação da tabela 6 resulta uma clara concentração na classe 5 (área entre 100 e 400 Km^2) que abrange cerca de 58 % dos municípios. Os municípios grandes são pouco significativos enquanto os municípios com território muito pequeno ainda representam cerca de 20%.

QUADRO 2.6
Dimensão geográfica dos municípios, por classes

	Classes de Municípios	Municípios	%
1	> 1.600 Km^2	1	0,32
2	1200 < área <= 1.600 Km^2	6	1,95
3	800 < área <= 1.200 Km^2	10	3,25
4	400 < área <= 800 Km^2	52	16,88
5	100 < área <= 400 Km^2	179	58,12
6	<= 100 Km^2	60	19,48
	Total	308	100,00

Analisando os extremos da distribuição (Quadro 2.7) encontra--se grandes municípios de Norte a Sul do país e do litoral ao interior. No Sul existe talvez uma maior tendência para os municípios com grandes áreas.

No que concerne aos menores municípios não é possível estabelecer um padrão claro pois estes distribuem-se por quase todas as áreas do território nacional.

Curiosamente alguns dos municípios mais pequenos até são de criação recente.

QUADRO 2.7
Dimensão geográfica dos maiores e menores municípios

Os dez maiores municípios	Área – Km²	Os dez maiores municípios	Área – Km²
Odemira	1714	S. João da Madeira	8
Alcácer do Sal	1480	Entroncamento	14
Castelo Branco	1440	Corvo	17
Idanha-a-nova	1413	Espinho	21
Évora	1308	Amadora	23
Mértola	1279	Vizela	24
Montemor-o-Novo	1232	Odivelas	26
Bragança	1174	Mesão Frio	27
Beja	1140	Barreiro	34
Coruche	1113	Porto	42

2.2.3 Classificação Administrativa dos municípios

A classificação administrativa dos municípios sob a II Republica foi estabelecida pelo artigo 3.°[36] do DL 31095, de 31 de Dezembro de 1940 (Código Administrativo) cuja redacção transcreve:

"Artigo 3.º
(Ordem dos concelhos)

Os concelhos, com excepção dos de Lisboa e Porto, podem ser de 1.ª, 2.ª e 3.ª ordem.

§ 1.º Quanto aos concelhos urbanos:

1 – São de 1.ª ordem os concelhos referidos no n.º 1 do § 1.º do artigo anterior.

---

[36] Alterado pelo DL 49268/69, de 26.09 e pelo DL 39447/53, de 23.11.

2 – São de 2.ª ordem os concelhos referidos no n.º 2 do § 1.º do artigo anterior que, não reunindo os requisitos dos concelhos urbanos de 1.ª ordem, tenham, na sede e nos núcleos urbanos com mais de 10.000 habitantes, população superior a 20.000 habitantes ou em que o montante das contribuições directas anualmente liquidadas para o Estado seja igual ou superior a oito décimas milésimas do total das receitas ordinárias arrecadadas pelo Tesouro, segundo a última Conta Geral do Estado publicada à data da classificação.

3 – São de 3.ª ordem os concelhos não compreendidos em qualquer dos números anteriores.

§ 2.º Quanto aos concelhos rurais:

1 – São de 1.ª ordem:

a) Os concelhos com sede em capital de distrito;

b) Os concelhos com 55.000 ou mais habitantes;

c) Os concelhos em que o montante das contribuições directas anualmente liquidadas para o Estado seja igual ou superior à importância referida no n.º 2 do parágrafo anterior.

2 – São de 2.ª ordem:

a) Os concelhos com 30.000 ou mais habitantes e menos de 55.000;

b) Os concelhos com menos de 30.000 habitantes, em que o montante das contribuições directas anualmente liquidadas para o Estado seja igual ou superior a três décimas milésimas do total das receitas ordinárias arrecadadas pelo Tesouro, segundo a última Conta Geral do Estado publicada à data da classificação, e inferior a oito décimas milésimas da mesma importância.

3 – São de 3.ª ordem os concelhos não compreendidos em qualquer dos números anteriores."

A actual lei de competências das autarquias locais (Lei 169/99, de 18 de Setembro, alterada e republicada pela Lei n.º 5-A/2002, de 11 de Janeiro) estabelece no respectivo artigo 57.º a seguinte composição da Câmara Municipal:

"Artigo 57.º

Composição

1 – É presidente da câmara municipal o primeiro candidato da lista mais votada ou, no caso de vacatura do cargo, o que se lhe seguir na ordem da respectiva lista, de acordo com o disposto no artigo 79.º.

56   *O financiamento das autarquias locais portuguesas*

2 – Para além do presidente, a câmara municipal é composta por:
a) Dezasseis vereadores em Lisboa;
b) Doze vereadores no Porto;
c) Dez vereadores nos municípios com 100 000 ou mais eleitores;
d) Oito vereadores nos municípios com mais de 50.000 e menos de 100.000 eleitores;
e) Seis vereadores nos municípios com mais de 10.000 e até 50.000 eleitores.
f) Quatro vereadores nos municípios com 10.000 ou menos eleitores.

3 – O presidente designa, de entre os vereadores, o vice-presidente a quem, para além de outras funções que lhe sejam distribuídas, cabe substituir o primeiro nas suas faltas e impedimentos."

2.2.4 *Os municípios e as Comissões de Coordenação Regional*

No âmbito das competências dos municípios faz sentido referir a ligação destes com as Comissões de Coordenação Regional (CCR) hoje designadas por Comissões de Coordenação e Desenvolvimento Regional (CCDR).

A aprovação da nova Lei Orgânica do Ministério das Cidades, Ordenamento do Território e Ambiente (MCOTA) e da nova orgânica das CCDR[37], veio conferir a estes serviços o estatuto de serviços desconcentrados, dotados de autonomia administrativa e financeira.

As suas áreas geográficas de actuação passaram a corresponder às unidades do nível II na Nomenclatura das Unidades Territoriais para Fins Estatísticos (NUT) no Continente. Contudo, até ao termo de vigência do III Quadro Comunitário de Apoio as áreas geográficas de actuação da CCDR do Centro, de Lisboa e Vale do Tejo e do

---

[37] DL n.º 97/2003, de 7 de Maio – Lei Orgânica do Ministério das Cidades, Ordenamento do Território e Ambiente e DL n.º 104/2003, de 24 de Maio – Extinção das CCR e criação das CCDR, alterado pelo DL n.º 117/2004, de 18 de Maio e pelo DL n.º 114/2005, de 13 de Julho.

Alentejo coincidem com a respectiva NUT de nível II, tal como definidas no Decreto-Lei n.º 46/89, de 15 de Fevereiro, com as alterações do Decreto-Lei n.º 317/99, de 11 de Agosto, sendo ajustadas em função do disposto no Decreto-Lei n.º 244/2002, de 5 de Novembro.

As CCDR detêm a coordenação das políticas públicas junto das autarquias locais e quaisquer iniciativas de cooperação entre a Administração Central e as autarquias que envolvam uma intervenção plurisectorial devem necessariamente ter a sua intervenção.

Em suma as CCDR asseguram entre outras, as seguintes actividades:

- Dinamizam e participam nos processos de planeamento estratégico;
- Participam na elaboração do Plano de Desenvolvimento Regional e garantem o cumprimento dos seus objectivos;
- Asseguram as intervenções do QCA;
- Participam na elaboração, articulação e monitorização do Programa de Investimentos e Despesas de Desenvolvimento da Administração Central;
- Asseguram as intervenções desconcentradas da Administração Central;
- Dinamizam a cooperação entra a Administração Directa e Indirecta do Estado, autarquias locais e entidades equiparadas;
- Fomentam formas de parcerias e de participação de agentes regionais.

FIGURA 2.1
Áreas de actuação das CCDR

Fonte: DGAL – Direcção Geral das Autarquias Locais, Administração Local em números – 2001

2.3 Outras formas de organização autárquica

2.3.1 *Os Gabinetes de Apoio Técnico*

Os Gabinetes de Apoio Técnico (GAT) merecem figurar à cabeça da lista de formas particulares de organização autárquica, em regime democrático.

Reconhecendo a impossibilidade de provir com os meios humanos os 274 municípios do Continente, o Governo, através do Decreto-Lei n.º 58/76, de 23 de Novembro, encarregou as Comissões de Planeamento de contratar o pessoal indispensável ao apoio técnico às Câmaras Municipais.

Foram constituídos 49 agrupamentos de municípios. Os critérios para o agrupamento basearam-se no conceito de bacia hidrográfica (ligação aos problemas de abastecimento de agua e saneamento) ou de área de influência de um pólo de reconhecida importância (ligação ao factor demográfico ou económico).

Através do Decreto-Lei n.º 58/79, de 29 de Março (alterado pela Lei n.º 10/80, de 19 de Junho) o Governo institucionalizou os agrupamentos de municípios fazendo corresponder a cada agrupamento um Gabinete de Apoio Técnico.

Nasciam assim os GAT cuja gestão constituiu um modelo inovador de cooperação entre a administração central e as autarquias. Com efeito, os planos de actividades dos GAT eram aprovados pelos municípios constituintes do mesmo, sendo os serviços suportados pela Administração Central durante um período cuja duração não era anunciada mas que se adivinhava de transição pois previa-se que os funcionários destes organismos pudessem vir a ser "absorvidos" pelas associações ou federações de municípios, mediante decisão das Assembleias Municipais respectivas.

O modelo de gestão dos GAT foi uma das formas de cooperação mais eficazes entre o Poder Central e o Poder Local, sendo responsável ao longo dos cerca de 24 anos da sua actividade, por uma boa parte dos projectos realizados pelos municípios.

60 — O financiamento das autarquias locais portuguesas

FIGURA 2.2
Áreas de actuação dos GAT

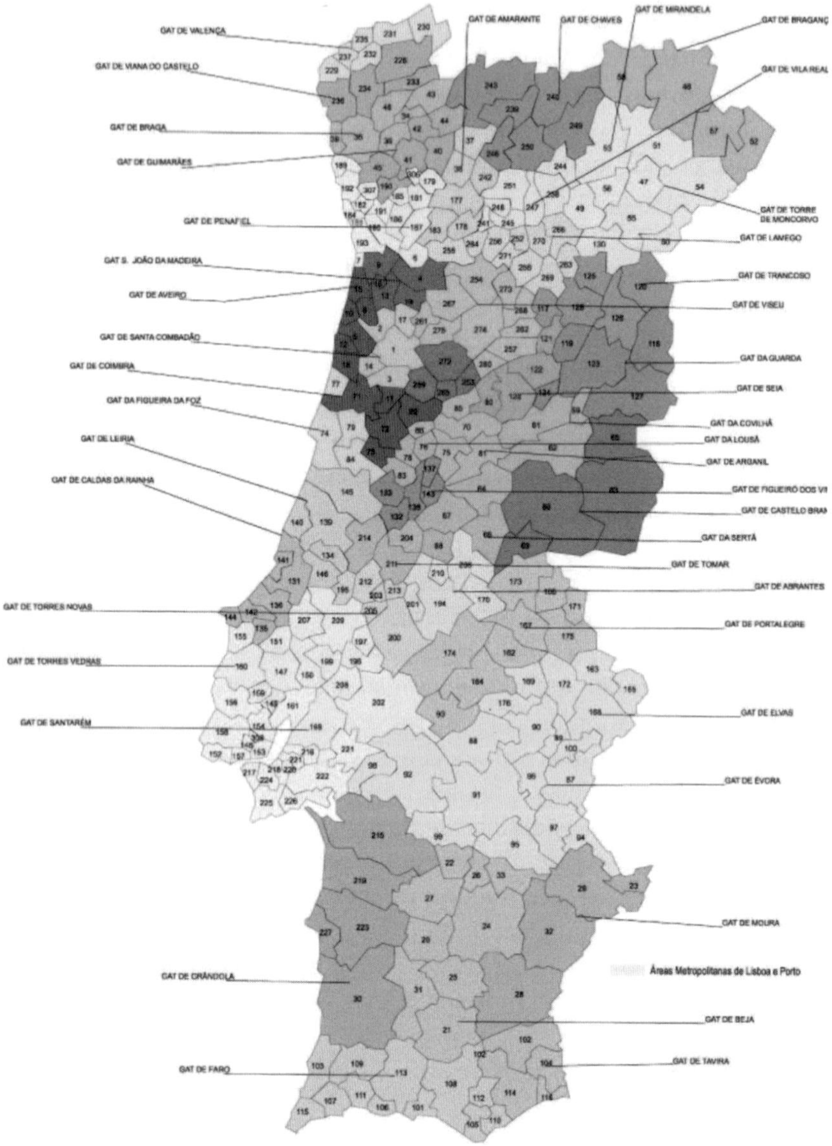

Fonte: DGAL – Direcção Geral das Autarquias Locais, Administração Local em números – 2001

2.3.2 As Associações de Municípios

A seguir aos GAT, as associações de municípios ocupam o segundo lugar na cooperação intermunicipal.

Outrora reduzidos na vigência do Código Administrativo à possibilidade ou obrigação da criação de federações de municípios, os municípios dispõem hoje da possibilidade de se associarem em regime de direito público[38] ou sob o regime do direito privado[39].

O regime de direito público confere aos municípios associados a possibilidade da realização de interesses específicos comuns enquanto que o regime privado está reservado à representação institucional junto dos órgãos de soberania, à cooperação com a Administração Central e à participação em organizações internacionais.

As Associações de Municípios quer em direito público ou privado dispõem de quadro próprio de pessoal e de receitas e património próprios que gerem autonomamente dos municípios associados.

A procura desta figura de cooperação não foi afectada pela criação de empresas de capitais municipais pois o número de empresas intermunicipais é diminuto em relação ao conjunto das empresas criadas pelos municípios.

Em 2001 estavam recenseadas[40] cerca de 70 Associações de Municípios de direito público repartindo-se o seu objecto sobretudo pelo tratamento de resíduos sólidos ou pelo tratamento de efluentes mas abrangendo também área tão diversas como o planeamento, a elaboração de projectos, o desenvolvimento económico, o fomento cultural, o turismo, a informática ou a gestão de equipamentos públicos.

Após a criação das comunidades intermunicipais de direito público (2003) foram criadas apenas duas com fins gerais e dezasseis para fins específicos.

---

[38] Lei 11/2003, de 13 de Maio, estabelece o regime de criação, o quadro de atribuições e competências das comunidades intermunicipais de direito público e o funcionamento dos seus órgãos.

[39] Lei n.º 54/98, de 21 de Setembro.

[40] Direcção Geral das Autarquias Locais, (2001) *Administração Local em números – 2001,* Ministério do Ambiente e do Ordenamento do Território – Secretaria de Estado da Administração Local.

62 *O financiamento das autarquias locais portuguesas*

2.3.3 *As empresas municipais*

A criação de empresas municipais ou intermunicipais encontra--se prevista desde a primeira lei de atribuições e competências das autarquias locais,[41] embora a sua regulamentação apenas tenha ocorrido com a publicação da Lei n.º 58/98, de 18 de Agosto. O recurso à criação de empresas pelos municípios deve-se à aparente flexibilidade[42] de gestão que este modelo proporciona e ao sistema remuneratório que permite atrair técnicos oriundos da actividade privada.

Poder-se-ia supor que as empresas com capitais municipais poderiam substituir as associações de municípios no exercício em comum de competências. Porém, embora o diploma permita a criação de empresas intermunicipais e regionais, os municípios não mostraram significativo interesse por estas modalidades[43].

Um exame às actividades das empresas municipais criadas, permite concluir que 64% das empresas foram concluídas com o objectivo de gerir, 15% para prestar serviços e 11% para desenvolver actividades relacionadas com a protecção do ambiente. No domínio da gestão, os equipamentos municipais em geral detêm 14% do efectivo total, os equipamentos desportivos 11% e a habitação 11%. Na prestação de serviços é a promoção de eventos culturais e desportivos 11%, que registou maior frequência. No ambiente é a gestão de ETAR´s. Em suma, os municípios parecem preferir as empresas para gerir algumas das suas actividades e não partilham estas actividades com os municípios vizinhos.

As contas de gerência das autarquias locais referentes a 2002[44] parecem confirmar as preferências dos municípios. Com efeito, as imobilizações corpóreas representam 49,8% do total do activo dos municípios, enquanto os bens do domínio público 41,3%. Embora não completamente terminada a fase das infra-estruturas básicas (água, electricidade e saneamento), o novo desafio dos municípios é conseguir gerir as infra-estruturas criadas.

---

[41] Lei 79/77, de 25 de Outubro, art. 48.º n.º 1 alínea o).

[42] A figura da empresa pública municipal não dispensa o respeito pelas disposições contidas no DL 197/99, de 8 de Junho (vide art. 3.º).

[43] Em 74 empresas municipais registadas, apenas 3 eram intermunicipais.

[44] Que são as primeiras contas de gerência com resultados da aplicação do POCAL (272 municípios em 308), vide DGAL (2004), *Finanças Municipais*.

Estas empresas de capitais municipais apresentam algumas características que merecem destaque. Elas são um encontro do direito público e do direito privado. Embora se lhes aplique o regime das empresas públicas, o código das sociedades comerciais também as rege e podem ser prestadoras de serviços públicos, caso em que terão um conselho consultivo, além da Assembleia-geral de sócios. Por outro lado, o mandato dos seus administradores deve coincidir com o mandato autárquico, o que seria absurdo em direito privado.

Em termos de tutela, o Conselho de Administração tem de se sujeitar aos poderes de superintendência dos sócios[45], que podem intervir de forma activa emitindo directivas que vinculam a administração.

No campo dos princípios de gestão, a empresa pública deve seguir princípios que garantam a sua viabilidade económico-financeira, como em qualquer outra empresa mas deve articular a sua gestão com os objectivos das entidades públicas participantes. Admite-se que as empresas prossigam fins sectoriais ou de rentabilidade não demonstrada, situações em que deverá ser celebrado um contrato-programa para efeito de compensação do défice de exploração.

Embora estas empresas possuam receitas e património próprios, o seu endividamento conta para os limites de endividamento dos respectivos municípios. Esta circunstância condicionará sempre a liberdade de actividade da empresa dados os poderes de superintendência dos sócios.

Estas empresas utilizam o Plano Oficial de Contabilidade para registar as suas operações mas encontram-se sujeitas ao controlo do Tribunal de Contas.

Em 2001, a Direcção Geral das Autarquias Locais recenseou 45 municípios com empresas públicas municipais e 3 empresas inter-municipais. O objecto destas empresas distribuía-se por 23 actividades, sendo 112 as preferências manifestadas por estes municípios conforme o quadro seguinte.

---

[45] Ver os poderes de superintendência, previstos no art. 16.º da Lei 58/98.

O financiamento das autarquias locais portuguesas

QUADRO 2.8

Actividades prosseguidas pelas empresas públicas municipais ou intermunicipais

Actividades	Preferências dos municípios	%
Reabilitação urbana	1	0,89
Desenvolvimento	4	3,57
Qualificação ambiental	1	0,89
Resíduos sólidos	6	5,36
Limpeza pública	6	5,36
Manutenção de espaços e equipamentos	31	27,68
Construção Civil	7	6,25
Promoção de eventos	15	13,39
Fomento do desporto	6	5,36
Ensino e formação	2	1,79
Edições	2	1,79
Estudos	1	0,89
Euro 2004	1	0,89
Habitação social	8	7,14
Abastecimento de água	4	3,57
Transportes colectivos	2	1,79
Estacionamento	5	4,46
Turismo	1	0,89
Parques industriais	2	1,79
Recolha e tratamento de efluentes	4	3,57
Termas	1	0,89
Publicidade	1	0,89
Informática	1	0,89
Total	112	100,00

Fonte: Direcção Geral das Autarquias Locais, (2001) *Administração Local em números,* Ministério do Ambiente e do Ordenamento do Território – Secretaria de Estado da Administração Local.

2.3.4 *As áreas metropolitanas*

As áreas metropolitanas estão implicitamente referidas no texto Constitucional[46] e são uma forma associativa de organização autárquica municipal, embora não sejam autarquias locais, nos termos em que a Constituição as define.

Inicialmente criadas por lei[47], as áreas metropolitanas eram duas – Lisboa e Porto, e a sua composição era a que consta do quadro seguinte. As áreas metropolitanas foram definidas como pessoas colectivas de direito público de âmbito territorial que visavam a prossecução de interesses próprios das populações da área dos municípios integrantes. O seu objectivo das áreas metropolitanas era articular investimentos, serviços e actividades, entre municípios e destes com o Estado.

Talvez porque esta figura associativa resultou de uma imposição legal, o seu funcionamento revelou-se pouco dinâmico. Por um lado, o consenso entre os partidos representados no poder local revela-se difícil para a eleição dos respectivos órgãos dirigentes conforme atesta o exemplo da eleição da Junta Metropolitana do Porto, no mandato 2001-2005. Por outro lado, os presidentes destes órgãos são também Presidentes de Câmara, o que implica que o exercício do cargo é sempre feito a tempo parcial, quando deveria contar com o total empenho dos seus titulares.

Com a aprovação da Lei n.º 10/2003, de 13 de Maio criou-se um novo regime para as áreas metropolitanas que substituiu a Lei n.º 44/91, em 2004 (art. 39.º, período de transição de um ano). Uma característica importante desta nova lei reside no carácter voluntário da criação das áreas metropolitanas. São de facto os municípios que devem tomar a iniciativa, dentro de um quadro legal novo criado.

A estrutura das novas áreas metropolitanas assenta em duas tipologias, as grandes áreas metropolitanas (GAM) e as Comunidades Urbanas (ComUrb). As primeiras devem ter um mínimo de 9 municípios associados ou pelo menos 350.000 habitantes, enquanto as segundas não podem ter menos de 3 municípios associados ou pelo menos 150.000 habitantes.

---

[46] N.º 3 do art. 236.º da C.R.P.
[47] Lei n.º 44/91, de 2 de Agosto.

QUADRO 2.9
Composição das duas áreas metropolitanas

Municípios da Área Metropolitana de Lisboa	População
Alcochete	12.831
Almada	159.550
Amadora	174.888
Azambuja	20.854
Barreiro	78.146
Cascais	168.827
Lisboa	556.797
Loures	198.685
Mafra	54.285
Moita	67.064
Montijo	38.541
Odivelas	132.971
Oeiras	160.147
Palmela	53.258
Seixal	150.095
Sesimbra	36.839
Setúbal	113.480
Sintra	136.556
Vila Franca de Xira	122.235
Total	2.662.949

Municípios da Área Metropolitana do Porto	População
Espinho	33.452
Gondomar	163.462
Maia	119.718
Matosinhos	166.275
Porto	262.928
Póvoa do Varzim	63.188
Valongo	85.895
Vila do Conde	74.118
Vila Nova de Gaia	287.597
Total	1.256.633

Fonte: DGAL – Direcção Geral das Autarquias Locais, Administração Local em números – 2001

O enquadramento legal das novas áreas metropolitanas impõe-lhes que tenham continuidade geográfica, a pertença a apenas uma área metropolitana e a permanência nela por um período mínimo de cinco anos. As atribuições definidas são apenas duas – articular investimentos de interesse supra-municipal – coordenar as actuações entre municípios e a administração central.

Em final de 2004, estavam recenseadas[48] sete áreas metropolitanas e dez ComUrb, pela Direcção Geral das Autarquias Locais.

---

[48] Fonte: www.dgaa.pt

PARTE II

OS RECURSOS PÚBLICOS E A SUA UTILIZAÇÃO

3. OS DIVERSOS REGIMES DE FINANÇAS DAS AUTARQUIAS LOCAIS

3.1 Enquadramento

A referência à repartição dos recursos públicos no artigo 238.º da Constituição não surge por acaso. O regime democrático instalado a partir de 1974 fizera das autonomias um dos seus vectores fundamentais de actuação. Não se tratou apenas de garantir a autonomia financeira das autarquias. O objectivo final era maior, tratava-se de garantir a justa repartição dos recursos públicos.

Situação idêntica também é abordada na alínea j) do artigo 227.º da lei fundamental que prevê a participação das Regiões Autónomas nas receitas tributárias nacionais, a estabelecer de acordo com o princípio da solidariedade nacional. Subjacente a esta repartição vertical está o objectivo de garantir estabilidade das receitas das regiões autónomas e das autarquias, pois só assim estas podem exercer plenamente a sua autonomia. Contudo o mesmo artigo 238.º refere um outro objectivo, o de corrigir desigualdades entre autarquias do mesmo grau. Trata-se portanto de promover a repartição horizontal e garantir condições mínimas de serviço público aos habitantes da cada autarquia. Importa pois conhecer os recursos públicos e a sua afectação, tarefa à qual dedicaremos esta II parte.

Começaremos por percorrer as sucessivas leis de finanças locais publicadas, o que nos ajudará a compreender o caminho percorrido no financiamento das autarquias locais, que não foi linear, sendo até marcado por avanços e recuos gerados pelas conjunturas económicas. A busca de uma distribuição ideal para os recursos públicos, permanece o objectivo final a atingir.

3.2 Os diversos regimes de finanças locais

3.2.1 A primeira lei de finanças locais – a Lei n.º 1/79, de 2 de Janeiro

A primeira lei de finanças locais surgiu em 1979, cerca de dois anos após a eleição das primeiras autarquias democráticas[49]. Até então, vigorou o Código Administrativo[50].

Conforme afirma Antunes[51], o Código Administrativo de 1940 enquadrou-se nos princípios constitucionais de 1933[52] tendo sido posteriormente ajustado na revisão de 1959, permaneceu a base de toda a organização local até à aprovação da Constituição de 1976 e da Lei n.º 79/77, de 25 de Outubro (primeiro regime de funcionamento das autarquias locais, eleitas por sufrágio directo e universal).

Não deixa de ser irónico, o facto de o Código Administrativo já reconhecer às freguesias, aos concelhos e aos distritos, o princípio da sua autonomia financeira[53], todavia os meios concretos para a materialização de tal autonomia nunca chegaram a ser concedidos. No elenco das receitas ordinárias constavam diversos adicionais às contribuições e impostos gerais do Estado que constituíam o sistema de financiamento das autarquias. Juntavam-se-lhes ainda, os impostos especiais, os juros de mora e as compensações de receitas a receber pelo Estado. Estes adicionais foram cobrados pelos corpos administrativos até 1933[54], ano em que passaram a ser cobrados pelo Estado.

Com a aprovação da Constituição de 1976 e três anos mais tarde da primeira Lei de Finanças Locais (LFL) a Lei n.º 1/79 de 2 de Janeiro, concretizou-se a autonomia financeira das autarquias locais.

---

[49] Eleições autárquicas de 12 de Dezembro de 1976.

[50] Aprovado pelo Decreto-Lei n.º 31 095, de 31 de Dezembro de 1940.

[51] ANTUNES, Isabel Cabaço (1987), *A Autonomia Financeira dos Municípios Portugueses*, Direcção Geral da Administração Local, MPAT/SEALOT, p. 10.

[52] Os artigos 130.º e 131.º reconheciam aos corpos administrativos, autonomia financeira, nos termos em que a lei o viesse a determinar.

[53] Vide artigo 668.º.

[54] MATIAS, Vasco Valdez (1987), *Contributo para o Estudo das Finanças Municipais em Portugal*, Coimbra, Comissão de Coordenação da Região Centro, MPAT, p. 95.

Um dos seus objectivos era garantir a estabilidade das receitas[55] das autarquias e a LFL definiu exclusivamente esse universo.

Um segundo objectivo era reduzir a dependência das transferências do Orçamento do Estado. Foram criadas novas receitas às autarquias e sobretudo aos municípios.

O terceiro objectivo era promover uma justa distribuição dos recursos públicos quer no sentido vertical (Estado e Autarquias Locais) quer no sentido horizontal, entre autarquias de mesmo grau (entre municípios e entre freguesias).

No seu âmbito de aplicação a LFL referia três níveis autárquicos, as regiões administrativas (ainda não criadas), os municípios e as freguesias. Aos distritos foi reconhecido um estatuto transitório enquanto não estivesse concretizada a regionalização e constituiu-se uma dotação própria no Orçamento do Estado.

Considerando as receitas das autarquias, estas foram divididas em três grupos:

- O primeiro, consistia num conjunto de impostos[56] que revertiam integralmente para os municípios e que podemos denominar de impostos municipais;
- O segundo grupo abrangia um conjunto de outros[57] impostos sobre os quais era estabelecida anualmente uma percentagem de participação dos municípios (não podendo ser inferior a 18%);
- O terceiro grupo, designado por Fundo de Equilíbrio Financeiro – FEF estava indexado à despesa do Orçamento do Estado (não podia ser inferior a 18%) feitas umas pequenas deduções como as transferências para as autarquias.

Definida a repartição vertical entre o estado e as autarquias, foram estabelecidos critérios para uma repartição horizontal entre municípios e também entre freguesias.

---

[55] Art. 3.º para os municípios e art. 4.º para as freguesias.

[56] Contribuição Predial Rústica e Urbana, Imposto sobre Veículos, Imposto para Serviço de Incêndios e Imposto de Turismo.

[57] Imposto Profissional, Imposto Complementar, Contribuição Industrial, Imposto sobre Aplicação de Capitais, Imposto sobre Sucessões e Doações e Imposto de Sisa.

A distribuição horizontal da segunda parcela (participação em certas receitas fiscais) foi realizada segundo três critérios: 50% em razão da população, 10% em função da área do município e 40% na razão da capitação dos impostos directos cobrados na área da autarquia. Em relação à repartição horizontal do FEF utilizaram-se quatro indicadores: a população (35%), a área (15%), o número de freguesias (15%) e um indicador composto representando as carências (35%). Este último indicador incluía o consumo industrial de electricidade por habitante, o consumo de água canalizada por habitante, o número de habitações servidas por esgotos, o comprimento da rede viária municipal, o número de crianças de idade inferior a 6 anos, o número de adultos de idade superior a 65 anos e o número de médicos residentes por habitante.

As transferências para as freguesias processavam-se através da Câmara Municipal respectiva e estabeleceu-se que a sua participação que não podia ser inferior a 5%, das transferências resultantes da cobrança dos impostos não municipais. A repartição deste montante entre as freguesias devia seguir os mesmos critérios da participação em receitas fiscais. Esta situação colocava as freguesias numa posição subalterna em relação ao respectivo município, o que não tinha apoio no texto constitucional.

Seguindo a tradição do Código Administrativo[58] aos municípios e freguesias foi permitido lançar adicionais sobre determinados impostos[59] designados por derramas que não podiam exceder 10% da colecta respectiva. A lei 79/77 revogou quase na totalidade a Parte III – Finanças Locais, do Código Administrativo, além de outros diplomas conexos com o financiamento autárquico. Esta debruçou-se ainda sobre um vasto conjunto de temas que mais tarde seriam autonomizados em legislação própria, de que se destaca a contabilidade autárquica, o endividamento, a tutela inspectiva, o julgamento de contas e procedeu ainda a diversos ajustamentos à

---

[58] Vide art.705.°para os municípios (o elenco dos impostos e as percentagens foram reduzidas) e art. 781.°para as freguesias (o objecto e a percentagem foram alterados).

[59] No caso dos municípios, a derrama incidia sobre a contribuição predial rústica e urbana, sobre a contribuição industrial e sobre o imposto de turismo, enquanto para a freguesia apenas sobre a contribuição predial rústica e urbana.

Lei de Atribuições e Competências das Autarquias Locais – Lei 79/
/77, de 25 de Outubro.

3.2.2 A segunda lei de finanças locais – o Decreto-Lei n.º 98/84, de 29 de Março

A autorização legislativa concedida pela Lei n.º 19/83, de 6 de Setembro veio permitir a revisão da lei n.º 1/79, de 2 de Janeiro. A estrutura básica da anterior Lei foi mantida embora se tenha melhorado o articulado e a sua sistematização. Manteve-se um dos princípios básicos da lei anterior que consistia em gerar o máximo de receitas próprias para diminuir a dependência das autarquias do Orçamento do Estado.

Foram criados dois novos impostos, a taxa municipal de transportes e o imposto de mais valias. Foi criada uma taxa de urbanização para cobrir os custos das infra-estruturas que os municípios tinham de realizar e foi criada uma taxa a cobrar pela primeira venda do pescado (esta taxa beneficiava apenas alguns municípios do litoral que dispunham de lotas). Algumas destas inovações experimentariam dificuldades técnicas na sua cobrança. A taxa municipal de transportes revelar-se-ia pouco adequada à finalidade para que fora criada (beneficiar os municípios prejudicados pela circulação de pesados) e a taxa a cobrar pela primeira venda de pescado aplicava-se a um sector económico com baixa rentabilidade que viria a entrar em crise devido às reduções registadas na frota de pesca e mais tarde com a integração europeia na redução das capturas por motivos de preservação de *stocks*. Constatou-se ainda que esta taxa não tinha qualquer relação com obras portuárias pois os municípios não detinham nem detêm competências nesta área.

Sobre a prestação de serviços, outra fonte de receita não desprezável das autarquias, foram estabelecidos alguns princípios uniformizadores na fixação das tarifas. Estas deveriam reflectir o custo económico do serviço prestado. A razão de ser desta preocupação prendia-se com uma excessiva facilidade com que se passaram a acumular défices públicos após o advento do regime democrático em 1974.

A obrigatoriedade da inscrição da indemnização compensatória no orçamento nos casos de gestão deficitária da prestação de serviços foi um primeiro passo na transparência da gestão pública.

Em relação ao recurso ao crédito pelas autarquias, foram ampliados os limites de endividamento e permitido o lançamento de obrigações, diversificando-se assim as fontes de receita.

As inovações referentes ao Fundo de Equilíbrio Financeiro – FEF consistiram numa uniformização de todas as transferências da Administração Central tendo a distribuição aos municípios das Regiões Autónomas passado a processar-se de acordo com critérios próprios definidos para cada uma das respectivas Assembleias Regionais. Manteve-se no calculo do montante global do FEF uma indexação à despesa do Estado, inscrita no respectivo orçamento, passando todavia a percentagem mínima anteriormente existente (18%) para um montante flutuante a definir no O.E.

Em termos dos critérios de distribuição passou-se de quatro indicadores para nove merecendo destaque o novo objectivo de correcção de distorções financeiras resultantes de diferenças de potencial fiscal entre municípios.

A distribuição do FEF passou a incluir uma parcela com o peso de 5% igual para todos os municípios. Esta parcela veio na prática garantir mínimos na distribuição, beneficiando os municípios mais pequenos. Os restantes critérios de distribuição registaram variações, tendo a população ganho importância (passou de 35% para 45%), o peso da área na distribuição foi reduzido (de 15% para 10%) mas foi criado um indicador de orografia (com 5% de peso, o que na prática repõe a importância do indicador geográfico). O indicador número de freguesias sofreu uma redução acentuada (passou de 15% para 5%), afectando sobretudo os municípios do Norte e do interior (Distritos de Braga, Bragança, Guarda, Porto, Viana do Castelo e Vila Real).

A derrama ficou reservada apenas aos municípios e manteve-se a consignação da sua receita à aplicação em melhoramentos urgentes.

As freguesias mantiveram a sua participação de 5% que passou a incidir sobre o FEF do respectivo município enquanto anteriormente estava confinada à aplicação na receita sobre outros impostos em que os municípios tinham uma participação. A receita das freguesias aumentou e a sua distribuição foi alterada (10% igual para todas, 45% em função da população e 45% em função da área).

Duas importantes inovações foram introduzidas – a possibilidade da celebração de contratos de reequilíbrio financeiro e a celebração de contratos-programa entre a administração central e as autarquias. Reconheceu-se a existência de situações de descontrolo orçamental em alguns municípios decorrentes da passagem de declarações de divida que contribuíam para a desorçamentação da despesa.

A segunda inovação os contratos – programa transformar-se-ia num instrumento fundamental de orientação das políticas públicas sobretudo após a adesão às comunidades europeias que viria a ocorrer pouco tempo mais tarde, em 1986.

A regulamentação destes instrumentos só viria a ocorrer algum tempo depois[60].

3.2.3 *A terceira lei de finanças locais – a Lei n.º 1/87, de 29 de Março*

A terceira lei de finanças locais foi publicada um ano após a adesão à Comunidade Económica Europeia, verificando-se uma estabilização da receita municipal em relação à anterior lei.

Em relação à receita fiscal, o Imposto de Turismo foi substituído por uma participação[61] no chamado IVA turístico, o IVA substituiu o antigo Imposto de Transacções e a Sisa passou a imposto municipal.

As transferências da administração central continuaram a processar-se através do FEF e este passou ser calculado sobre uma receita e não sobre a despesa do Estado. A escolha do IVA como referência para o calculo do montante a transferir foi acertada pois este imposto reflecte de forma mais real e rápida o comportamento da economia (o IVA é cobrado trimestralmente) e possui uma efi-

---

[60] Os Contratos de Reequilíbrio Financeiro através do DL n.º 322/85, de 5 de Agosto e os Contratos – Programa através do DL n.º 384/87 de 24 de Dezembro.

[61] A participação nominal era de 37,5% do IVA turístico mas na prática era de metade deste valor pois no caso de existirem órgão regionais e locais de turismo – as Juntas de Turismo, metade daquela participação revertia para estes organismos. A distribuição do IVA turístico nunca foi feita regularmente todos os anos e quando o foi, dada a dificuldade do Ministério das Finanças fornecer os valores de cobrança por município, o Ministério do Planeamento realizava uma distribuição aproximada tendo em conta os valores de cobrança de outros impostos.

76 O financiamento das autarquias locais portuguesas

ciência de cobrança superior aos restantes impostos. Contudo, a formula de calculo era baseada na previsão da cobrança do imposto e não na cobrança efectiva, o que deixava nas mãos de quem faz as previsões (o Ministro das Finanças) a possibilidade a ajustar os valores, segundo as prioridades de cada Orçamento do Estado. Este facto ofuscaria as vantagens introduzidas pela nova lei e criaria um clima de mal-estar entre o Governo e as autarquias locais sempre que se discutia a preparação do Orçamento do Estado.

Os critérios de distribuição do FEF mantiveram-se no essencial os mesmos, desaparecendo o índice de orografia que havia funcionado desastrosamente[62] e o índice de emigração que tinha fraca expressão. A parcela de distribuição "igual para todos" aumentou de 5% para 10%, aumentando-se assim as transferências mínimas para os pequenos municípios.

A derrama fixou-se definitivamente como uma receita municipal, tendo o legislador consignado a sua aplicação em investimentos urgentes ou para reequilíbrio financeiro.

Previu-se uma actualização do rendimento colectável dos prédios urbanos não arrendados e dos prédios rústicos mediante percentagem a definir na lei do O.E. tendo presente a desactualização dos valores matriciais, matéria aliás que constaria dos estudos conducentes à reforma fiscal de 1989.

A cooperação técnica e financeira entre o governo[63] e as autarquias locais iniciada com a anterior lei, ganhou maior consistência na presente lei ao definir-se concretamente as formas de cooperação.

As dívidas ao sector público[64] já referidas na anterior lei justificaram a inclusão de um valor limite de 15% das transferências correntes e de capital de cada município, que poderia ficar cativo para garantia de pagamento aos credores públicos.

---

[62] Ensaios de funcionamento da lei demonstraram valores superiores para Portimão em relação a Seia, por exemplo. O algoritmo baseava-se numa extrapolação de uma percentagem mínima de 10% de área de montanha do município. Portimão beneficiava da área de serra algarvia não obstante a localização de todas as suas actividades junto à faixa litoral.

[63] Vide artigo 14.º desta lei.

[64] Situação motivada pelas dívidas à EDP, em resultado do fornecimento de iluminação pública e do litígio entre esta e os municípios devido à integração no património desta dos meios de distribuição de baixa tensão outrora pertença dos municípios.

Em relação às freguesias, a participação destas nas transferências correntes do respectivo município passou de 5% para 10%. No conjunto, o elenco das suas receitas permaneceu inalterado bem como os critérios de repartição das transferências da LFL.

A contabilidade autárquica a que já se aludia na anterior lei e que se encontrava regulada em diploma próprio[65], foi objecto de uma alteração significativa. Os serviços municipalizados e as empresas municipais adoptaram a contabilidade patrimonial e o Plano Oficial de Contabilidade – POC.

Em relação à aplicabilidade do diploma às **Regiões Autónomas** a redacção desta lei é algo equivoca. Refere-se a sua aplicabilidade directa aos municípios das regiões autónomas e deixa-se a possibilidade de as assembleias regionais poderem regulamentar a sua aplicação.

A Lei 1/87 seria alterada pela Lei 2/92, de 9 de Março (Orçamento do Estado para 1992) que introduziria um novo mecanismo de distribuição do FEF pelos municípios. A distribuição passou a processar-se por NUT, primeiro por NUT I (Continente, Açores e Madeira) em que influem critérios tais como a população (50%), o número de municípios (30%) e a área (20%). Depois dentro de cada NUT I era aplicada uma distribuição entre os municípios dessa NUT em que eram utilizados oito indicadores: uma parcela igual para todos os municípios (passou de 10% para 15%), o indicador população (manteve-se com mesmo peso mas passou a conter uma parcela (5%) correspondente à população jovem), o indicador área (passou de 10% para 15% tendo-lhe sido associado um factor de altimetria que substituiu o antigo índice de orografia da 2.ª LFL. A compensação fiscal foi reduzida de 10% para 5% e passou a ser realizada de maneira diferente (não se considera a capitação das cobranças mas faz-se a compensação calculando um valor médio de cobrança fiscal e realizando a compensação em relação aos municípios abaixo de um valor médio nacional, sendo a compensação financiada pelos que se encontram acima do valor médio).

---

[65] Decreto-Lei n.º 341/83, de 21 de Julho.

78 O financiamento das autarquias locais portuguesas

Com base numa autorização contida na mesma lei[66] é publicado mais tarde, o Decreto-Lei n.º 37/93, de 13 de Fevereiro que altera pela segunda vez a Lei n.º 1/87.

Esta alteração destinou-se a corrigir a forma como a cobrança da derrama se realizava imputando a cobrança ao município onde se localizava a sede social da empresa. Este sistema não tinha em conta os prejuízos ambientais que decorriam da actividade industrial de muitas das empresas cujos centros de produção se encontravam dispersos pelo país e beneficiava particularmente o município de Lisboa. O novo sistema de cálculo da distribuição baseou-se na massa salarial dos estabelecimentos localizados em cada município e foi previsto um regime transitório de dois anos para aplicação desta medida. A derrama manteve-se consignada à aplicação em investimentos ou a contratos de reequilíbrio financeiro, deixando de se fazer menção à sua urgência. Em síntese, sobre a Lei 1/87 (com as respectivas alterações) pode-se afirmar que foi a Lei de Finanças Locais que mais longe foi na inovação e na criação melhores condições de financiamento das autarquias.

3.2.4 A quarta lei de finanças locais – a Lei n.º 42/98, de 6 de Agosto

Antunes[67] afirma que a quarta lei de finanças locais e a definição da lei quadro de atribuições e competências das autarquias locais constituíram medidas emblemáticas de descentralização administrativa e de subsidiariedade empreendidas no quadro de reformas estratégicas levadas a cabo pelos XIII e XIV Governos Constitucionais.

A 8 de Novembro de 1998, o resultado do referendo sobre a regionalização obrigaria o governo a apostar na desconcentração dos serviços e a tentar alguma descentralização para os municípios. Neste contexto, a Lei 42/98 representou uma ruptura com o sistema de repartição de verbas que se mantinha desde a Lei 1/79, de 6 de

---

[66] Vide artigo 15.º da Lei n.º 2/92, de 9 de Março.

[67] ANTUNES, Isabel Cabaço (2001), "Pensar global para a acção local", *Revista de Administração e Políticas Públicas*, n.º1, Braga, p. 58 e 64.

Janeiro. Pretendeu-se autonomizar as transferências para as freguesias, criando no Orçamento do Estado um mapa exclusivo para as respectivas transferências (em boa verdade, já desde 1995 que as verbas eram processadas directamente para as freguesias pela DGAA[68]) situação aliás para a qual não existia qualquer impedimento na lei. O mérito do novo sistema consistiu em desvincular a transferência para as freguesias, da transferência corrente do respectivo município. As freguesias com características semelhantes de população e área, passaram a receber transferências semelhantes.

É no cálculo do montante global a transferir para as autarquias (municípios e freguesias) que se verificam as maiores inovações. As transferências para as autarquias locais passaram a ser calculadas sobre um conjunto de três impostos, o IRS, o IRC e o IVA, mantendo-se a indexação a uma receita, sendo a média aritmética dos três impostos à qual se aplica a percentagem de 33% para determinar o valor global a transferir ou 30,5%, se quisermos calcular o valor a entregar aos municípios. Para as freguesias, aplica-se a percentagem de 2,5% para se encontrar o valor da respectiva dotação global no Orçamento do Estado.

No que concerne à repartição horizontal (autarquias do mesmo grau) verificaram-se alterações significativas nesta lei. Em relação aos municípios foram criados dois fundos distintos, um com o objectivo de responder às necessidades de funcionamento corrente, sendo os seus indicadores de distribuição[69] sensíveis à dimensão da actividade municipal. Este fundo foi designado de Fundo Geral Municipal – FGM.

O segundo fundo, o Fundo de Coesão Municipal – FCM, foi criado com o objectivo de promover a correcção de assimetrias beneficiando os municípios menos desenvolvidos. Com esse objectivo foram considerados dois indicadores de distribuição, o primeiro denominado índice de carência fiscal pretende medir o desvio em relação à média nacional da cobrança total dos impostos locais[70].

---

[68] Direcção Geral da Administração Autárquica, anterior designação da Direcção Geral das Autarquias Locais.

[69] Sobre os indicadores pronunciar-nos-emos na secção seguinte.

[70] Contribuição Autárquica, Imposto Municipal sobre Veículos e Imposto Municipal de Sisa.

O segundo indicador designado por IDO – Índice de desigualdade de oportunidades propõe-se, caracterizar uma desigualdade positiva de oportunidades para os cidadãos de cada município. Este índice é calculado a partir de um índice nacional de desenvolvimento social – IDS em que intervêm diversas variáveis.

Ao FGM coube 24% da média aritmética da cobrança dos três impostos (cerca de 80% da dotação municipal) e ao FCM 6,5% (20% da dotação municipal).

Na repartição interna do FCM, a dotação global do IDO ficou dependente da verba sobrante da distribuição do ICF, o que torna o IDO imprevisível.

As numerosas alterações à lei 42/98 (seis em cinco anos) denunciam uma deficiente avaliação e formulação da lei.

Antunes[71] defende algumas das alterações, como por exemplo, o estabelecimento de limites máximos e mínimos de crescimento. Na realidade a introdução de limites ao funcionamento da lei, é a confissão de que os indicadores de distribuição foram mal definidos e sobretudo que não foram feitos os necessários ensaios preliminares de aplicação da lei.

Uma referência especial merece ser feita à 4.ª alteração à lei 42/98 (Lei n.º 94/2001, de 20 de Agosto) que criou na distribuição municipal o Fundo de Base Municipal – FBM (representando 4,5% da citada média aritmética) e que se destinou a ser distribuído igualmente por todos os municípios. Três anos após a aprovação da 4.ª LFL, regressou-se ao modelo de distribuição tradicional que garantia aos municípios mais pequenos crescimentos mínimos. Recorda-se que o peso deste critério era em média 15% da distribuição[72]. Esta alteração veio ainda estabelecer limites máximos para as transferências municipais. O objectivo de estabilidade das transferências para os municípios obrigou o legislador a "remendar" a lei utilizando como instrumento, a Lei do Orçamento de Estado, expediente que fora criticado anteriormente e que abalava a confiança no funcionamento isento da Lei de Finanças Locais.

---

[71] Idem página anterior.

[72] Desde a alteração introduzida pela Lei n.º 2/92, de 9 de Março, Orçamento de Estado.

Sobre a escolha dos impostos financiadores das transferências para as autarquias a sua escolha não parece a melhor dada a ineficiência da cobrança do IRS e do IRC.

A manutenção da derrama neste novo quadro de financiamento criou uma situação de dupla tributação sobre as empresas dado que o IRC contribui para o financiamento global das autarquias. Em relação ao endividamento, a presente lei inovou ao permitir às freguesias contraírem empréstimos de curto prazo em condições idênticas às dos municípios. Todavia manteve-se afastada a possibilidade de endividamento a médio ou a longo prazo.

Na sequência da revisão constitucional de 1997 foi acrescentado o n.º 4 do artigo 238.º que estabeleceu que *"as autarquias locais podem dispor de poderes tributários, nos casos e nos termos previstos na lei"*. A Lei 42/98, no seu artigo 4.º, definiu o âmbito desses poderes circunscrevendo-os à concessão de benefícios fiscais e à cobrança dos impostos municipais[73]. Ficou de fora a fixação da base de incidência e dos escalões tributários frustrando-se em certa medida as expectativas dos municípios[74]. A lei 42/98 aumentou ainda o limite de retenção das transferências por dívidas ao sector público de 15% para 25% e proibiu a prática de tarifas e preços abaixo dos custos directos dos bens ou serviços fornecidos.

Em síntese, a Lei 42/98 proporcionou um aumento significativo das transferências para as autarquias (quadro 3.1) duplicando **as transferências para os municípios** entre 1998 e 2002. Porém não existiu contrapartida na transferência de competências novas e como consequência a despesa pública autárquica aumentou nos anos seguintes motivando medidas restritivas em relação ao endividamento das autarquias[75].

---

[73] SILVA, Fernando José Oliveira (1999), *A nova Lei das Finanças Locais e as suas implicações práticas no quadro jurídico-financeiro das autarquias locais*, Lisboa, Inspecção Geral de Finanças, Ministério das Finanças, ponto 2.1.3.

[74] Ver o n.º 3 do artigo 8.º da Carta Europeia de Autonomia Local que estabelece: *"Pelo menos uma parte dos recursos financeiros das autarquias locais deve provir de rendimentos de impostos locais, tendo estas o poder de fixar a taxa dentro dos limites previstos na lei."*

[75] Ver CUNHA, Jorge Correia da, Patrícia Silva (2002), "Finanças locais e consolidação orçamental em Portugal", *Boletim Económico*, Março 2002, Lisboa, Banco de Portugal.

QUADRO 3.1
Fundos municipais e fundos das freguesias de 1995 – 2002

Fundos autáquicos	1995	1996	1997	1998
Fundos municipais	1 038 916 102	1 134 770 408	1 190 685 687	1 275 581 952
Fundos das freguesias	63 926 048	69 826513	91 595 515	117 760 382
Total Nacional	1 102 842 150	1 204 596 921	1 282 281 202	1 393 342 334
Fundos autáquicos	**1999**	**2000**	**2001**	**2002**
Fundos municipais	1 494 589 025	1 636 898 061	1 859 783 577	2 073 121 277
Fundos das freguesias	125 667 975	138 530 556	153 500 594	169 927 974
Total Nacional	1 620 257 000	1 775 428 617	2 013 284 171	2 243 049 251
Un. €				

Fonte: DGAL – Direcção Geral das Autarquias Locais

3.2.5 Evolução dos indicadores e sua fiabilidade

A credibilidade de uma Lei de Finanças Locais depende da escolha de indicadores adequados aos objectivos da lei mas também deverá ter em atenção a fiabilidade destes. Os indicadores deverão ser transparentes na sua utilização, compreendidos pelos seus utilizadores (os eleitos locais) e ao mesmo tempo verdadeiros na realidade que retratam. A actualização regular dos indicadores é indispensável dentro de um período razoável e a publicidade dos mesmos deve ser assegurada.

O funcionamento da LFL não tem sido aceitável em termos da escolha dos dois mais importantes indicadores. O indicador de população em 2001 para os municípios foi retirado de estimativas de 1999 do INE, sobre a população residente[76]. No mesmo ano, o mesmo indicador para as freguesias foi retirado do Censos 1991[77].

---

[76] Direcção Geral da Administração Autárquica (2001), *Finanças Locais – aplicação em 2001 – indicadores municipais*, Ministério das Cidades, Ordenamento do Território e Ambiente – Secretaria de Estado da Administração Local, p. 17.

[77] Direcção Geral da Administração Autárquica (2001), *Finanças Locais – aplicação em 2001 – indicadores das freguesias*, Ministério das Cidades, Ordenamento do Território e Ambiente – Secretaria de Estado da Administração Local, p. 10.

Os recursos públicos e a sua utilização 83

Noutro exemplo, o indicador da área de 2001 para os municípios foi fornecido pelo Instituto Português de Cartografia, referente a dados de 1992. Em 2001, o mesmo indicador para a distribuição das freguesias considerava dados fornecidos pela Direcção Geral do Ambiente, referentes a 1996. A Resolução de Conselho de Ministros n.º 128/99 de 1 de Outubro foi importante no sentido de disciplinar esta matéria, definindo quem fornece os dados de cada um dos indicadores e quando deve fornece-los. Constata-se que dois anos após a publicação da resolução, a mesma não é cumprida. Outro aspecto ainda relacionado com os indicadores de distribuição tem a ver com a sua estabilidade, isto é com o funcionamento regular dos indicadores durante um intervalo de tempo que permita avaliar as consequências do comportamento das variáveis. Sucessivas alterações à Lei de Finanças Locais, mormente por recurso anual à Lei do Orçamento do Estado[78], não contribuem para uma visão clara do seu funcionamento nem estimulam a confiança dos agentes envolvidos (sobretudo dos eleitos locais).

Será importante analisar o tipo de indicadores utilizados nas sucessivas LFL´s para se compreender o funcionamento pleno da LFL. Dada a pequena expressão das verbas das freguesias centraremos a análise sobre a distribuição municipal. Matias[79] dá-nos uma primeira abordagem destes indicadores referindo-se à primeira Lei de Finanças Locais. Divide-os em três categorias: os índices de despesa, o índice de população e o índice de situação financeira. Considerando as várias LFL´s identificamos cinco categorias de indicadores de distribuição das transferências (quadro 3.2). Vejamos a importância de cada um e a sua variação ao longo das diversas leis.

---

[78] Vide descrição das alterações à Lei 42/98, na secção anterior.

[79] MATIAS, Vasco Valdez (1987), *Contributo para o Estudo das Finanças Municipais em Portugal*, Coimbra, Comissão de Coordenação da Região Centro, MPAT, p. 157.

84 O financiamento das autarquias locais portuguesas

QUADRO 3.2
Critérios de distribuição dos Fundos Municipais

Tipo	Indicadores	Lei 1/79	DL 98/84	Lei 1/87	Lei 2/92	Lei 42/98	Lei 94/01
População							
	Habitantes	35%	45%	45%			
	Hab. + Dormidas H +PC				40%	35%	40%
	Emigração		3%				
	Alojamentos			5%			
	População jovem				5%	5%	5%
Total grupo		35%	48%	50%	45%	40%	45%
Território							
	Área	15%	10%	10%			
	Orografia		5%				
	Área / Altimetria				15%	30%	30%
	Grau de acessibilidade				5%		
Total grupo		15%	15%	10%	20%	30%	30%
Receita							
	Cap. Impostos directos		15%	10%			
	Ind.de compensação fiscal				5%		
	IRS cobrado					10%	10%
Total grupo			15%	10%	5%	10%	10%
Despesa							
	Carências	35%					
	Turismo		2%				
	Desenvolvimento económico		10%	5%			
	Rede viária			10%	10%		
Total grupo		35%	12%	15%	10%		
Outros							
	Igual para todos		5%	10%	15%	5%	4%
	N.º de Freguesias	15%	5%	5%	5%	15%	15%
Total grupo		15%	10%	15%	20%	20%	19%
Numero de indicadores por lei		**4**	**9**	**8**	**8**	**6**	**6**

A população sempre ocupou um peso importante na distribuição. Esta importância justifica-se porque onde se encontram mais pessoas existem mais necessidades e portanto o fornecimento de bens e serviços públicos é mais intenso. Este indicador beneficia geograficamente as áreas metropolitanas de Lisboa e do Porto.

O território é o segundo indicador por ordem de importância. Esta situação explica-se pela necessidade de considerar os encargos resultantes da dispersão de infra-estruturas e da população. Este indicador tem assumido diversas cambiantes (orografia ou altimetria) ao longo das diversas LFL. A Lei 42/98 deu particular relevância a este indicador (30%). Este indicador beneficia sobretudo os municípios do interior e do Sul.

O terceiro grupo, os indicadores de receita, evidenciam grande variabilidade nas várias LFL, embora em média o valor central seja de 10%. Teoricamente os indicadores de receita deveriam funcionar no sentido inverso da variável, isto é, compensando os municípios que tivessem menos receita. Na verdade a distribuição não se tem efectuado desta forma. A aplicação destes indicadores tem agravado as assimetrias em vez de as reduzir. A sua utilização explica-se talvez pela necessidade de manter equilíbrios em termos da continuidade da receita de certos municípios. Os municípios mais ricos são os beneficiados por este indicador. Estes municípios situam-se nas áreas metropolitanas e no Algarve.

O quarto grupo corresponde a indicadores referentes à despesa dos municípios. Esta despesa tem uma relação directa com as necessidades das populações, portanto das carências a suprir. Nota-se uma diminuição constante do peso deste grupo até ao seu desaparecimento total na actual lei.

O quinto grupo designado por "outros" contém os indicadores que não são enquadráveis nas categorias anteriores. Integram este grupo, o indicador de repartição "igual para todos" (importante para os pequenos municípios) e o indicador "número de freguesias" que adquiriu maior peso com a lei 42/98. Esta opção não faz sentido agora que o financiamento das freguesias passou a ser autónomo do respectivo município.

Em síntese, a criação dos indicadores nem sempre foi coerente com os objectivos a atingir e consistente na sua aplicação, tornando-se o seu efeito imprevisto e mesmo errático.

4. OS RECURSOS AUTÁRQUICOS

4.1 Enquadramento

A análise dos recursos colocados à disposição das autarquias locais é importante no contexto do estudo sobre o financiamento das autarquias locais. A escolha pública e a fiscalidade associam-se na teoria económica para determinar o nível óptimo na provisão de bens públicos. Avaliar a composição e a distribuição dos recursos das autarquias, freguesias e municípios (as regiões administrativas não se encontram instituídas) é o primeiro passo nesse sentido. A disparidade de competências e de recursos entre as freguesias e os municípios conduzir-nos-á nos capítulos seguintes, a desprezar as receitas das freguesias e a centrar a análise nos municípios.

4.2. As receitas das freguesias

4.2.1 *As receitas próprias das freguesias*

Todas as receitas autárquicas encontram-se definidas na Lei de Finanças Locais. As receitas próprias das freguesias figuram no artigo 21.º da LFL e compreendem os seguintes agrupamentos económicos: taxas, multas e coimas, o rendimento de bens, as receitas da prestação de serviços, o produto de doações e heranças, o rendimento de bens das freguesias e o produto de empréstimos. O valor destas receitas é muito diminuto[80] em razão das escassas competências de que estas dispõem.

---

[80] De acordo com informação prestada pela DGAL não existe tratamento das respectivas contas de gerência porque contêm deficiências que dificultam a análise.

4.2.2 As transferências para as freguesias

As transferências da administração central para as freguesias são a sua principal fonte de receita e encontram-se previstas no artigo 10.º da Lei 42/98. O seu montante global corresponde a 2,5 % da média aritmética da cobrança do IRS+IRC+IVA.

A transferência é denominada Fundo de Financiamento das Freguesias (FFF) e apenas figura como transferência autónoma a partir de 1999, com a entrada em vigor da Lei 48/98. Os artigos 15.º, n.º 5 e 31.º n.º 2 da LFL garantem crescimentos mínimos. A figura 4.1 permite uma comparação da evolução das transferências para os municípios e freguesias no período compreendido entre 1995 e 2002.

FIGURA 4.1
Evolução das transferências do O.E.
Fundos municipais e fundos das freguesias – Período de 1995 – 2002

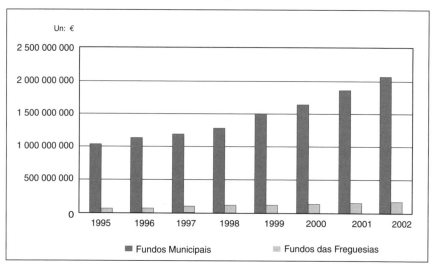

Fonte: DGAL – Direcção Geral das Autarquias Locais

Analisando as transferências numa perspectiva geográfica (quadro 4.1) verificamos que o Norte e o Centro absorvem em conjunto a maior fatia da receita (55%). Lisboa e Vale do Tejo ocupa o segundo lugar por NUT II.

Os recursos públicos e a sua utilização

QUADRO 4.1
Evolução das transferências para as freguesias

NUT II	1995	%	1996	%	1997	%	1998	%	1999	%	2000	%	2001	%
Norte	4,3	33,3	4,7	33,3	6,1	33,15	7,9	33,62	8,5	33,73	9,6	34,41	10,7	34,74
Centro	2,9	22,5	3,1	22	4,1	22,28	5,3	22,55	5,6	22,22	6,2	22,22	6,8	22,08
LVT	2,9	22,5	3,2	22,7	4,2	22,83	5,3	22,55	5,7	22,62	6,2	22,22	6,9	22,40
Alentejo	1,4	10,9	1,6	11,3	2	10,87	2,6	11,06	2,8	11,11	3,1	11,11	3,5	11,36
Algarve	0,6	4,65	0,6	4,26	0,8	4,35	1	4,26	1,1	4,37	1,2	4,30	1,2	3,90
RAA	0,5	3,88	0,5	3,55	0,7	3,80	0,8	3,40	0,9	3,57	0,9	3,23	1	3,25
RAM	0,3	2,33	0,4	2,84	0,5	2,72	0,6	2,55	0,6	2,38	0,7	2,51	0,7	2,27
Portugal	12,9	100	14,1	100	18,4	100	23,5	100	25,2	100	27,9	100	30,8	100

Fonte: DGAL – Direcção Geral das Autarquias Locais, Finanças Locais aplicação em 2001, indicadores das freguesias

Nota-se um incremento muito forte das transferências em 1997 e 1998 fruto de transferências de contratos-programa que apenas tiveram lugar nestes dois anos. Nota-se igualmente uma tendência para um aumento do peso das NUT Norte e Alentejo e uma tendência para a diminuição das restantes NUT.

4.2.3 Outras receitas das freguesias

As freguesias podem aceder aos contratos-programa com a administração central nos termos do DL 219/95, de 30 de Agosto. A cooperação entre as freguesias e a Administração Central é ainda muito ténue devido à sua fraca capacidade financeira e à sobreposição das suas atribuições com as do município. Só no final de 2002[81] é que foram celebrados os primeiros acordos e colaboração com as freguesias.

---

[81] De acordo com informação fornecida pela DGAL, não estando ainda apurado o montante das transferências.

90   *O financiamento das autarquias locais portuguesas*

As freguesias recebem dos municípios verbas destinadas a cobrir os encargos com a delegação de competências[82] que estes frequentemente realizam. Por vezes esta delegação envolve pequenas reparações ou até pequenas obras novas mas muitas vezes abrange apenas a gestão de determinados equipamentos colectivos propriedade do município (escolas primárias, cemitérios, mercados locais, entre outros).

Não existem dados centralizados sobre os montantes envolvidos mas é prática comum esta delegação.

As freguesias dispõem ainda de verbas da Administração Central para a construção e reparação de edifícios sede que não cobrem a totalidade do investimento e que decorrem das disposições previstas para auxílios financeiros excepcionais a conceder pelo Governo da Republica ou pelos Governos Regionais no âmbito da Lei de Finanças Locais[83]. Em 2001 e 2002 estes valores foram 2.550.453 euros e 2.595.902 euros, respectivamente.[84]

4.3 As receitas dos municípios

4.3.1 *As receitas próprias dos municípios*

As receitas dos municípios constam do artigo 16.º da LFL, sendo suas receitas próprias constituídas por impostos locais (Sisa, Contribuição Autárquica, Imposto de Veículos e Derrama sobre o IRC)[85], prestação de serviços, multas e penalidades e no rendimento do seu património. Os impostos municipais dividem-se em directos e indirectos consoante o Estado possa imposicionar ou não o patri-

---

[82] Vide alínea d) do n.º 2 do artigo 15.º da Lei 159/99, de 14 de Setembro.

[83] Vide alínea c) n.º 3 do artigo 7.º da Lei 42/98 de 6 de Agosto (Lei de Finanças Locais).

[84] Fonte: DGAL / SEAL / MCOTA.

[85] A sisa e a contribuição autárquica foram substituídos pelo imposto municipal de transmissões onerosas – IMT e pelo imposto municipal sobre imóveis – IMI, aprovados pelo DL n.º 287/2003, de 12 de Novembro, rectificado pela declaração n.º 4/2004, publicada em DR 1.ª Série de 09 de Janeiro.

Os recursos públicos e a sua utilização						91

mónio possuído ou o rendimento obtido por cada contribuinte[86]. O quadro 4.2 compara o que cada cidadão recebe, em cada região e em cada grupo de receita. Constata-se que 60% das receitas próprias provêm de impostos directos e que cerca de 30% são oriundas de taxas ou rendimentos de bens e serviços. Os municípios algarvios recebem *"per capita"* quase o dobro da média nacional (256,26), e os do Centro são os pior colocados, em termos de receita própria (37% do valor médio do Algarve).

QUADRO 4.2
Receitas próprias – valores per capita (euros)

NUTS II	Impostos Directos	Impostos Indirectos	Taxas, rend. bens e serv.	Outras Receitas	Total
Norte	116,29	15,77	64,71	5,37	202,14
Centro	98,28	8,47	66,89	6,77	180,41
LVT	235,34	27,03	81,85	13,74	357,95
Alentejo	82,97	6,11	103,32	7,23	199,63
Algarve	306,32	23,56	148,01	9,25	487,13
Açores	34,38	2,00	34,89	1,84	73,12
Madeira	83,32	15,29	76,13	0,52	175,25
Portugal	154,91	17,70	75,24	8,41	256,26
%	60,45	6,90	29,36	3,28	100

Fonte: DGAL – Direcção Geral das Autarquias Locais, Finanças Municipais 2000

Abaixo da média nacional estão os municípios da NUT Alentejo (quase na mesma situação do que os municípios do Centro) e os da NUT Norte. Em termos de capacidade para gerar receita, o contraste é grande e revela a importância dos impostos directos no conjunto da receita própria dos municípios, o que justifica um aprofundamento do seu estudo. Na figura 4.2 é possível avaliar a diferença entre a receita de dois dos impostos municipais – a Sisa e a

---

[86] Definição de José Joaquim Teixeira Ribeiro (1997), *Lições de Finanças Públicas*, Coimbra, Coimbra Editora, 5.ª Edição p. 309.

FIGURA 4.2
Repartição dos impostos directos em 2001

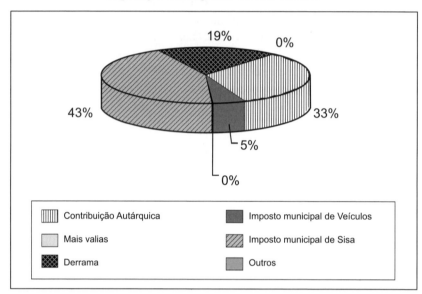

Fonte: DGAL – Direcção Geral das Autarquias Locais – Finanças Municipais 2000

Contribuição Autárquica – que em conjunto representam 76% dos impostos directos e as restantes fontes de financiamento.

Na figura 4.3 apresenta-se a participação de cada região em cada imposto, em 2001. A NUT Norte possui uma participação de cerca de 30%, na contribuição autárquica e no imposto de veículos entre 25% e 30%, no Imposto de Mais Valias e na Sisa sendo menor (20%) no caso da Derrama. A NUT Centro possui uma cobrança média de 10% na Contribuição Autárquica e no Imposto sobre Veículos e inferior no caso da Derrama. A NUT LVT representa entre 40% a 50% da cobrança da Contribuição Autárquica, do Imposto sobre Veículos e da Sisa e aumenta para quase 70% na derrama e em "outros impostos". A NUT Alentejo tem entre 2 a 3% da cobrança da Contribuição Autárquica, do Imposto sobre Veículos e da Derrama, sendo inferior nos restantes impostos. A NUT Algarve possui cerca de 10% da Contribuição Autárquica e da Sisa, registando valores inferiores nos restantes impostos. Os valores referentes aos Açores e à Madeira são irrisórios.

FIGURA 4.3
Repartição dos impostos directos em 2001, por NUT II

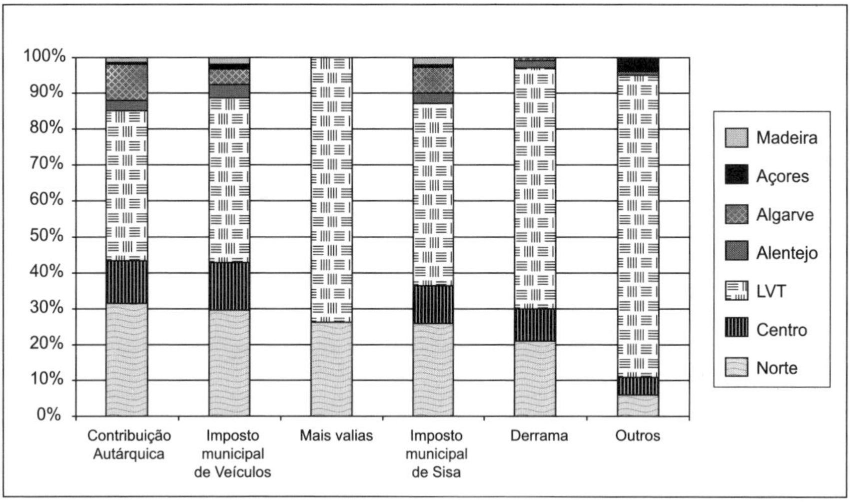

Fonte: DGAL – Direcção Geral das Autarquias Locais – Finanças municipais 2000

Considerando a extinção do imposto municipal de Sisa justifica-se uma avaliação da repartição deste imposto. No quadro 4.3 apresentam-se os dez maiores e os dez menores municípios em valor da

QUADRO 4.3
Cobrança da Sisa por municípios – dez mais e dez menos (euros)

MUNICÍPIOS	I M SISA	%	MUNICÍPIOS	I M SISA	%
Os dez maiores			Os dez menores		
LISBOA	93.811.178	14,23	MARVÃO	32.601	0,0049
CASCAIS	33.304.900	5,05	VILA VELHA DE RÓDÃO	31.901	0,0048
OEIRAS	32.586.211	4,94	CASTANHEIRA DE PERA	29.638	0,0045
SINTRA	26.958.546	4,09	SANTA CRUZ DA GRACIOSA	29.119	0,0044
PORTO	26.939.402	4,09	S. ROQUE DO PICO	25.959	0,0039
VILA NOVA DE GAIA	19.721.498	2,99	MANTEIGAS	15.276	0,0023
LOULÉ	15.117.384	2,29	SANTA CRUZ DAS FLORES	14.503	0,0022
MATOSINHOS	13.960.763	2,12	LAJES DAS FLORES	14.489	0,0022
ALMADA	12.116.806	1,84	BARRANCOS	5.861	0,0009
MAIA	11.417.526	1,73	CORVO	773	0,0001

Fonte: DGCI – Direcção Geral das Contribuições e Impostos – cobrança em 2001

94   *O financiamento das autarquias locais portuguesas*

cobrança de Sisa. Note-se a disparidade de valores (Lisboa recebe 93 milhões de euros e o Corvo recebe apenas 773 euros). Analisada a distribuição verifica-se que 56 municípios (18,5% do efectivo) possuem cerca de 80% da cobrança do imposto.

A figura 4.4 evidencia a concentração deste imposto no conjunto dos 308 municípios.

FIGURA 4.4

Distribuição da Sisa em 2001 – Concentração por municípios

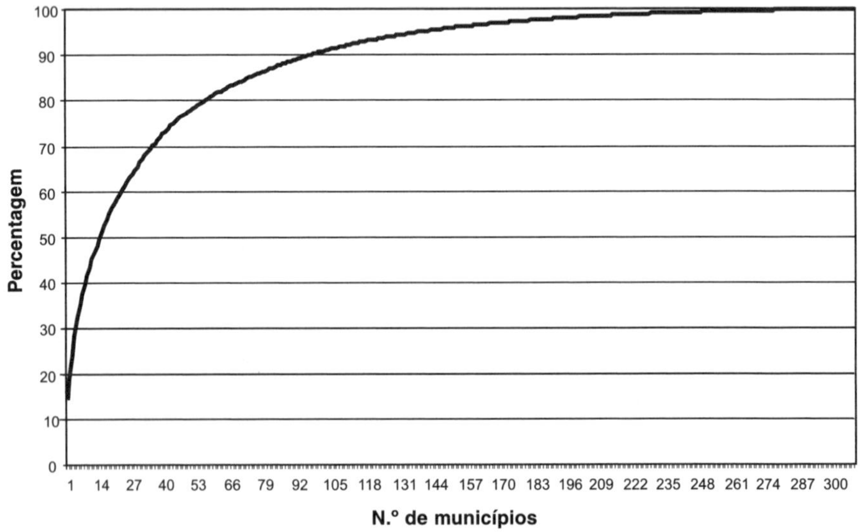

Fonte: DGCI – Direcção Geral das Contribuições e Impostos – cobrança em 2001

Será precipitado concluir que a supressão do Imposto Municipal de Sisa só afectará 1/5 dos municípios e portanto não levantará problemas maiores. Deverá ser realizada uma avaliação município a município para se avaliar a importância deste imposto na estrutura da receita em cada um dos 56 municípios que concentram 80% da receita[87].

---

[87] Sendo a concentração muito forte é de prever uma forte dependência desta receita.

4.3.2 As transferências para os municípios

As transferências da administração central para os municípios são estabelecidas pelos artigos 10.º a 14-A da LFL e podem ser classificadas como transferências afectas ou não afectas, consoante exista consignação na aplicação da receita. Nas transferências não afectas, incluem-se os fundos provenientes das transferências da LFL (FBM, FGM e FCM), enquanto as transferências afectas compreendem, as verbas referentes a contratos-programa assinados com a Administração Central e as provenientes de fundos comunitários. O quadro 4.4 apresenta a evolução destas transferências no período de 1995 a 2000.

QUADRO 4.4
Transferências – valores (Milhões de contos)

Receitas	1995	%	1996	%	1997	%	1998	%	1999	%	2000	%
FGM+FCM	218,4	81,61	243,0	84,47	253,1	62,83	271,3	68,30	299,5	66,49	328,2	71.92
Subvenções específicas AC/RA	16,8	6,27	42,4	14,56	67,3	16,70	46,7	11,75	66,7	14,80	66,3	14,52
Fundos Comunitários	47,4	17,71	65,7	22,56	82,4	20,56	79,2	19,93	84,2	18,69	61,8	13,54
Total	267,6	100	291,1	100	402,8	100	397,2	100	450,4	100	456,3	100

Constata-se que as transferências não afectas (FGM+FCM) aumentaram cerca de 110 milhões de contos, em apenas seis anos[88] e que em termos relativos se assistiu a uma perda de importância das transferências do O.E, no conjunto das transferências. As subvenções da AC/RA aumentaram significativamente entre 1995 e 1996, o que corresponde à entrada em funções do XIII Governo Constitucional (1.º Governo Guterres) e portanto a uma mudança de orientação política. O crescimento destas subvenções sofreu um abrandamento em 1998 mas manteve-se num patamar de 66 milhões de contos (cerca de 14% das transferências). O comportamento dos fundos comunitários registou um forte incremento até 1997 e desde então

---

[88] Já anteriormente nos referimos a este aumento de receita dos municípios sem contrapartida em novas responsabilidades.

96   *O financiamento das autarquias locais portuguesas*

tem manifestado um comportamento oscilante na utilização. Estes fundos representaram cerca de 20% das transferências, no período considerado.

4.3.3 *Comparação entre receitas próprias / transferências*

A estabilidade das receitas das autarquias locais tem sido um dos principais objectivos da Lei de Finanças Locais, a par do incremento da autonomia financeira destas. Neste sentido, as sucessivas LFL foram criando um conjunto de receitas próprias. No quadro 4.5 verifica-se a sua evolução e podem retirar-se as conclusões que seguem.

QUADRO 4.5

Evolução da estrutura das receitas municipais – (milhões de contos)

Receitas	1995	%	1996	%	1997	%	1998	%	1999	%	2000	%
Impostos	162,8	26,2	197,9	28,1	218,6	26,2	267,7	29,4	323,5	31,5	346,0	32,1
Taxas, venda de bens e serviços e rend. propriedade	118,7	19,1	109,5	15,5	127,4	15,3	125,8	13,8	148,4	14,5	150,8	14,0
FGM+FCM	218,4	35,1	243,0	34,4	253,1	30,3	271,3	29,8	299,5	29,2	328,2	30,5
Subvenções especificas AC/RA	16,8	2,7	42,4	6,0	67,3	8,1	46,7	5,1	66,7	6,5	66,3	6,2
Fundos Comunitários	47,4	7,6	65,7	9,3	82,4	9,9	79,2	8,7	84,2	8,2	61,8	5,7
Empréstimos	29,4	4,7	35,7	5,1	68,8	8,2	85,7	9,4	76,2	7,4	94,3	8,8
Outras	28,6	4,6	11,3	1,6	17,0	2,0	33,6	3,7	27,9	2,7	30,2	2,8
Total	622,1	100	705,5	100	834,6	100	909,9	100	1026,5	100	1077,6	100

Fonte: DGAL – Direcção Geral das Autarquias Locais – Finanças municipais 2000

Entre 1995 e 2000, o valor da cobrança dos impostos municipais duplicou, tendo registado uma evolução suave mas sempre crescente e no final do período os impostos municipais representavam já quase 1/3 da receita total.

A receita de taxas e da venda de bens e serviços registou uma quebra entre 1995 e 1996 mas manteve-se estável nos anos seguintes, atingindo 14% da receita global em 2000. Tendo em conta os inúmeros serviços que os municípios asseguram, pode-se considerar que este agrupamento de receita apresenta um valor ainda modesto, que pode vir a crescer, conforme se depreende do interesse dos privados em relação à concessão de serviços. As transferências não afectas (FGM+FCM), têm vindo a decrescer em termos relativos à receita global, no sentido de uma cada vez menor dependência do Orçamento do Estado e portanto de uma maior autonomia das autarquias. Mesmo assim, em termos absolutos, o valor das transferências registou um aumento de mais cem milhões de contos.

Como atrás se salientou, a transferência de fundos comunitários diminuiu no período, registando em 2000 valores inferiores aos verificados em 1996. Em contrapartida, o valor da receita proveniente de empréstimos aumentou quase na proporção da diminuição dos fundos comunitários. Esta relação explica-se talvez pela necessidade de preencher a contrapartida nacional dos investimentos. Em geral, o endividamento aumentou gradualmente durante o período considerado (excepto entre 1996 e 1997, em que duplicou). Comparando as receitas próprias e as transferências para os municípios (figura 4.5) verifica-se que até 1998 (ano da aprovação da actual LFL) as transferências cresceram a um ritmo superior às receitas próprias mas a partir desse ano a situação inverte-se.

FIGURA 4.5
Evolução das receitas próprias e das transferências dos municípios – (milhões de contos)

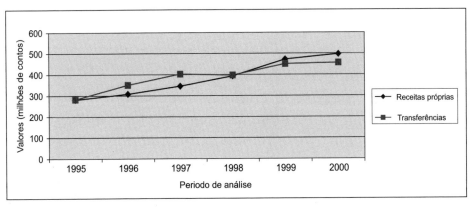

Fonte: DGAL – Direcção Geral das Autarquias Locais – Finanças municipais 2000

5. A DESPESA PÚBLICA NACIONAL

5.1 Enquadramento

A repartição dos recursos públicos do Estado encontra na Constituição da República duas referências:

- a primeira no n.º 4 do artigo 229.º (aditado na revisão de 1997) que refere que *"as relações financeiras entre a República e as regiões autónomas são reguladas através de lei prevista na alínea t) do artigo 164.º"*;
- a segunda no n.º 2 artigo 238.º que prevê que *"o regime de finanças locais será estabelecido por lei visando a justa repartição dos recursos públicos pelo Estado e pelas autarquias e a necessária correcção entre autarquias do mesmo grau"*.

O tratamento dispensado pelo legislador constitucional às regiões autónomas e às autarquias locais, não foi o mesmo. Enquanto o regime de finanças das regiões autónomas foi incluído no âmbito da reserva absoluta de competência da Assembleia da República[89], o regime de finanças locais constitui reserva relativa deste órgão[90].

Mas o enquadramento das transferências da administração central também evidencia diferenças importantes. Embora os órgãos representativos destes dois subníveis da administração pública, tenham sido eleitos pela primeira vez no mesmo ano, em 1976, a primeira Lei de Finanças Regionais[91] só seria aprovada em 1998,

---

[89] Vide alínea t) do artigo 164.º da C.R.P.
[90] Vide alínea q) do artigo 165.º da C.R.P.
[91] Lei 13/98, de 24 de Fevereiro.

enquanto a primeira Lei de Finanças Locais entrou em vigor, no início de 1979. Esta indefinição durante cerca de 22 anos, não foi obra do acaso, o percurso político do país[92] ditou esse compasso de espera. O estudo das transferências para os níveis subnacionais é importante para compreender a redistribuição dos recursos públicos e justifica portanto o trabalho do presente capítulo que será completado no capítulo seguinte, por um estudo mais pormenorizado sobre a despesa municipal.

5.2 A despesa pública por níveis de governo

Em Portugal como já vimos, existem dois níveis de governação definidos no Continente (Governo e autarquias locais) e três níveis nas Regiões Autónomas, com os Governos Regionais a ocupar o nível intermédio.

Baleiras[93] estudou a dimensão dos governos regionais e locais em Portugal tendo concluído que a despesa total dos governos regionais representa 1,2% do PIB enquanto a despesa total dos municípios é de 4,4% do PIB, sendo a despesa do SPA no seu conjunto 44,5% do PIB. Considerando a despesa não financeira, as regiões autónomas representam 2,7% da despesa total do SPA contra 9,6% da administração local. Analisando os dados da Conta Geral do Estado de 2001 (quadro 5.1) procede-se a uma análise das transferências do Estado para os níveis subnacionais em dois anos consecutivos.

Observa-se que as transferências para a administração local têm um peso de 6% (seis vezes mais que o valor para as duas regiões autónomas) o que se explica pela importância das autarquias locais na provisão de bens públicos.

---

[92] As autonomias regionais, mantiveram no início uma tentação independentista.
[93] BALEIRAS, Rui Nuno, (Agosto de 2001), *Governação subnacional: legitimidade económica e descentralização da despesa pública*, Documento de trabalho, Faculdade de Economia, Universidade Nova de Lisboa.

Os recursos públicos e a sua utilização

QUADRO 5.1
Despesa total – grandes agrupamentos, (milhões de contos)

	2000		2001		Variação	
	Execução	%	Execução	%	Valor	%
1. Cap. 50 – Investimentos do plano	466,5	7,5	506,4	7,7	39,9	8,6
2. Dotações específicas	3208,0	51,7	3422,9	51,7	214,9	6,7
Lei de Programação Militar	65,1	1,0	65,5	1,0	0,5	0,7
Grandes transferências						
Transferência Serviço Nacional de Saúde	911,8	14,7	990,0	15,0	78,2	8,6
Transferência Segurança Social (Lei de Bases)	428,5	6,9	457,3	6,9	28,8	6,7
Rendimento Mínimo Garantido	62,5	1,0	45,0	0,7	-17,5	-28,0
Transferências Regiões Autónomas	65,1	1,0	72,4	1,1	7,3	11,2
Transferências Administração Local	371,7	6,0	416,1	6,3	44,4	12,0
LFL – Fundo Geral Municipal	261,6	4,2	250,6	3,8	-11,0	-4,2
LFL – Fundo de Coesão Municipal	66,6	1,1	67,2	1,0	0,7	1,0
LFL – Fundo Financiamento das Freguesias	27,8	0,4	30,8	0,5	3,0	10,8
Outras	15,7	0,3	67,2	1,0	51,8	329,1
Transferências Exterior	277,9	4,5	290,4	4,4	12,6	4,5
Transferências Ensino Superior	195,9	3,2	208,4	3,2	12,6	6,4
Encargos Correntes da Dívida	706,8	11,4	754,9	11,4	48,1	6,8
Subsídios	122,8	2,0	122,8	1,9	0,0	0,0
3. Funcionamento	2529,9	40,8	2686,7	40,6	156,9	6,2
Outras	530.0	8,5	530,9	8,0	0,9	0,2
Total	6204,3	100,0	6616,0	100,0	411,7	6,6

Fonte: Conta do Estado 2001 – Ministério das Finanças

Baleiras[94] compara as competências das regiões autónomas e das autarquias locais (quadros 5.2 e 5.3) tomando por referência o artigo 228 da Constituição e o artigo 13.º da Lei 159/99, a que acrescentámos uma coluna identificando área de actividade, para permitir uma mais fácil comparação.

---

[94] BALEIRAS, Rui Nuno e José da Silva Costa (2002), *Finanças e fiscalidade regional e local*, Compêndio de Economia Regional, Coimbra, APDR

102   *O financiamento das autarquias locais portuguesas*

QUADRO 5.2

Atribuições das Regiões Autónomas – art. 228 da C.R.P

Art. 228° alíneas	Atribuições	Áreas
a)	Valorização dos recursos humanos e qualidade de vida	Administração e ambiente
b)	Património e criação cultural	Cultura
c)	Defesa do ambiente e equilíbrio ecológico	Ambiente
d)	Protecção da natureza e dos recursos naturais, bem como da sanidade pública, animal e vegetal	Ambiente
e)	Desenvolvimento agrícola e piscícola	Agricultura e pescas
f)	Recursos hídricos, minerais, termais e energia de produção local	Ambiente e energia
g)	Utilização de solos, habitação, urbanismo e ordenamento do território	Ordenamento do território
h)	Vias de circulação, trânsito e transportes terrestres	Transportes
i)	Infra- estruturas e transportes aéreos entre ilhas	Transportes
j)	Desenvolvimento Comercial e Industrial	Desenvolvimento
l)	Turismo, folclore e artesanato	Turismo
m)	Desporto	Desporto
n)	Organização da administração regional e dos serviços nela inseridos	Administração
o)	Outras matérias que respeitem exclusivamente a região ou que nela assumam particular configuração.	Desenvolvimento

QUADRO 5.3

Atribuições dos Municípios – art. 13.º da Lei 159/99

Art. 13°	Atribuições
a)	Equipamento rural e urbano
b)	Energia
c)	Transportes e Comunicações
d)	Educação
e)	Património, Cultura e Ciência
f)	Tempos livres e desporto
g)	Saúde
h)	Acção social
i)	Habitação
j)	Protecção Civil
l)	Ambiente e saneamento básico
m)	Defesa do consumidor
n)	Promoção do desenvolvimento
o)	Ordenamento do território e urbanismo

Legenda dos quadros 5.2 e 5.3:

     Competências comuns   Competências exclusivamente regionais   Competências exclusivamente municipais

Constata-se que as competências exclusivamente municipais são em muito maior numero que as competências exclusivamente regionais. A sobreposição de atribuições entre as regiões autónomas e as autarquias locais revela-se muito extensa.

5.3 A despesa pública por funções

Baleiras estudou a composição funcional da despesa pública em 1998 (quadro 5.4) tendo verificado que o peso do serviço da dívida dificultava a análise da afectação, pelo que construiu uma coluna (B) para permitir a exclusão desta.

Da análise das colunas B verifica-se que as funções sociais absorvem cerca de 60% da despesa do Estado e da RAM e menos 10% nos Açores (RAA). Dentro das despesas sociais o padrão de despesa é comum às três NUT I, embora com alguma variação na Madeira. A educação é a despesa mais importante.

Em termos de intervenção económica, os governos regionais são mais activos do que o governo central, com primazia para o sector primário da agricultura e pescas, enquanto o governo central prefere os transportes e comunicações.

QUADRO 5.4
Composição funcional da despesa pública em 1998 (em percentagem)

	Estado		RAA		RAM	
	A	B	A	B	A	B
Funções gerais de soberania	9,8	17,2	23,0	23,5	15,6	16,3
Serviços gerais da administração pública	3,1	5,4	n.d	n.d	15,5	16,2
Defesa Nacional	3,3	5,8	n.d	n.d	-	-
Segurança e Ordem Públicas			n.d	n.d	0,1	0,1
Funções Sociais	34,9	61,3	49,1	50,1	56,2	58,7
Educação	12,7	22,3	20,2	20,6	28,6	29,9
Saúde	10,2	17,9	19,3	19,7	17,6	18,4
Segurança e acção sociais	9,2	16,2	0,6	0,6	5,8	6,1
Habitação e serviços colectivos	1,9	3,3	5,4	5,5	4,3	4,5
Serviços culturais, recreativos e religiosos	0,9	1,6	3,6	3,7	-	-
Funções Económicas	5,4	9,5	25,0	25,6	23,9	24,9
Agricultura e pecuária, silvicultura, caça e pesca	1,6	2,8	8,2	8,4	6,5	6,8
Industria e Energia	0,6	1,1	5,4	5,5	0,4	0,4
Transportes e comunicações	2,5	4,4	9,0	9,2	14,5	15,1
Comercio e Turismo	0,5	0,9	1,5	1,5	2,2	2,3
Outras funções económicas	0,2	0,4	1,0	1,0	0,3	0,3
Outras funções						
Operações da dívida pública	43,1	-	2,0	-	4,3	-
Transferências entre administrações públicas	6,8	12,0	n.d	n.d	-	-
Diversas não especificadas	-	-	0,8	0,8	-	-
Total	100,0	100,0	100,0	100,0	100,0	100,0

Fonte: Baleiras, Rui Nuno e José da Silva Costa, (2002), *Finanças e fiscalidade regional e local*, Compêndio de Economia Regional, Coimbra, APDR, p. 674.

5.4 A evolução do PIB / despesa pública / endividamento

No programa de estabilidade e crescimento para 2003 – 2006 o governo definiu dois objectivos fundamentais – acelerar o processo de convergência real com a média da U.E – preparar a economia e em particular as contas públicas para as transformações demográficas de longo prazo. O objectivo operacional era a redução média

Os recursos públicos e a sua utilização   105

anual do défice de 0,5% do PIB. O Tratado que institui a Comunidade Europeia, o Pacto de Estabilidade e o Procedimento dos défices excessivos formam um conjunto coerente de normas e práticas necessárias à defesa da disciplina orçamental e reforço da sustentabilidade das finanças públicas. Ao abrigo do procedimento dos défices excessivos, o Conselho Ecofin de 5 de Novembro de 2002 decidiu na base do artigo 104(6) do Tratado CE que existia uma situação de défice excessivo em Portugal dado que o défice global das administrações públicas em 2001 ultrapassava o valor de referência constante do protocolo anexo ao Tratado. Portugal devia assim implementar medidas com o objectivo de o défice em 2003 ser inferior a 3% do PIB e que o rácio dívida pública / PIB se mantenha abaixo dos 60%.

A Lei de Estabilidade Orçamental, aprovada para subordinar os orçamentos das administrações públicas a princípios e procedimentos específicos destacava três princípios fundamentais:

- O princípio da estabilidade orçamental, visando criar uma situação de equilíbrio ou excedente das contas públicas, de acordo com o Sistema Europeu de Contas Nacionais – SEC95.
- O princípio da solidariedade reciproca, que obrigava todos os subsectores da administração pública a contribuir proporcionalmente para o princípio de estabilidade orçamental. Tratando-se de poder reduzir as transferências para os subsectores (transferências ao abrigo da LFL, por exemplo) e de impor limites ao endividamento dos subsectores. As transgressões podendo dar lugar a reduções das transferências na proporção do incumprimento.
- O princípio da transparência orçamental que implicava o dever de informação entre entidades públicas, sob pena de suspensão de transferências do Orçamento do Estado.

Estudos elaborados no Fundo Monetário Internacional por Reviglio[95] comparando a União Europeia (excluindo o Reino Unido

---

[95] REVIGLIO, Franco, (2001), *Budgetary transparency for public expenditure control*, Washington, International Monetary Fund.

106   *O financiamento das autarquias locais portuguesas*

e o Luxemburgo) e os Estados Unidos concluíram que os países da UE têm maior dificuldade em implementar reformas estruturais. Reviglio afirmou que nas sociedades democráticas é politicamente difícil cortar na despesa. Os sistemas políticos são em grande parte responsáveis segundo ele, pelas incapacidades de implementar reformas. Os sistemas parlamentares presentes maioritariamente na Europa favorecem o aumento da despesa pública. Durante décadas os políticos europeus basearam as suas propostas em aumentos da despesa pública superiores ao níveis de fiscalidade impostos aos seus eleitores. O resultado está patente no quadro 5.5 constatando-se que a despesa pública na Europa cresceu 17% entre 1970 e 1993 contra apenas 10,4% de crescimento da fiscalidade. Uma boa parte do aumento da despesa pública foi coberta através de endividamento.

QUADRO 5.5

Evolução da despesa pública, da fiscalidade e do endividamento na U.E. e nos E.U.A entre 1970 – 1999 (em percentagem)

	1970	1980	1990	1993	1997	1999	1970	1980	1990
Despesa Pública							Média da década		
União Europeia	36,1	46,2	49,2	53,1	49,8	48,6	41,3	49,4	50,7
Estados Unidos	32,2	34,5	36,7	37,5	34,4	34,4	33,0	36,6	36,4
Fiscalidade									
União Europeia	33,3	39,8	41,5	43,7	43,6	42,9	36,5	41,4	43,0
Estados Unidos	27,6	28,6	28,6	28,6	30,2	30,4	28,1	28,5	29,3
Endividamento									
União Europeia	0,3	-3,5	-4,2	-5,6	-2,5	-2,0	-2,2	-4,6	- 4,0
Estado Unidos	1,3	-1,7	-3,0	-3,9	0,1	1,7	-1,3	-3,1	- 2,4

Fonte: Reviglio, Franco, International Monetary Fund., Washington.

FIGURA 5.1
Comparação da evolução da despesa pública, da fiscalidade e do endividamento

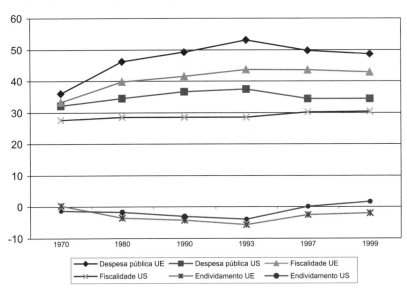

Segundo Reviglio, nos Estados Unidos a despesa e a fiscalidade são menores e os políticos são mais facilmente eleitos prometendo a redução da despesa e dos impostos, ao contrário dos seus pares europeus.

Na figura 5.1 compara-se a evolução da despesa pública, da fiscalidade e do endividamento entre a União Europeia e os Estados Unidos e nota-se que o diferencial entre a despesa e a fiscalidade é menor nos EUA, em relação à UE. Existe uma maior tentação na UE para aumentar os impostos para cobrir a despesa. Nos EUA, o recurso ao aumento dos impostos para financiar a despesa é mais comedido, preferindo-se o endividamento. Na Europa e a partir de 1993, com o quadro de convergência das economias europeias, deixou de ser possível para os políticos continuar a aumentar a divida pública e a única solução passou a ser a redução da despesa pública para garantir o equilíbrio orçamental. As reformas passaram a ser implementadas na U.E. por pressão externa (Comissão Europeia) e tendem a aproximar progressivamente estas economias do padrão de funcionamento dos Estados Unidos.

6. A DESPESA PÚBLICA MUNICIPAL

6.1 Enquadramento

O capítulo anterior foi consagrado à repartição dos recursos públicos do Estado pelos diversos níveis da administração pública. No presente capítulo pretende-se avaliar a despesa municipal sobre diferentes ângulos. Importa conhecer melhor os municípios em função da sua dimensão pois as escolhas públicas dependerão muito de economias de escala. A abordagem geográfica da despesa municipal permitirá identificar tendências de despesa por região, cruzando a informação com outros dados referentes aos níveis subnacionais. Os dados estatísticos reunidos neste capítulo vão permitir abrir o debate sobre a eficiência na provisão de bens públicos que se desenvolverá na Parte III.

6.2 A despesa por classes de municípios

A divisão da despesa por classes de municípios constitui uma primeira abordagem no sentido de se conhecer as assimetrias existentes no funcionamento dos municípios. No quadro 6.1 pode-se constatar a evolução da despesa por classes de municípios (habitantes), no período de 1995 a 2000.

Constata-se que a generalidade dos municípios tem pequena dimensão. Cerca de 58% dos municípios têm menos de 20.000 habitantes sendo responsáveis apenas por 20% da despesa total. No extremo oposto, 8% dos municípios têm mais de 100.000 habitantes e concentram 40% da despesa total. A despesa da classe mais baixa tende a decrescer enquanto a da classe mais alta mantém-se próxima dos 41% da despesa total. As classes intermédias registam uma

110 O financiamento das autarquias locais portuguesas

QUADRO 6.1
Despesa por classes de municípios 1995-2000 (em percentagem)

Despesa por classes de municípios (n.º de hab.)	Munic..	%	1995	1996	1997	1998	1999	2000
>= 100.000l	24	7,79	40,54	39,84	42,20	41,85	40,19	42,13
>= 40.000 e < 100.000	44	14,29	20,49	21,24	20,37	20,34	21,53	20,92
>= 20.000 e < 40.000	60	19,48	15,54	15,00	14,37	15,04	15,81	15,43
>= 10.000 e < 20.000	71	23,05	11,70	11,92	11,63	10,64	11,46	10,87
< 10.000	109	35,39	11,73	12,00	11,44	12,12	11,01	10,66
Total	308	100,00	100,00	100,00	100,00	100,00	100,00	100,00

Fonte: DGAL – Direcção Geral das Autarquias Locais

assinalável regularidade da despesa. Se considerarmos que neste período entrou em vigor uma nova lei de finanças locais[96] somos forçados a concluir que esta não influenciou significativamente o padrão de despesa dos municípios e não cumpriu eficazmente a sua função redistribuidora.

6.3 A despesa por classificação económica

A classificação económica da despesa fornece-nos informação sobre o tipo dos gastos realizados pelos municípios. A primeira diferenciação reside entre despesas correntes e despesas de capital, portanto entre a despesa dita de funcionamento e a despesa relacionada com o investimento.

A análise centrar-se-á primeiramente nos grandes agrupamentos da despesa, sendo aprofundada em sub agrupamentos ou mesmo rubricas quando a sua importância relativa assim o justificar.

O quadro 6.2 apresenta uma síntese financeira do período de 1995 a 2000, constatando-se uma evolução crescente dos saldos iniciais de cada ano, situação que contrasta com as flutuações verificadas no endividamento de curto prazo.

---

[96] Lei 42/98, de 6 de Agosto.

Os recursos públicos e a sua utilização 111

QUADRO 6.2
Síntese da situação financeira 1995-2000 (milhares de euros)

Agregados orçamentais	1995	1996	1997	1998	1999	2000
Saldo inicial	62.274,13	126.178,92	137.057,83	97.043,23	172.241,64	337.282,89
Recitas correntes	2.027.845,74	2.211.659,63	2.450.346,32	2.768.366,62	3.231.607,57	3.513.214,68
Despesas correntes	1.740.857,95	1.895.647,52	2.077.365,50	2.249.158,19	2.509.857,31	2.781.682,34
Poupança corrente	286.987,79	316.012,11	372.980,82	519.208,43	721.750,26	731.532,34
Receitas de capital	1.075.321,45	1.307.833,86	1.712.541,75	1.770.207,21	1.888.418,77	1.861.838,38
Despesas de capital	1.298.551,03	1.610.476,58	2.122.942,33	2.214.235,95	2.445.069,50	2.685.854,17
Saldo de capital	-223.229,58	-302.642,72	-410.400,58	-444.028,74	-556.650,73	-824.015,79
Receitas totais	3.103.167,19	3.519.493,51	4.162.888,09	4..538.573,83	5.120.0263	5.375.053,06
Despesas totais	3.039.408,99	3.506.124,05	4.200.307,82	4.463.394,13	4.954.926,81	5.467.536,51
Endividamento C.P.	509.788,95	295.926,19	408.358,21	405.688,45	473.178,01	627.873,46
Endividamento M.L.P	885.001,55	971.411,82	1.230.080,89	1.514.343,68	1.767.835,59	2.077.248,93
Total endividamento	1.394.790,5	1.267.338,01	1.638.439,1	1.920.032,13	2.241.013,6	2.705.122,39

Fonte: DGAL – Direcção Geral das Autarquias Locais, Finanças Municipais 2000.

Obtemos o quadro 6.3 por comparação entre os saldos de gerência e o endividamento de curto prazo.

QUADRO 6.3
**Comparação entre os saldos de gerência e o endividamento
de curto prazo 1995-2000**

	1995	1996	1997	1998	1999	2000
Saldo inicial	62.274,13	126.178,92	137.057,83	97.043,23	172.241,64	337.282,89
Endividamento C.P.	509.788,95	295.926,19	408.358,21	405.688,45	473.178,01	627.873,46
% Saldo inicial / End. C.P.	12,21	42,63	33,56	23,92	36,40	53,71

(milhares de euros)

Da análise do quadro anterior deduz-se que embora existam necessidades de financiamento a curto prazo, existe um saldo não aproveitado pelos municípios no final de cada ano, podendo esta situação dever-se a uma deficiente distribuição da receita entre os municípios, (a Lei de Finanças Locais não estará a cumprir sua função redistributiva[97]) ou poderá existir a uma deficiente gestão de tesouraria (em alguns municípios) que provoca um endividamento desnecessário de alguns municípios[98].

A poupança corrente (quadro 6.2) regista um progressivo aumento, contrastando com a poupança de capital cujo défice é uma das causas do endividamento.

A figura 6.1 evidencia a evolução da despesa corrente e de capital entre 1995 e 2000. Verifica-se em relação à primeira um comportamento quase linear e no que concerne a segunda, um crescimento acentuado até 1997, passando então a acompanhar o comportamento da primeira e quase se sobrepondo.

O endividamento de MLP regista crescimento moderado até 1996, evoluindo linearmente a partir de então. A partir de 1998, as curvas da despesa de capital e do endividamento evoluem paralelamente, comprovando-se a sua estreita relação.

FIGURA 6.1
Evolução da despesa no período 1995-2000 (milhares de euros)

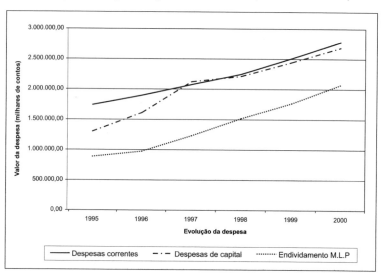

---

[97] Ver BRAVO, Ana Bela Santos e Jorge Vasconcelos e Sá (2000), *Autarquias Locais, Descentralização e melhor gestão*, Lisboa, Verbo, p .77.

[98] Idem, p .120.

O quadro 6.4 fornece-nos uma leitura dos grandes agrupamentos da despesa. Verifica-se que as rubricas mais significativas (acima de 20%) são o investimento e a despesa com o pessoal. Esta despesa é moderada tendo em conta a sua natureza, existindo uma tendência decrescente no final do período[99].

No agrupamento "investimento" destacam-se três rubricas orçamentais, a rubrica "construções diversas" (infra-estruturas gerais e arruamentos) que representa 21% da despesa total e 50% da despesa

QUADRO 6.4
Despesa total dos municípios em 2001 (milhões de euros)

Despesas correntes	Total	%	Despesas de capital	Total	%
Pessoal	1 533,57	23,78	Investimento	2 656,28	41,18
Bens duradouros	18,64	0,28	Terrenos	125,88	1,95
Bens não duradouros	200,53	3,10	Habitação	373,05	5,78
Aquisição de serviços	859,29	13,32	Outros edifícios	498,32	7,72
Transferências correntes	373,43	5,79	Construções diversas	1 409,88	21,86
Transf. Corr.- juntas de freguesia	75,24	1,16	Material de transporte	48,71	0,75
Transf. Corr.- serviços municipalizados	4,47	0,06	Maquinaria e equipamento	150,63	2,33
Transf. Corr.- outras	293,72	4,45	Outros investimentos	49,81	0,77
Encargos financeiros	86,36	1,33	Transferências de capital	416,76	6,46
Outras despesas correntes	67,40	1,04	Transf. Cap.- juntas de freguesia	157,55	2,44
Total das despesas correntes	3 139,22	48,67	Transf. Cap.- serviços municipalizados	40,40	0,62
			Transf. Cap.- Outras	218,80	3,39
			Activos financeiros	46,78	0,72
			Passivos financeiros	181,58	2,81
			Outras despesas de capital	8,90	0,13
			Total das despesas de capital	3 310,30	51,32
			Despesa Total	6 449,52	100

Fonte: DGAL – Direcção Geral das Autarquias Locais

---

[99] DGAL – Direcção Geral das Autarquias Locais (2002), Finanças Municipais 2000, p. 207.

de investimento, a rubrica "outros edifícios" (investimento em edifícios propriedade dos municípios) que representa cerca de 8% da despesa e a rubrica "habitação" (Programa PER de realojamento de famílias a residir em barracas) que corresponde a 6% da despesa global.

A dimensão do valor do investimento e a sua natureza, permitem-nos concluir que para muitos municípios a fase das infra-estruturas básicas ainda não terminou.

Enquanto alguns passaram para a fase do desenvolvimento local, outros ainda investem os seus recursos para proporcionar às respectivas populações, os níveis de conforto que são tidos como adquiridos noutros municípios.

6.4 A despesa por classificação funcional

A classificação funcional permite-nos uma leitura política da afectação da despesa. Evidenciando as diversas áreas de actividade nos orçamentos das autarquias locais, a classificação funcional fornece-nos informação sobre as políticas estabelecidas pelo gestor autárquico e sobre importância que atribuiu a cada uma na satisfação das necessidades colectivas. O conhecimento destas prioridades é pois importante pela leitura que fornece sobre a provisão de bens e serviços. Todavia a análise das contas de gerência municipais não permite identificar claramente estes valores tendo presente a existência de deficiências na imputação das despesas gerais[100].

6.5 A distribuição da despesa por NUT

A composição da despesa municipal por NUT permite-nos detectar características próprias de uma área geográfica. No quadro 6.5 apresenta-se a despesa por NUT I (Continente, Açores e Madeira). Analisando a despesa corrente, constata-se que a despesa com pessoal na Madeira se situa acima da média nacional, enquanto nos

---

[100] Informação recolhida junto da DGAL.

Açores figura ligeiramente abaixo da média. Os Açores registam o mais baixo valor em aquisição de serviços (cerca de 50% do continente) mas os seus encargos financeiros estão acima da média nacional. No conjunto a despesa corrente dos Açores está cerca de 13% abaixo da média nacional, a da Madeira está 3 pontos abaixo e o Continente figura ligeiramente acima da média nacional. Em síntese, os municípios das regiões autónomas têm despesas de funcionamento inferiores aos do Continente.

QUADRO 6.5
Despesas dos Municípios em 2001 por NUT I (milhares de euros)

DESPESAS CORRENTES	CONTINENTE	%	AÇORES	%	MADEIRA	%	PORTUGAL	%
PESSOAL	1 455 862,98	23,75	34 694,91	21,45	43 011,26	27,06	1 533 778,17	23,78
BENS DURADOUROS	17 890,35	0,29	193,99	0,12	555,19	0,35	18 639,53	0,29
BENS NÃO DURADOUROS	189 482,09	3,09	3 463,33	2,14	7 582,33	4,77	200 527,75	3,11
AQUISIÇÃO DE SERVIÇOS	832 689,50	13,59	12 011,70	7,43	14 588,39	9,18	859 289,59	13,32
TRANSFERÊNCIAS CORRENTES	363 868,38	5,94	4 232,50	2,62	5 327,04	3,35	373 218,91	5,79
TRANSF. CORR.- JUNTAS DE FREGUESIA	73 703,82	1,20	0,00	0,00	1 537,25	0,97	75 241,07	1,17
TRANSF. CORR.- SERVIÇOS MUNICIPALIZADOS	4 470,05	0,07	0,00	0,00	0,00	0,00	4 470,05	0,07
TRANSF. CORR.- OUTRAS	285 694,51	4,66	4 232,50	2,62	3 789,79	2,38	293 507,79	4,55
ENCARGOS FINANCEIROS	82 746,16	1,35	2 739,61	1,69	876,45	0,55	86 362,21	1,34
OUTRAS DESPESAS CORRENTES	66 150,25	1,08	164,86	0,10	1 086,65	0,68	67 401,76	1,05
TOTAL DAS DESPESAS CORRENTES	3 008 689,71	49,09	57 500,90	35,55	73 027,30	45,94	3 139 217,91	48,67
DESPESAS DE CAPITAL								
INVESTIMENTO	2 492 804,85	40,67	84 170,27	52,04	79 307,07	49,89	2 656 282,19	41,19
TERRENOS	117 469,55	1,92	2 418,63	1,50	5 990,07	3,77	125 878,25	1,95
HABITAÇÃO	356 246,61	5,81	7 537,74	4,66	9 267,40	5,83	373 051,75	5,78
OUTROS EDIFÍCIOS	476 545,71	7,78	14 621,37	9,04	7 148,74	4,50	498 315,82	7,73
Instalações recreativas, desportivas e escolas	136 588,09	2,23	1 627,58	1,01	4 988,96	3,14	143 204,63	2,22
Equipamento social	64 430,34	1,05	9 065,36	5,60	360,70	0,23	73 856,41	1,15
Outros	275 527,28	4,50	3 928,43	2,43	1 799,07	1,13	281 254,79	4,36

116   *O financiamento das autarquias locais portuguesas*

CONSTRUÇÕES DIVERSAS	1 303 624,18	21,27	54 663,35	33,80	51 597,11	32,46	1 409 884,64	21,86
Viadutos, arruamentos e obras complementares	410 394,83	6,70	10 692,82	6,61	18 511,35	11,64	439 599,00	6,82
Esgotos	139 934,02	2,28	3 563,72	2,20	2 639,62	1,66	146 137,36	2,27
Captação, tratamento e distribuição de água	78 266,52	1,28	9 681,38	5,99	3 337,95	2,10	91 285,84	1,42
Viação rural	259 949,30	4,24	14 119,13	8,73	17 893,85	11,26	291 962,28	4,53
Infra-estruturas p/ tratamento de resíduos sólidos	4 535,31	0,07	758,89	0,47	25,90	0,02	5 320,09	0,08
Construção instalações desportivas e recreativas	104 306,36	1,70	11 555,01	7,14	346,35	0,22	116 207,71	1,80
Outras	306 237,84	5,00	4 292,42	2,65	8 842,10	5,56	319 372,36	4,95
MATERIAL DE TRANSPORTE	45 485,48	0,74	1 463,41	0,90	1 760,41	1,11	48 709,30	0,76
MAQUINARIA E EQUIPAMENTO	144 505,91	2,36	2 822,86	1,75	3 300,98	2,08	150 629,75	2,34
OUTROS INVESTIMENTOS	48 927,40	0,80	642,90	0,40	242,38	0,15	49 812,68	0,77
TRANSFERÊNCIAS DE CAPITAL	403 241,23	6,58	12 364,07	7,64	1 150,49	0,72	416 755,79	6,46
TRANSF. CAP. - JUNTAS DE FREGUESIA	152 256,20	2,48	5 181,46	3,20	113,73	0,07	157 551,38	2,44
TRANSF. CAP. - SERVIÇOS MUNICIPALIZADOS	39 218,71	0,64	1 186,19	0,73	0,00	0,00	40 404,90	0,63
TRANSF. CAP. - OUTRAS	211 766,33	3,46	5 996,42	3,71	1 036,76	0,65	218 799,51	3,39
ACTIVOS FINANCEIROS	45 906,56	0,75	683,86	0,42	190,21	0,12	46 780,63	0,73
PASSIVOS FINANCEIROS	170 685,81	2,78	5 697,45	3,52	5 200,82	3,27	181 584,07	2,82
OUTRAS DESPESAS DE CAPITAL	7 475,94	0,12	1 329,69	0,82	91,49	0,06	8 897,12	0,14
TOTAL DAS DESPESAS DE CAPITAL	3 120 114,38	50,91	104 245,34	64,45	85 940,08	54,06	3 310 299,80	51,33
DESPESA TOTAL	6 128 804,09	100,00	161 746,24	100	158 967,38	100	6 449 517,71	100

Fonte: DGAL – Direcção Geral das Autarquias Locais

Considerando a despesa de investimento, verifica-se que os Açores estão 11% acima da média nacional, bem como a Madeira (8%). O investimento nos municípios das regiões autónomas é proporcionalmente mais importante do que o dos seus congéneres continentais. Verificando algumas particularidades de cada NUT, constata-se que a despesa com aquisição de terrenos na Madeira é quase o dobro da média nacional (terá a ver com a estrutura fundiária local) e o investimento em instalações municipais para fins diversos é mais importante. Nos Açores, os gastos com equipamentos sociais

Os recursos públicos e a sua utilização 117

são cinco vezes superiores à média nacional. O agrupamento de "construções diversas" figura à frente nas prioridades nos Açores e na Madeira, situando-se cerca de 12 pontos acima da média nacional. Este agrupamento de despesa possui particularidades, correspondendo a uma preferência por viadutos e viação rural na Madeira e pelo abastecimento de água e a construção de instalações desportivas e recreativas nos Açores. Destacam-se os passivos financeiros que são proporcionalmente mais importantes nos Açores e na Madeira. Os juros (encargos financeiros – despesa corrente) não pesam ainda muito na despesa (devido à conjuntura favorável das taxas de juro) apenas se evidenciando ligeiramente nos Açores. No quadro 6.6 analisa-se a evolução dos principais agrupamentos da despesa no período 1995 – 2000, por NUT I.

O agrupamento pessoal regista crescimentos médios anuais, entre 6 e 8%, excepto entre 98 e 99, em que o crescimento foi de cerca de 15% em todas as NUT I. Os bens e serviços cresceram anualmente cerca de 13%, excepto entre 98 e 99 em que o acréscimo nacional foi de 19%, mas os Açores registaram 23% e a Madeira 39%. O serviço da dívida oscilou, tendo diminuído em três anos (96, 97 e 99) entre 3% e 10% e aumentado em dois anos (98 e 2000) entre 25% e 26%. Em 98, os municípios do Continente foram os principais responsáveis, mas em 2000, os municípios dos Açores registaram um aumento de 59%. Em termos de investimento o crescimento foi mais acentuado em 96 e 97, tendo descido em 98 e tendo-se mantido constante em 99 e 2000. A partir de 99, os municípios dos Açores e da Madeira cresceram acima da média nacional figurando em geral abaixo no período anterior. As "outras despesas" aumentam cerca de 20% em 96 e 97, descendo nos dois anos seguintes para valores estáveis e voltando a aumentar 12% em 2000. No conjunto das três NUT o comportamento é uniforme com excepção de dois máximos atingidos em 98, para os Açores (+ 19% – treze pontos acima da média) e para a Madeira em 2000, (+ 31% –dezanove pontos acima da média).

No quadro 6.7 aprofundou-se a análise da despesa por NUT II. Constata-se ao longo dos seis anos (1995-2000), uma repartição uniforme com variações que não ultrapassam 1%, entre o início e o fim do período. As NUT LVT e Norte têm um peso muito semelhante em termos da despesa e destacam-se das restantes (acima de

118   O financiamento das autarquias locais portuguesas

QUADRO 6.6
**Evolução de alguns agrupamentos da despesa,
por NUT I (milhares de euros)**

	1995	1996	1997	1998	1999	2000
Pessoal	910.537	977.376	1.053.856	1.134.188	1.304.076	1.388.490
Continente	863.603	927.267	1.000.301	1.077.309	1.239.205	1.317.493
RAA	21.682	23.006	24.062	25.414	29.029	31.507
RAM	25.252	27.102	29.493	31.465	35.842	39.489
Bens e serviços	502.229	567.724	649.732	711.850	847.480	954.512
Continente	485.069	548.642	626.601	689.197	817.961	919.589
RAA	7.798	8.742	9.354	10.799	13.302	13.530
RAM	9.362	10.340	13.777	11.854	16.217	21.392
Serviçoda divida	186.867	180.710	163.192	204.104	183.306	231.362
Continente	173.762	167.976	151.599	192.355	171.896	216.405
RAA	6.599	6.458	5.538	5.810	5.587	8.882
RAM	6.506	6.276	6.056	5.939	5.823	6.076
Investimento	1.014.713	1.269.249	1.723.994	1.764.659	1.969.680	2.161.535
Continente	946.545	1.182.293	1.630.025	1.660.954	1.867.494	2.044.153
RAA	37.232	46.330	46.183	52.742	55.999	57.004
RAM	30.937	40.625	47.786	50.962	46.187	60.378
Outras despesas	425.063	511.065	609.533	648.594	650.384	731.638
Continente	408.659	494.581	591.854	628.322	632.480	711.497
RAA	11.937	11.206	11.301	13.492	12.755	13.396
RAM	4.466	5.279	6.379	6.779	5.150	6.745

Fonte: DGAL – Direcção Geral das Autarquias Locais, Finanças Municipais 2000.

Os recursos públicos e a sua utilização 119

QUADRO 6.7
Evolução da despesa por NUT II (milhares de euros)

NUTS II	1995	%	1996	%	1997	%	1998	%	1999	%	2000	%
Norte	925.245	30,4	1.076.279	30,7	1.322.695	31,5	1.387.327	31,1	1527710,9	30,8	1692739,7	31,0
Centro	517.242	17,0	578.575	16,5	679.543	16,2	697.614	15,6	805920,05	16,3	880655,15	16,1
LVT	1.060.266	34,9	1.229.315	35,1	1.479.622	35,2	1.068.475	36,0	1786120,1	36,0	1959929,7	35,8
Alentejo	221.989	7,3	259.429	7,4	299.957	7,1	314.204	7,0	335241,6	6,8	369455,01	6,8
Algarve	152.894	5,0	177.162	5,1	218.564	5,2	240.517	5,4	274042,24	5,5	306356,81	5,6
Açores	85.248	2,8	95.742	2,7	96.437	2,3	108.258	2,4	116673,5	2,4	124319,69	2,3
Madeira	76.525	2,5	89.622	2,6	103.491	2,5	106.999	2,4	109218,39	2,2	134080,41	2,5
Portugal	3.039.409	100	3.506.124	100	4.200.308	100	4.463.394	100	4.954.927	100	5.467.537	100

Fonte: DGAL – Direcção Geral das Autarquias Locais, contas de gerência dos municípios

30%), segue-se a NUT Centro (entre 10% e 20%) e as NUT Alentejo e Algarve com valores semelhantes (entre os 5% e os 10%). Os Açores e a Madeira constituem um quarto grupo (inferior a 5% da despesa), com valores próximos entre si.

Em síntese, pode-se afirmar que as disparidades regionais são importantes e que embora tenha entrado em vigor uma nova Lei de Finanças Locais (Lei 42/98, de 6 de Agosto), a despesa manteve-se regular, sem grandes oscilações e identificaram-se em termos de despesa pública, quatro grupos regionais.

6.6 A despesa de investimento

Considerando o investimento municipal, no período de 1995 a 2000, verificamos no quadro 6.8, a evolução das fontes de financiamento do investimento. A venda de bens de investimento apresenta oscilações importantes, atingindo máximos em 97 (39%) e 99 (50%) e decréscimos em 98 (-22%) e 2000 (-29%). O valor absoluto não é

120   *O financiamento das autarquias locais portuguesas*

QUADRO 6.8
Evolução do financiamento do investimento (milhares de euros)

Agrupamentos	1995	1996	1997	1998	1999	2000
Venda de bens de investimento	97.319	100.749	140.575	109.873	165.114	118.340
FGM e FCM capital	458.874	508.773	530.839	568.798	597.836	654.759
Fundos comunitários	235.175	325.936	408.323	389.588	414.166	303.942
Outras transferências de capital	120.531	176.283	267.462	250.862	313.915	291.978
Recurso ao crédito	146.486	178.190	342.878	427.331	380.226	470.488
Outras receitas de capital	16.936	17.903	22.464	23.754	17.162	22.331
Total receitas de capital	1.075.321	1.307.834	1.712.542	1.170.207	1.888.419	1.861.838
Poupança corrente	286.988	316.012	372.981	519.208	721.750	731.532
Total fontes de financiamento	1.362.309	1.623.846	2.085.523	2.289.416	2.610.169	2.593.371
Cobertura do investimento	86%	92%	96%	89%	87%	96%

Fonte: DGAL – Direcção Geral das Autarquias Locais, Finanças Municipais 2000.

significativo no contexto da receita de capital. O FGM e FCM capital representam a principal receita de capital. O peso relativo decresce 5% durante o período. O valor mantém-se crescente entre os 4% e os 10%, sofrendo oscilações. Os fundos comunitários são a segunda receita mais importante de investimento, mas no período considerado, perdem 5%. Os anos de 96 e 97 são de crescimento dos fundos, diminuindo acentuadamente em 98 e 2000. O recurso ao crédito regista durante o período, um aumento do peso relativo em 12%, atingindo-se valores anuais superiores em 98 (+25%) e em 2000 (+24%).

Na publicação *Finanças Municipais 2000* da DGAL (p.33), presume-se que a poupança corrente serviu de cobertura do investimento. Uma análise gráfica dos dados (figura 6.2) do quadro 6.8 leva-nos a concluir que não é evidente essa relação. A evolução da curva do investimento e da curva da poupança deveriam ter opostas, isto é quando a primeira crescesse, a segunda diminuiria no ano seguinte fruto aplicação da poupança, o que não se verifica.

FIGURA 6.2
Evolução do financiamento do investimento (milhares de euros)

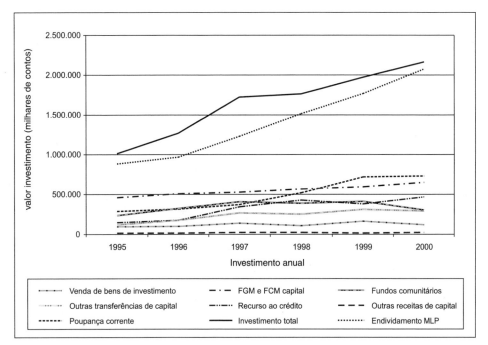

A explicação possível para o comportamento da curva da poupança consiste em considerar que os municípios que se endividam e os que possuem poupanças nem sempre são os mesmos e que portanto existem saldos de poupança que não são utilizados e se vão acumulando. Uma conclusão que é possível retirar é que a Lei de Finanças locais é insensível às necessidades de financiamento dos municípios. Por outras palavras, o mecanismo de perequação está longe de atingir a sua plena eficiência.

6.7 A distribuição per capita da despesa

A dificuldade de comparação de dados referentes aos municípios resulta das assimetrias existentes entre estes. A população e o território são os elementos que maior peso tem quando se comparam

122 *O financiamento das autarquias locais portuguesas*

QUADRO 6.9
Capitação da despesa municipal e sua evolução (milhares de euros)

Capitação / mun. por classes	1995	%	1996	%	1997	%	1998	%	1999	%	2000	%
>=1000	5	1,64	13	4,26	26	8,52	21	6,86	30	9,74	39	12,66
>=800 e <1000	9	2,95	12	3,93	17	5,57	29	9,48	33	10,71	40	12,99
>=600 e <800	28	9,18	36	11,80	47	15,41	62	20,26	69	22,40	69	22,40
>=400 e <600	85	27,87	100	32,79	112	36,72	106	34,64	104	33,77	109	35,39
>=200 e <400	149	48,85	133	43,61	102	33,44	85	27,78	68	22,08	50	16,23
<200	29	9,51	11	3,61	1	0,33	3	0,98	4	1,30	1	0,32
Total	305	100	305	100	305	100	306	100	308	100	308	100
Cap. máxima	5241		5000		3698		5748		2806		4254	
Cap. mínima	152		25		185		12		58		59	
Cap. média	414		476		548		580		617		672	

Fonte: DGAL – Direcção Geral das Autarquias Locais, Finanças Municipais 2000.

autarquias. O funcionamento de um município está pois associado à população que se destina a servir. Faz assim sentido medir a despesa *"per capita"*, podendo-se então comparar a provisão de bens e serviços entre municípios de dimensão diferente. Trata-se de um primeiro passo para a medição da eficiência da mesma provisão, permitindo uma caracterização de cada município e o estabelecimento de um conjunto de rácios, destinados a por em prática um sistema de *benchmarking* para os municípios.

No quadro 6.9 estabeleceu-se um conjunto de capitações com base na despesa dos municípios, considerada no período entre 1995 e 2000. Considerou-se a população residente em 2001 que foi utilizada para cálculo das transferências da LFL. Para facilidade de tratamento dos dados ordenaram-se as capitações por classes.

Da análise dos dados resulta um aumento geral do valor das capitações. Considerando separadamente cada classe, temos na classe mais baixa uma redução de 29 para 1, no período analisado. No extremo oposto, a classe superior aumenta de 5 para 39 municípios. No seu conjunto, 56% dos municípios apresentaram capitações inferiores a 400 euros, em 1995. Em 2000, apenas 16% dos municípios tinham valores inferiores a 400 euros. A concentração do efectivo municipal fez-se em duas classes – entre os 400 e os 600 euros e entre os 600 e os 800 euros. A primeira regista um efectivo à volta dos 100 municípios, enquanto a segunda cresce entre 95 e 97 e estabiliza a partir de 98. As capitações máximas flutuam durante o período mas demonstram tendência para a diminuição. A capitação mínima diminuiu para cerca de 1/3 do valor inicial do período. A capitação média sobe cerca de 50% no período e análise.

Resumindo, podemos afirmar que:

– Cerca de 58% dos municípios têm capitações entre os 400 e os 800 euros em 2000, contra apenas 37% em 1995;
– Não se nota nas capitações qualquer influência particular da nova Lei de Finanças Locais que foi aprovada em 1998;
– A diminuição das capitações mínimas agravou a situação de alguns (poucos) municípios, situação que poderá estar relacionada com o desaparecimento do critério de repartição "igual para todos"[101] entretanto reposto pela Lei 42/98 e alterado pela Lei 94/2001, de 20 de Agosto;
– A subida do valor da capitação média beneficiou cerca de 48% dos municípios.

---

[101] Ver referência a este indicador em 3.2.5.

7. O ENDIVIDAMENTO DOS MUNICÍPIOS

7.1 Enquadramento

Correia da Cunha e Patrícia Silva[102] afirmam que a eficiência da despesa pública de âmbito local requer restrição orçamental das autarquias locais que permita igualar o benefício social marginal das despesas, ao custo marginal da obtenção das receitas que as financiam.

Contudo, o custo de obtenção das receitas não é tido em conta pelas administrações locais nas decisões de afectação dos recursos dado que o sistema que rege o seu financiamento não lhes permite influenciar significativamente o seu montante ou a sua forma de liquidação, pese embora os poderes tributários anunciados na revisão constitucional de 1997[103] e introduzidos pela actual LFL.[104]

A Lei de Finanças Locais estabelece as receitas das autarquias locais e fixa os critérios que regulam o seu recurso ao crédito. Embora existam limites ao endividamento, a dívida pública das autarquias aumentou significativamente nos últimos anos, tendo motivado em 2002 medidas excepcionais por parte do Governo que foram mantidas nos anos seguintes através de disposições inseridas no Orçamento do Estado. O aumento significativo das receitas das autarquias a partir de 1995[105] e a descida generalizada das taxas de juro criaram condições favoráveis ao aumento da despesa pública e a um maior endividamento das autarquias. O fim das ajudas comunitárias a partir de 2006 contribuiu para que os municípios decidissem aproveitar a utilização do terceiro quadro comunitário de apoio, o QCA III. Esta-

---

[102] Cunha, JORGE Correia da, Patrícia Silva (2002), "Finanças locais e consolidação orçamental em Portugal", *Boletim Económico*, Março 2002, Lisboa, Banco de Portugal.

[103] Vide n.º 4 do art. 238.º da C.R.P.

[104] Lei 42/98, de 6 de Agosto.

[105] Situação a que aludimos em 3.2.4 e que está evidenciada na figura 3.1 e no quadro 3.1.

126 *O financiamento das autarquias locais portuguesas*

vam pois criadas as condições para o aumento do endividamento autárquico.

7.2 O endividamento de curto prazo

A Lei de Finanças Locais estabelece limites distintos para o endividamento de curto prazo e de médio e longo prazo. Assim, os empréstimos de curto prazo destinam-se a fazer face a dificuldades de tesouraria e o seu montante médio anual não pode exceder 10% das receitas provenientes das participações do município nos Fundos de Base Municipal, Geral Municipal e de Coesão Municipal.

Este tipo de endividamento resulta na maior parte dos casos de uma deficiente conjugação da gestão de tesouraria e da assunção de encargos.

O quadro 7.1 evidencia a evolução do endividamento de curto prazo e embora não estejam disponíveis dados referentes ao Algarve e à Região Autónoma da Madeira é possível constatar que a NUT Centro parte de um valor baixo que vai aumentando sucessivamente para assumir um valor elevado no final do período. Ao contrário a NUT Norte, faz o percurso inverso ao da NUT Centro. Os Açores registam valores relativamente baixos mas em 2001 verifica-se um aumento muito significativo. Lisboa e Vale do Tejo regista oscilações e embora o valor final do período registe um aumento em relação aos anos anteriores, fica-se por valores inferiores a 1996.

No conjunto o endividamento de curto prazo regista oscilações entre os (–34%) e os 12% mas no final do período em análise, o valor final é cerca de 39% superior ao valor inicial.

QUADRO 7.1
Variação do endividamento curto prazo por NUT II

NUT II	1996	%	1997	%	1998	%	1999	%	2000	%	2001	%
Norte	1.778	41	2.294	58	710	27	713	24	824	42	505	8
Centro	371	9	379	10	685	26	501	17	229	12	2.494	41
LVT	637	15	0	0	294	11	732	25	450	23	689	11
Alentejo	1.163	27	1.130	29	733	28	678	23	292	15	943	16
Algarve	0	0	0	0	0	0	0	0	0	0	0	0
RAA	399	9	160	4	175	7	299	10	161	8	1.422	23
RAM	0	0	0	0	0	0	0	0	0	0	0	0
Portugal	4.349	100	3.963	100	2.597	100	2.925	100	1.956	100	6.052	100

Fonte: Direcção Geral das Autarquias Locais

7.3 O endividamento de médio e longo prazo

A partir da aprovação da actual LFL foram introduzidos alguns princípios orientadores do endividamento que assentam nos seguintes objectivos:

a) Minimização de custos directos e indirectos numa perspectiva de longo prazo;
b) Garantia de uma distribuição equilibrada de custos pelos vários orçamentos anuais;
c) Prevenção de excessiva concentração temporal da amortização;
d) Não exposição a riscos excessivos.

De acordo com a LFL os empréstimos de médio e longo prazos devem ter um prazo de vencimento adequado à natureza das operações que visam financiar, não podendo, em caso algum, exceder a vida útil do respectivo investimento e têm como limite máximo o prazo de 20 anos ou 25 anos no caso de empréstimos contratados para aquisição e construção de habitação a custos controlados, destinada a arrendamento.

Os empréstimos de médio e longo prazo podem ser contraídos para aplicação em investimentos ou ainda para proceder ao saneamento ou reequilíbrio financeiro dos municípios. Os encargos anuais com amortizações e juros dos empréstimos de médio e longo prazo (incluindo os empréstimos obrigacionistas), não podem exceder o maior dos limites do valor correspondente a três duodécimos dos Fundos de Base Municipal, Geral Municipal e de Coesão Municipal que cabe ao município ou a 20% das despesas realizadas para investimento pelo município no ano anterior.

No quadro 7.2 pode-se constatar que o Norte regista um aumento do endicvidamento em 5%, por contrapartida com a NUT LVT que desce 7%. O Centro aumenta 3% enquanto o Alentejo, o Algarve, os Açores e a Madeira não registam praticamente alterações.

Entre 2001 e 2000 o Centro, o Alentejo e a Madeira registam acréscimos relativos de endividamento superiores ou iguais a 65%, o que altera o padrão da cada uma destas NUT.

128   *O financiamento das autarquias locais portuguesas*

QUADRO 7.2
Variação do endividamento médio e longo prazo por NUT II

NUT II	1996	%	1997	%	1998	%	1999	%	2000	%	2001	%
Norte	295.343	30	385.985	31	488.157	32	587.273	33	726.416	35	939.809	35
Centro	145.821	15	178.266	14	214.672	14	244.413	14	294.719	14	493.616	18
LVT	361.325	37	481.782	39	584.100	39	683.439	39	757.802	36	811.810	30
Alentejo	64.465	7	76.864	6	98.594	7	107.378	6	124.582	6	205077	8
Algarve	48.522	5	47.906	4	61.864	4	73.898	4	89.264	4	117.092	4
RAA	25.990	3	30.710	2	41.750	3	48.114	3	58.190	3	80.957	3
RAM	29.946	3	28.568	2	25.207	2	23.320	1	26.275	1	44.205	2
Portugal	971.412	100	1.230.081	100	1.514.344	100	1.767.836	100	2.077.249	100	2.692.565	100

Fonte: Direcção Geral das Autarquias Locais

No conjunto do período considerado verifica-se sempre um aumento do endividamento de médio e longo prazo com um ligeiro abrandamento do crescimento entre 1998 e 2000 e um novo incremento em 2001.

7.4 A evolução do endividamento

Correia da Cunha e Patrícia Silva (2002), compararam (quadro 7.3) as transferências do Estado para as autarquias de acordo com a LFL de 1998 estimando como seriam no quadro da antiga Lei, para o período 1999-2002. Constataram que as novas regras de financiamento implicaram um alargamento do limite do endividamento. Em 1999, os novos fundos representaram um acréscimo de 19,7% em relação ao FEF calculado para 1998. Com a anterior lei, o FEF teria crescido apenas 6,3% nesse ano. Nos anos seguintes, a taxa de crescimento das transferências para as autarquias aproximar-se-ia dos valores que resultariam da aplicação do FEF. Em 2001 e 2002, as novas transferências foram superiores ao valor que resultaria do FEF devido ao desfasamento existente na fórmula de cálculo que não é sensível ao abrandamento económico entretanto registado.

Os recursos públicos e a sua utilização

QUADRO 7.3
Simulação das transferências AC-AL, com a LFL de 1998 e a LFL de 1987

Transferências	Milhões de euros					Taxas de variação - %			
	1998	1999	2000	2001	2002	1999	2000	2001	2002
FBM+FGM+FCM		1620,3	1775,4	2012,2	2243,0	19,7	9,6	13,3	11,5
FEF	1354,1	1438,8	1594,3	1757,8	1888,8	6,3	10,8	10,3	7,4
Diferença			181,5	181,2	254,4	354,3			
em % do PIB			0,2	0,2	0,2	0,3			

Fonte: Banco de Portugal / Boletim económico / Março 2002

Correia da Cunha e Patrícia Silva procuraram verificar se o aumento dos recursos postos à disposição das autarquias locais teria reduzido o endividamento adicional líquido das autarquias locais. Um estudo por eles elaborado (quadro 7.4) sobre a evolução do endividamento líquido das autarquias locais junto das instituições financeiras monetárias residentes, permitiu concluir existir uma tendência no sentido de um maior endividamento da Administração Local, a partir de 1999. Esta situação, no seu entender seria favorecida pelo acréscimo das transferências do Estado decorrentes da nova Lei e pela descida das taxas de juro verificada nos últimos anos. A estas premissas devemos acrescentar a necessidade de utili-

QUADRO 7.4
**Variação da dívida bancária bruta e liquida de depósitos,
da Administração Local**

	1995	1996	1997	1998	1999	2000	2001
Divida bancária bruta	724,8	790,4	987,8	1237,6	1427,9	1744,8	2381,7
Variação da dívida bancária bruta		65,6	197,4	249,8	190,3	317,0	636,8
Depósitos	382,6	489,2	471,4	667,4	688,4	663,5	731,9
Dívida bancária líquida	342,2	301,2	516,4	570,2	739,5	1081,3	1649,8
Em % do PIB	0,4	0,3	0,6	0,6	0,7	0,9	1,3
Variação da dívida bancária líquida		-41,0	215,2	53,8	169,3	341,9	568,4
Em % do PIB		0,0	0,2	0,1	0,2	0,3	0,5

Fonte: Banco de Portugal / Boletim económico / Março 2002

zação das dotações do QCA III antes do seu termo em 2006 e a conclusão do ciclo de gestão autárquico com a realização de eleições gerais no final de 2001. O quadro 7.4 evidencia um "salto" do endividamento em 2001 e um aumento dos depósitos apesar do endividamento aumentar significativamente (+1,3% do PIB em 2001). Esta situação reforça conclusões anteriores quanto à ineficiência da função de redistribuição da Lei de Finanças Locais.

Considerando as contas de gerência das autarquias locais (quadro 7.5) é possível estabelecer uma repartição geográfica do endividamento.

No quadro 7.5 optou-se por incluir uma rubrica para os encargos assumidos e não pagos (EANP) pelos municípios que não são em geral considerados mas constituem um endividamento flutuante (o prazo de pagamento é indefinido) e oculto, porque não é evidenciado nos mapas financeiros. Da análise desse quadro resulta que o endividamento de curto prazo é quase sempre superior na NUT Norte mas o máximo é atingido na NUT Centro, em 2001. Constatou-se no período analisado que se verificou uma tendência decrescente do endividamento de curto prazo, mas em 2001, este regista um salto considerável, facto também assinalado por Correia da Cunha.

Os encargos assumidos e não pagos – EANP, manifestam uma tendência crescente durante o mesmo período, mas em 2001, registam uma subida muito significativa em que os municípios da NUT Norte ocupam o primeiro lugar, seguidos pelos da NUT Centro e em terceiro lugar, pela NUT LVT. Os municípios da NUT Norte lideram destacados, este tipo de encargos.

O endividamento de médio e longo prazo manifesta um comportamento ascendente no período, subindo bruscamente em 2001 para valores elevados, como os restantes encargos. Este endividamento é liderado quase sempre pela NUT LVT, seguida com valores próximos pela NUT Norte que passa a liderar em 2001.

O quadro 7.6 apresenta um resumo dos acréscimos anuais de endividamento onde se destaca um crescimento de 40%, em termos nacionais, entre 2000 e 2001, explicado pelos acréscimos da NUT Centro (84%), da NUT Alentejo (61%) e da NUT Açores (60%). Este acréscimo de endividamento traduz um maior o esforço de financiamento dos investimentos pelos municípios envolvidos.

Os recursos públicos e a sua utilização 131

QUADRO 7.5
Endividamento dos municípios 1996 – 2001, por NUT (em milhares de euros)

		Norte	Centro	LVT	Alentejo	Algarve	RAA	RAM	Portugal
1996									
	CP	1778	371	637	1163	0	399	0	4349
	EANP	88526	76210	63879	26297	7630	4359	24676	291577
	MLP	295343	145821	361325	64465	48522	25990	29946	971412
	Total	385647	222401	425842	91925	56152	30749	54622	1267338
1997									
	CP	2294	379	0	1130	0	160	0	3963
	EANP	134599	99973	79141	35717	18154	11492	25319	404396
	MLP	385985	178266	481782	76864	47906	30710	28568	1230081
	Total	522879	278619	560923	113711	66061	42361	53887	1638439
1998									
	CP	710	685	294	733	0	175	0	2597
	EANP	146312	97059	72702	34941	21904	14734	15441	403092
	MLP	488157	214672	584100	98594	61864	41750	25207	1514344
	Total	635179	312416	657096	134268	83767	56659	40648	1920032
1999									
	CP	713	501	732	678	0	299	0	2925
	EANP	182777	99624	72368	38532	20122	13687	43143	470253
	MLP	587273	244413	683439	107378	73898	48114	23320	1767836
	Total	770763	344539	756539	146589	94020	62101	66463	2241014
2000									
	CP	824	229	450	292	0	161	0	1956
	EANP	180091	132583	157729	56207	32967	18717	47623	625917
	MLP	726416	294719	757802	124582	89264	58190	26275	2077249
	Total	907331	427531	915981	181081	122231	77068	73899	2705122
2001									
	CP	505	2494	689	943	0	1422	0	6052
	EANP	393252	290292	154175	104354	55459	40987	56361	1094880
	MLP	939809	493616	811810	205077	117092	80957	44205	2692565
	Total	1333566	786401	966674	310374	172551	123365	100566	3793497

Fonte: DGAL – Direcção Geral das Autarquias Locais

O financiamento das autarquias locais portuguesas

QUADRO 7.6
**Acréscimos anuais de endividamento dos municípios,
por NUT (em percentagem)**

NUT II	1996/1997	1997/1998	1998/1999	1999/2000	2000/2001
Norte	36	21	21	18	47
Centro	25	12	10	24	84
LVT	32	17	15	21	6
Alentejo	24	18	9	24	71
Algarve	18	27	12	30	41
RAA	38	34	10	24	60
RAM	-1	-25	64	11	36
Portugal	29	17	17	21	40

A Lei do Orçamento de Estado para 2003[106] e o respectivo decreto de execução orçamental[107] na sequência de medidas excepcionais destinadas a combater o défice público[108] já implementadas no ano anterior, instituíram um apertado quadro de recurso ao crédito pelas autarquias locais.

Segundo dados fornecidos pela Direcção Geral das Autarquias Locais, em Junho de 2003, a capacidade total de endividamento dos municípios portugueses era a que consta do quadro 7.7.

A mediana desta distribuição situa-se em 44% (50% dos municípios têm menos de 44% da sua capacidade de endividamento disponível). Estão com capacidade de endividamento esgotada, 42 municípios (13,64 %) dos 57 municípios que constituem a primeira classe. A média de capacidade de endividamento disponível por município é de 39%.

---

[106] Lei n.º 32-B/2002, de 30 de Dezembro.
[107] Vide n.º 3 do art. 57.º do Decreto-Lei n.º 54/2003, de 28 de Março.
[108] Situação já abordada na secção 5.4.

Os recursos públicos e a sua utilização 133

QUADRO 7.7
Capacidade de endividamento dos municípios, em Junho de 2003

Capacidade de endividamento disponível	N.º municípios	%	% acumulada
< 10%	57	18,51	18,51
>= 10% x < 20%	21	6,82	25,32
>= 20% x < 30%	34	11,04	36,36
>= 30% x < 40%	32	10,39	46,75
>= 40% x < 50%	35	11,36	58,12
>= 50% x < 60%	25	8,12	66,23
>= 60% x < 70%	32	10,39	76,62
>= 70% x < 80%	22	7,14	83,77
>= 80% x < 90%	27	8,77	92,53
>= 90%	23	7,47	100,00
	308	100	

Fonte: dados fornecidos pela Direcção Geral das Autarquias Locais

8. AS RELAÇÕES FINANCEIRAS ENTRE O ESTADO E A COLECTIVIDADES REGIONAIS E LOCAIS NA UNIÃO EUROPEIA

8.1 As receitas próprias dos governos locais

8.1.1 *As receitas fiscais*

Ao estudar o grau de descentralização em diversos países da União Europeia Baleiras comparou a utilização dos impostos e o peso de cada base de tributação dos governos locais. O quadro 8.1 apresenta dados referentes ao conjunto das administrações subnacionais nos diversos estados da União Europeia.

Destaca-se um conjunto de países onde os **impostos sobre o rendimento** representam mais de 70% da receita fiscal (países escandinavos, Alemanha, Bélgica e Luxemburgo). Os países que preferem a **tributação sobre o património** são a Irlanda (100%), a Espanha (29%) e os Países Baixos (39%). A **tributação indirecta** é preferida pelos países ibéricos (54% em Portugal e 48% em Espanha) e pela Áustria.

Sobre a tributação na Europa pronunciou-se também Matias,[109] chegando a conclusões semelhantes às de Baleiras. Para este autor, os dois principais tipos de impostos são os que incidem sobre a propriedade e os que tributam o rendimento podendo residualmente aparecer impostos tributando bens específicos (automóveis ou bebidas) que coexistam com os outros. Matias identifica os países nórdicos e a Alemanha com o imposto sobre o rendimento e os países

---

[109] MATIAS, Vasco Valdez (1987), *Sistemas Fiscais das Autarquias*, Lisboa, Rei dos Livros, p. 32.

O financiamento das autarquias locais portuguesas

QUADRO 8.1

**Peso da base de tributação na receita fiscal da administração local
(em percentagem)**

Estado	Rendimento	Propriedade	Bens e Serv.	Outros	Total
Áustria	44,33	8,82	36,66	10,15	100
Bélgica	73,72	0,00	20,34	5,93	100
Alemanha	86,67	12,42	0,91	0,00	100
Dinamarca	93,13	6,72	0,15	0,00	100
Espanha	21,30	28,51	47,58	2,62	100
França	n.d	n.d	n.d	n.d	n.d
Grécia	n.d	n.d	n.d	n.d	n.d
Itália	n.d	n.d	n.d	n.d	n.d
Irlanda	0,0	100,00	0,0	0,00	100
Luxemburgo	99,38	0,00	0,62	0,00	100
Países Baixos	0,00	38,83	4,00	57,17	100
Portugal	46,02	0,00	53,59	0,39	100
Suécia	100,00	0,00	0,00	0,00	100
Finlândia	n.d	n.d	n.d	n.d	n.d
Reino Unido	0,00	1,15	0,00	98,85	100

Fonte: Baleiras, Rui Nuno – Finanças públicas subnacionais na União Europeia – Universidade Nova de Lisboa

anglo-saxónicos (Reino Unido e Irlanda) com o imposto sobre o património. Os restantes países segundo ele possuem combinações dos dois tipos de impostos.

8.1.2 As receitas provenientes da venda de bens e serviços

Em 1979, a receita proveniente da venda de bens e serviços representava em média cerca de 5% da receita global dos municípios[110]. Em 2000, o seu valor já era de cerca de 30%. O crescimento desta receita prendeu-se com a evolução das atribuições dos municípios resultantes da descentralização de competências pela administração central, mas também pela evolução da sociedade e de novas

---

[110] ANTUNES, Isabel Cabaço (1987), *A Autonomia Financeira dos Municípios Portugueses*, Direcção Geral da Administração Local, MPAT/SEALOT, p. 165.

Os recursos públicos e a sua utilização 137

exigências na provisão pública de bens e serviços. O quadro 8.1 mostra que a Áustria, a Espanha e Portugal são os países que obtêm maior receita da venda de bens e serviços. Seguem o princípio de utilizador-pagador. No extremo oposto estão os países nórdicos que financiam a provisão de bens e serviços públicos através do imposto sobre o rendimento, socialmente mais justo mas de maior complexidade.

8.2 As transferências para as colectividades locais

8.2.1 As transferências resultantes dos mecanismos de perequação

Matias ao analisar as transferências para os municípios em diversos países europeus (quadro 8.2) reconhece que não é possível retirar conclusões unívocas sobre estas.

QUADRO 8.2
Estrutura das subvenções e receitas fiscais locais em 1981 (em percentagem)

País	Subvenções de equipamento	Subvenções de funcionamento	Subvenções gerais	Impostos locais	Receitas locais em % do PIB
Áustria	6,5	15,1	-	78,4	6,7
Bélgica	7,3	18,3	33,7	40,7	4,9
Dinamarca	0,2	38,1	17,7	44	30,8
França	7,6	14,2	25,2	53	5,8
Alemanha	12,5	10	24,1	53,4	5,6
Grécia	33,4	7,4	22,9	36,3	1,7
Irlanda	12,2	28,4	38,9	20,5	4,5
Itália	24,8	-	69,9	5,3	5,9
Luxemburgo	12,9	1,6	1,0	84,5	5,5
Países Ba ixos	3,1	62,2	28,9	5,8	11,3
Noruega	1,4	15,8	23,9	58,9	15,2
Portugal	-	-	81,3	18,7	2,9
Espanha	7,6	1,3	29,9	61,2	2,7
Suécia	1,2	22,4	8,1	68,3	24,1
Suíça	-	6,6	5,0	88,4	6,1
Reino Unido	2,0	17,1	41,6	39,3	10,5

Fonte: Matias, Vasco Valdez – Sistemas Fiscais das Autarquias

138   *O financiamento das autarquias locais portuguesas*

Constata-se que os países nórdicos apresentam um volume de receitas locais maior em percentagem do PIB, verificando-se também um peso importante dos impostos locais. Os países baixos apresentam uma percentagem importante de receita local em percentagem do PIB e receitas fiscais pequenas acompanhadas de transferências afectas ao funcionamento. O Reino Unido demonstra equilíbrio entre receitas locais e transferências. Portugal está no grupo onde o peso dos impostos é menor (Itália, Irlanda e Holanda). Matias divide as subvenções em três tipos:

– As subvenções gerais;
– As subvenções para funcionamento;
– As subvenções para equipamento.

A leitura dos dados apresentados demonstra preferência das subvenções gerais. Seguem-se por ordem decrescente, as subvenções para funcionamento (Países Baixos e Suécia) e as subvenções para equipamento (Grécia). Os países do Sul (Espanha Grécia e Itália) têm subvenções para equipamento superiores às subvenções para funcionamento.

8.2.2 As outras transferências

Matias explica o recurso às transferências, em muitos países europeus, para financiar as autoridades locais e regionais como consequência da crise económica e da impossibilidade de gerar receita fiscal que possa assegurar de outra forma o financiamento e a autonomia destas autoridades.

Bravo e Sá afirmam que as transferências para as autarquias têm dois objectivos:

– Promover a equidade horizontal entre autarquias do mesmo grau;
– Aumentar a eficiência na afectação de recursos.

Estes dois autores identificam três tipos de transferências:
– As de <u>tipo geral</u> (*lump-sum*) que são transferidas em bloco e que não têm relação directa com a despesa das entidades subnacionais mas que são efectuadas segundo um algoritmo que considera múltiplos objectivos;

- As <u>condicionadas</u> quando têm de ser obrigatoriamente aplicadas em determinada despesa (também conhecidas por receita consignada);
- As <u>específicas</u> (*matching grants*) que embora limitadas na sua aplicação a algumas categorias de despesas, são também uma comparticipação que não cobre a totalidade da despesa e que está relacionada com uma unidade de despesa local. Isto é, destina-se fornecer um standard de provisão pública através de uma redução do preço unitário.

Quer a Carta Europeia da Autonomia Local,[111] quer o próprio Conselho da Europa,[112] consideram que os subsídios (transferências) concedidos às autarquias locais não devem financiar projectos específicos sob pena de prejudicarem a liberdade destas. A teoria económica demonstra através de numerosos estudos econométricos que estes subsídios recebidos pelas autarquias locais produzem o chamado "*flypaper effect*" que consiste aumentar a despesa pública local.

Bravo e Sá afirmam que os estudos económicos apontam para uma elasticidade-rendimento de cerca de 0,40 para os subsídios e de apenas 0,10 para o rendimento gerado localmente. Isto é, a receita gerada localmente através da fiscalidade local é menos indutora do aumento da despesa local.

Sobre o impacto económico das transferências no comportamento das autoridades locais, Bravo e Sá demonstram (fig. 8.1) partindo do pressuposto que o indivíduo maximiza a sua utilidade consumindo um bem privado (C) e um bem público (G) sujeito a uma restrição orçamental e considerando dois momentos E1 (situação inicial) e E2 (após uma transferência).

Representando em a) o efeito-rendimento da transferência e em b) o efeito-preço da mesma, pois o primeiro destes efeitos encontra-se relacionado com as transferências gerais (*lump-sum*) e o segundo com as transferências específicas ou condicionais (*matching grants*), constata-se em ambos os gráficos que o ponto de encontro das cur-

---

[111] Artigo 8.º n.º 3.
[112] Recomendação 127 (2003), ponto 6 (h).

FIGURA 8.1
Repercussão micro económica das transferências

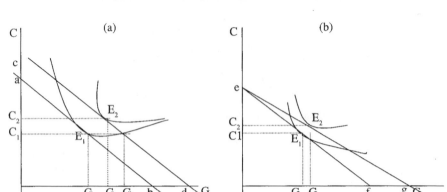

Fonte: Bravo, Ana Bela Santos e Jorge Vasconcellos e Sá – Autarquias Locais, descentralização e melhor gestão

vas de indiferença com a restrição orçamental determinam as quantidades consumidas de G (bem público) e de C (bem privado) pontos que maximizam a utilidade para o eleitor de uma dada autarquia. Em a) constata-se que entre o momento E1 e E2 (entrada da transferência), a restrição orçamental ab se desloca paralelamente enquanto na figura b) a restrição orçamental diminui a sua inclinação.

O que se verifica na realidade é que em a) o aumento da restrição orçamental permite ao eleitor consumir até ao nível G3 (de bens públicos) mas o consumo real apenas aumenta para G2 devido ao efeito de substituição que os bens privados exercem sobre o eleitor (o consumo de bens privados aumenta para C2). O diferencial entre G2 e G3 é aproveitado pela autarquia para reduzir a carga fiscal sobre o eleitor.

Na figura b) o aumento do consumo de bens públicos também se verifica (G1 para G2) embora seja menor do que no caso a). Previsivelmente a autarquia aproveitará o subsídio para reduzir a carga fiscal sobre os respectivos eleitores, o que estimulará o consumo privado (a diferença entre C1 e C2 dependerá do empenho da autarquia).

Do que se acha demonstrado retira-se a conclusão de que existe um paradoxo entre as orientações políticas que defendem transferências globais para as autarquias locais e a teoria económica que demonstra que se atinge maior eficiência com transferências específicas. O que é bom politicamente nem sempre é aconselhável tecnicamente. O papel do decisor público é o de pesar o custo das opções políticas, sendo que o que legislador nem sempre o avalia previamente.

8.3 Algumas comparações sobre o funcionamento dos sistemas subnacionais da União Europeia – o exemplo da despesa

Uma comparação sobre a forma de descentralização orçamental na União Europeia ajuda-nos a compreender os sistemas orçamentais subnacionais dos Estados-membros. Baleiras e Gabriel[113] fornecem-nos dados importantes e comparações que concluem pela *"diversidade na arquitectura vertical do sector público, não obstante alguns padrões de regularidade detectáveis na estrutura das receitas e despesas.*

A descentralização da despesa é maior na Escandinávia e nos países com estruturas de governo intermédio mais consolidadas (Áustria, Alemanha e Espanha), em relação aos restantes Estados-membros. Portugal é o país menos descentralizado em termos de despesa total.

A diversidade segundo Baleiras e Gabriel deve ser atribuída às diferenças de sensibilidade existentes na Europa sobre o princípio da subsidiariedade, verificando-se em alguns países a extensão dos contratos de delegação de competências em funções tradicionalmente reservadas segundo a teoria económica para a administração central, como por exemplo na Segurança Social e na Saúde. Em termos funcionais Baleiras detectou áreas descentralizadas na Habitação e Urbanismo e na Cultura e Recreio e outras fortemente centralizadas, como por exemplo na Segurança Social, nos Serviços Gerais (Defesa, Política Externa, Energia ou Recursos Naturais) e na Saúde.

---

[113] BALEIRAS, Rui Nuno e Fernando da Cruz Gabriel (1998), *Finanças Públicas subnacionais na União Europeia*, Documento de trabalho, Faculdade de Economia, Universidade Nova de Lisboa.

Chiara Bronchi[114] num documento de trabalho publicado pela OCDE, em 2003, apresenta uma comparação internacional dos principais agrupamentos da despesa nacional de diversos países da União Europeia entre os quais Portugal (Quadro 8.3).

Constata-se que Portugal está perto dos valores médios comunitários com excepção da segurança social. Nas despesas com Saúde e com a Economia está mesmo acima da média europeia. A protecção social é a despesa mais importante sobretudo nos países nórdicos, enquanto a despesa mais baixa é a do agrupamento de defesa, ordem pública e segurança. A segurança não é uma prioridade para os governos europeus.

QUADRO 8.3
Comparação internacional referente a 1999 (% do PIB)

	Generic public services	Defense public order and safety	Education	Health	Social protection	Economic affairs	Others	Total outlay
Austria	8.2	2.5	6.1	8.1	21.5	5.0	2.4	53.8
Belgium	10.4	2.8	6.2	6.3	17.5	4.8	2.1	50.2
Denmark	4.6	2.6	8.0	5.3	24.0	4.4	2.5	56.0
France (1993)	4.6	4.2	6.0	10.8	19.5	4.7	6.7	56.6
Germany	6.5	2.9	4.4	6.2	22.0	4.3	2.5	48.8
Finland	65	3.1	6.6	5.9	22.4	5.2	2.3	52.1
Greece	10.4	4.2	4.1	3.9	19.3	0.2	1.1	43.4
Ireland	5.9	2.2	4.2	5.7	7.1	7.3	2.4	34.8
Italy	9.9	3.2	5.1	5.8	18.0	4.0	2.3	48.8
Netherlands	8.9	3.1	4.8	4.0	18.2	5.1	3.3	47.1
Portugal	**6.4**	**3.7**	**6.9**	**6.4**	**13.0**	**5.8**	**2.9**	**45.1**
Spain (1965)	1.8	3.8	4.9	5.5	15.2	6.2	9.9	47.2
Sweden	10.1	3.8	6.8	6.3	25.3	4.8	3.2	60.3
United Kingdom (1995)	1.9	5.5	5.4	5.8	16.4	3.3	6.0	44.3
EU unweigted average	**6.9**	**3.4**	**5.7**	**6.2**	**18.5**	**4.7**	**3.6**	**49.2**

Fonte: OCDE – 2003

---

[114] BRONCHI, Chiara, (2003), *The effectiveness of public expenditure in Portugal*, Economics Department Working Papers, Paris, Organisation for Economic Cooperation and Development – OECD.

PARTE III

A REPARTIÇÃO DOS RECURSOS PÚBLICOS E A EQUIDADE REDISTRIBUTIVA

9. A INTERVENÇÃO DO SECTOR PÚBLICO E SUA FUNÇÃO

9.1 Enquadramento

Nos países com economia dita capitalista existe um sistema misto em que os agentes económicos privados e públicos interagem na produção de bens e serviços destinados a satisfazer as necessidades das populações. O peso do sector público varia conforme os países, os respectivos sistemas político-administrativos e em função das conjunturas económicas. Em Portugal, o sector público representava 42% do PIB[115], em 2001, ficando abaixo da média da União Europeia (44%). Nos Estados Unidos este valor era de cerca de 30%, no mesmo ano.

Stiglitz[116] afirma que quaisquer que sejam as perspectivas do papel que cabe hoje ao Governo, as diferenças são hoje menores daquilo que foram há cerca de cem anos quando as correntes de pensamento económico socialista e liberal se digladiavam.

O pensamento contemporâneo é hoje mais homogéneo e na busca de um novo papel para o sector público fez aparecer duas iniciativas, a desregulação e a privatização, temas que serão abordados mais à frente. O presente capítulo pretende analisar o tipo de intervenção, municipal, e como deve ser realizada essa intervenção.

---

[115] BRONCHI, Chiara (2003), *The effectiveness of public expenditure in Portugal*, Economics Department Working Papers, Paris, Organisation for Economic Cooperation and Development – OECD.

[116] STIGLITZ, Joseph E. (2000), *Economics of the public sector*, New York, W.W. Norton, p. 11.

9.2 A função de afectação

Musgrave[117] define a função de afectação ou alocação como o processo pelo qual os recursos orçamentais são divididos entre bens sociais e bens privados e é escolhido o conjunto de bens sociais a fornecer. As políticas reguladoras podem também ser incluídas no conceito de afectação, segundo o mesmo autor.

Esta função é pois exercida em larga medida pelos municípios, tendo em conta a sua proximidade dos destinatários da provisão pública que teoricamente lhes permite conhecer as suas preferências. Importa começar por clarificar alguns conceitos que serão indispensáveis nas demonstrações que se seguem.

A provisão eficiente de bens e serviços varia conforme a sua natureza pública ou privada. Considera-se **público**, um bem ou serviço em que não existe rivalidade no consumo ou utilização, isto é, em que a sua utilização ou consumo não impede o consumo ou utilização por outro individuo e em que não é possível a exclusão do consumidor ou utilizador. Se o consumo for rival e for possível a exclusão, o bem ou serviço terá características de bem ou serviço **privado**.

Existe uma terceira categoria, em que se verifica um grau imperfeito de rivalidade, isto é, não existe impossibilidade de utilização mas pode existir degradação da provisão, embora se mantenha a capacidade de exclusão. Estes bens ou serviços são então apelidados de **mistos** pois possuem características de ambos (público e privado). A decisão sobre a forma como são fornecidos estes bens e serviços é de natureza política e podemos afirmar que presentemente, grande parte da provisão pública pertence à categoria dos bens e serviços mistos.

Abordada a natureza da provisão pública, surge outra questão relevante na forma como a mesma é fornecida. Considerando a produção pública ou privada e o fornecimento público ou privado, são possíveis quatro diferentes situações. No capítulo 10 aprofundaremos esta questão, interessando-nos de momento determinar que

---

[117] MUSGRAVE, Robert A. e Peggy B. Musgrave (1989), *Public Finance in theory and practice*, New York, McGraw-Hill International Editions, p. 4.

quantidades preenchem as necessidades dos cidadãos, tendo em vista prevenir o desperdício. **No caso de bens privados**, cada cidadão relaciona a quantidade de um bem ou serviço com o respectivo peço, criando assim a sua procura-individual. O preço de mercado é formado tendo em conta a capacidade de oferta e a soma das quantidades individuais procuradas. O preço forma-se portanto no mercado e se este for aberto e competitivo, tenderá a ser eficiente.

Com os bens públicos, as preferências individuais não são reveladas, embora existam, e portanto não se manifestando uma procura efectiva, não pode existir mercado regulador da oferta e da procura. Como consequência, o bem público é fornecido em determinada quantidade ou "*quantum*", sendo igual para todos os cidadãos e financiado por todos (o Serviço Nacional de Saúde pode ser um exemplo). O preço pode então ser determinado, considerando a proporção de imposto pago por cada unidade adicional fornecida. Na realidade, estamos a falar de um custo que também é o preço. Podemos então considerar que também existe um preço-fiscal e que a sua determinação depende da quantidade de recursos públicos afectos e portanto faz sentido falar em função de afectação.

A eficiência da afectação varia assim em função da natureza pública ou privada dos bens ou serviços. No caso de bens privados, para a afectação ser eficiente as taxas marginais de substituição no consumo devem ser as mesmas para todos os consumidores (todos devem valorizar da mesma forma, os bens em presença no mercado) e iguais à taxa de transformação da produção do mercado (a capacidade de absorção do mercado deve estar próxima da capacidade de produção). A eficiência na provisão de bens públicos requer que a soma das taxas marginais de substituição no consumo iguale a taxa marginal de substituição na produção, tendo presente que os bens são não rivais no consumo e que a mesma quantidade é consumida por cada um.

A afectação faz-se através da implementação de políticas (*policies*) e estas têm subjacentes, orçamentos nos quais se materializam as escolhas orçamentais. A classificação funcional da despesa pública, fornece uma boa leitura política das prioridades orçamentais. O processo político é assim uma forma de solução para a determinação do "quantum" de provisão pública a fornecer aos cidadãos,.

Em teoria, a quantidade e a qualidade da informação à disposição do cidadão serão relevantes para a sua escolha. Na prática, a propaganda política procura induzir as escolhas dos eleitores e portanto não contribui para melhorar a transparência do sistema. O marketing eleitoral especializou-se na criação de cenários que visam muitas vezes desviar a atenção do que é essencial para o que é acessório. As sondagens também surgem nesse contexto como elementos influenciadores das escolhas. A função de afectação, pelo carácter discricionário de que se reveste merece pois uma análise aplicada a casos concretos.

Considerando o caso dos municípios Portugueses e tomando por base as suas atribuições e competências que constam da Lei 159//99, de 14 de Setembro[118] procedeu-se à analise da provisão pública municipal tendo sido possível construir o quadro 9.1. Esta classificação resultou de uma análise baseada na experiência do autor e seguiu a classificação de Musgrave na determinação das variáveis da várias das colunas (rivalidade no consumo, possibilidade de exclusão e existência de externalidades). A coluna "publico" designa a forma como a provisão é presentemente assegurada, podendo ser assegurada sob responsabilidade pública ou privada.

O quadro 9.1 (16 grupos de atribuições e 92 competências) apresenta-nos uma provisão municipal maioritariamente pública (78 casos) em que cerca de metade (46) possui externalidades, isto é atinge a sua eficiência máxima a um nível supra-municipal. Relacionando a forma pública como a provisão é exercida e a existência de rivalidade obtemos uma correlação de – 0,5638, o que quer dizer que maioritariamente a provisão pública está correcta.

Registam-se 15 casos[119] em que o segundo e o terceiro atributos são simultaneamente verdadeiros, portanto em que a provisão deveria ser privada. Temos nesta situação, por exemplo, o fornecimento de energia em baixa tensão, os transportes escolares ou a gestão de instalações desportivas. Verificam-se 52 casos de bens públicos puros[120] (segundo e terceiro atributos = 0), 21 casos de bens mistos[121] (segundo atributo = 0 e terceiro atributo = 1) e 9 casos de bens

---

[118] Vide artigo 13.º para as atribuições e artigos 16.º a 30.º para as competências.
[119] Competências 6,8,10,11,16,30,31,38,39,41,42,49,58,59 e 78.
[120] Caracterizam-se por um consumo não rival e pela não exclusão, sendo providos publicamente.
[121] O consumo não é rival mas a exclusão é possível.

A repartição dos recursos públicos e a equidade redistributiva 149

QUADRO 9.1
Classificação da provisão pública de bens e serviços dos municípios

	Atribuições	Competências	Publico	Rival	Exclus.	Extern.
	Equipamento rural e urbano					
1		Espaços verdes	1	0	0	1
2		Ruas e arruamentos	1	0	0	1
3		Cemitérios	1	0	0	0
4		Serviços públicos	1	0	0	0
5		Mercados e feiras	1	0	0	1
	Energia					
6		Distribuição B.T.	1	1	1	0
7		Iluminação pública	1	1	0	1
8		Licenciamento e fiscalização de elevadores	0	1	1	0
	Transportes e comunicações					
9		Rede viária municipal	1	0	0	1
10		Rede de transportes urbanos	0	1	1	1
11		Rede transportes municipais	0	1	1	0
12		Estruturas transportes rodoviários	1	0	0	1
13		Passagens desniveladas	1	0	0	1
	Educação					
14		Estabelecimentos de Educação pré escolar	1	1	0	0
15		Estabelecimentos de Educação do Ensino Básico	1	1	0	0
16		Transportes escolares	0	1	1	0
17		Refeitórios e estabelecimentos educacionais	1	0	1	0
18		Alojam. Ensino Básico	1	0	1	0
19		Acções social escolar	1	0	1	0
20		Activ. compl. educação	1	0	1	0
	Património, cultura e ciência					
21		Centros, bibliotecas e museus	1	0	1	1
22		Património paisagístico	1	0	0	1
23		Classificação de imóveis	1	0	0	0

Atribuições	Competências	Publico	Rival	Exclus.	Extern.
24	Conservação e recuperação do património	1	0	1	0
25	Inventário património	1	0	0	0
26	Gerir museus	1	0	0	0
27	Apoiar projectos culturais não profissionais	1	0	0	0
28	Apoiar actividades culturais	1	0	0	0
29	Apoiar a construção de equipamento cultural local	1	0	0	0
Tempos livres e desporto					
30	Gerir parques de campismo	0	1	1	1
31	Gerir instalações desportivas	0	1	1	1
32	Fiscalização de espectáculos	1	0	0	1
33	Apoiar actividades desportivas e recreativas	1	0	1	0
34	Apoiar a construção instalações desportivas e recreativas	1	0	1	0
Saúde					
35	Planeamento rede de equipamentos saúde	1	0	1	0
36	Gerir centros de Saúde	1	0	0	0
37	Participar cuidados de saúde continuados	1	0	0	0
38	Gerir equipamentos termais	0	1	1	0
Acção Social					
39	Gestão e apoio a creches, lares e centros de dia	0	1	1	1
40	Partic. em projectos de comb. à pobreza e exclusão social	1	0	1	1
Habitação					
41	Terrenos para habitação social	1	1	1	1
42	Promoção de habitação social e renovação urbana	0	1	1	1
43	Incentivos para obras de manut. do parque habit. privado	1	0	1	1
44	Gerir o parque habitacional de arrendamento social	1	0	0	0
45	Financiar a recuperação de habitações degradadas	1	0	1	0

A repartição dos recursos públicos e a equidade redistributiva 151

	Atribuições	Competências	Publico	Rival	Exclus.	Extern.
	Protecção Civil					
46		Criação de corpos de bombeiros municipais	1	0	0	1
47		Construção e manutenção de instalações de bomb. volunt.	1	0	0	1
48		Apoio à aquisição de equip. bombeiros voluntários	1	0	0	1
49		Construção manutenção e gestão de instal. protecção civil	1	0	0	1
50		Execução de programas de limpeza de matas e florestas	0	0	0	0
	Ambiente e sa- neam. básico					
51		Abastecimento de água	0	1	1	1
52		Drenagem e tratamento de águas residuais	1	1	0	1
53		Limpeza pública e recolha e tratamento de resíduos sólidos	1	0	0	1
54		Fiscalização do regulamento do ruído	1	0	0	1
55		Instalar e manter redes locais de monit. qualidade do ar	1	0	0	1
56		Gerir áreas protegidas de interesse local	1	0	0	0
57		Criar áreas temporárias de interesse zoológico ou ambiental	1	0	0	1
58		Manter e reabilitar a rede hidrog. dentro perímetros urbanos	1	0	0	1
59		Licenciar e fiscalizar a captação de águas subterrâneas	1	0	1	1
60		Assegurar a gestão e garantir a limp.praias e zonas balneares	0	1	1	1
61		Licenciar e fiscalizar a extracção de inertes	1	1	1	0
	Defesa do consumidor					
62		Promover acções de informação e defesa do consumidor	1	0	0	1
63		Criar sistemas de arbitragem de litígios de consumo	1	0	0	1

O financiamento das autarquias locais portuguesas

	Atribuições	Competências	Publico	Rival	Exclus.	Extern.
64		Apoiar associações de consumidores	1	0	1	1
	Promoção do desenvolvim.					
65		Criar e participar em empresas municipais, intermun. e ADR´s	1	0	1	1
66		Gerir subprogramas dos programas regionais	1	0	0	1
67		Apoiar iniciativas locais de emprego	1	0	1	1
68		Apoio a actividades de formação profissional	1	0	1	1
69		Criar ou participar em estab. de promoção do turismo	1	1	0	0
70		Participar nos órgãos das regiões de turismo	1	0	0	1
71		Promover a apoiar manifestações etnográficas	1	0	0	0
72		Criar e participar em assoc. de desenvolvimento regional	0	0	0	1
73		Caminhos rurais	1	0	0	1
74		Elaborar o plano municipal de intervenção florestal	1	0	0	1
75		Participar em programas de incentivos à fixação de empresas	1	0	1	1
76		Licenciamento industrial classes C e D.	1	0	0	0
77		Licenciamento e fiscalização de estabelecimentos hoteleiros	1	0	1	0
78		Licenc. e fiscal. de explor. de massas minerais a céu aberto	1	0	0	0
79		Controlo metrológico de equipamentos	0	1	1	1
80		Cadastro dos estab. industriais, comerciais e turísticos	1	0	0	0
81		Licenciamento de espécies de crescimento rápido	1	0	1	0
82		Licenciamento de estabelecimentos comerciais	1	0	1	0

A repartição dos recursos públicos e a equidade redistributiva   153

Atribuições	Competências	Publico	Rival	Exclus.	Extern.
Ordem. do território e urban.					
83	Elaborar e aprovar planos municipais de orden. do território	1	0	0	0
84	Delimitar áreas de desenvolvimento urbano prioritário	1	0	0	0
85	Delimitar áreas de defesa,				
	recuperação e reconversão urb.	1	0	0	0
86	Aprovar loteamentos	1	0	0	0
87	Participar na elaboração				
	e aprovação dos PROT´s	1	0	0	1
88	Propor a inclusão ou exclusão				
	de áreas na REN ou da RAN	1	0	0	0
89	Declarar a utilidade pública para				
	efeito de posse administrativa	1	0	0	0
90	Licenciar construções nas áreas				
	portuárias e praias	1	0	0	0
Polícia municipal					
91	Fiscalização administrativa	1	0	0	0
	Cooperação externa				
92	Participação em acções de				
	cooperação na U.E e nos PALOP	1	0	0	1
	Total	**78**	**20**	**36**	**46**

Legenda: (1) característica presente (0) característica ausente

de mérito[122] (segundo, terceiro e quarto atributos = 1). Sintetizando as classificações do quadro 9.1, visando definir estratégias de intervenção, obtemos o quadro 9.2.

---

[122] Categoria criada por Musgrave em que o consumo é rival, a exclusão é possível mas as externalidades são elevadas. Embora as características apontem para uma provisão privada, por decisão política, a provisão é assegurada publicamente.

QUADRO 9.2
Resumo da classificação do quadro 9.1

Situações	12 Combinações existentes em 16 possíveis			N.º de situações existentes
Pub.	Riv.	Exclu.	Ext.	
1	1	1	1	1
2	1	1	1	0	2
3	1	1	0	1	2
4	1	1	0	0	3
5	1	0	1	1	9
6	1	0	1	0	12
7	1	0	0	1	22
8	1	0	0	0	24
9	0	1	1	1	8
10	0	1	1	0	4
11	0	0	0	1	4
12	0	0	0	0	1
Total				**92**

Das 16 combinações possíveis, constatamos que apenas 12 se verificam. A primeira (caso dos terrenos para habitação social, competência n.º 41.º) regista uma provisão pública que apresenta características de bem privado (consumo rival e exclusão possível) mas que possui externalidades, portanto apontando para um exercício a nível supra-municipal. A possível solução residirá na privatização desta actividade e no seu exercício a um nível regional ou nacional, criando empresas com capitais públicos (maioritários ou não), fazendo intervir um conjunto de municípios com afinidades bem como a administração central ou regional em virtude da capacidade de intervenção municipal, ser em geral muito limitada. Exemplos como a Parque Expo estão a ser repetidos através das sociedades de renovação urbana.

A segunda situação apresenta características semelhantes à primeira, com a diferença de não existirem externalidades, pelo que a

A *repartição dos recursos públicos e a equidade redistributiva*   155

solução pode também passar pela privatização. A terceira situação, regista uma provisão pública com consumo rival mas sem possibilidade de exclusão e com externalidades. A provisão deverá portanto continuar a ser assegurada publicamente e a um nível supra-municipal. A solução poderá estar no associativismo municipal ou na regionalização.

A quarta situação caracteriza-se por uma provisão pública com um consumo rival, sem possibilidade de exclusão e sem externalidades. A manutenção da provisão municipal é a resposta. A quinta situação, regista uma provisão de natureza pública com externalidades, devendo portanto ser assegurada a um nível supra-municipal. A solução será idêntica ao terceiro caso, passando pelo associativismo municipal ou pela regionalização da provisão. A sexta situação caracteriza-se por existir uma provisão pública, sem consumo rival e sem externalidades. A solução será de manter a provisão municipal. A sétima situação é idêntica à anterior existindo externalidades. A resposta será idêntica às situações 3 e 5, assentando numa provisão supra-municipal baseada no associativismo ou na regionalização. A oitava situação caracteriza-se por uma provisão pública, cuja natureza é pública e não possui externalidades. A resposta será manter a actual provisão municipal. A nona situação corresponde a uma provisão privada de natureza privada com externalidades. A solução será a de manter a provisão privada mas que esta seja assegurada a um nível supra-municipal. Em relação à décima situação esta apenas difere da anterior porque não possui externalidades, sendo portanto a solução de manter a actual provisão. A décima primeira situação caracteriza-se por uma provisão privada da natureza pública com externalidades. Recomenda-se que esta seja assegurada publicamente e que o seja a um nível supra-municipal ou regional. Finalmente a décima segunda situação difere da anterior porque não possui externalidades. Neste sentido, a provisão deve ser pública e assegurada ao nível municipal.

Em síntese, e considerando as competências, verifica-se em três destas (situações 1+2) uma indicação de privatização, em cinco (situações 11 e 12) o oposto da proposta anterior, isto é, a passagem da provisão privada a pública, em quarenta e três (situações 4+6+8+10) recomenda-se a manutenção da actual forma de provisão pública e em quarenta e cinco (situações 3+5+7+9+11) reconhece-se

156 *O financiamento das autarquias locais portuguesas*

a necessidade de obter escala no fornecimento da provisão, admitindo-se regionalizar a provisão ou se não quisermos ir tão longe, exercê-la a um nível supra-municipal. Existem pois condições que apontam para a correcção da provisão pública municipal sendo necessário estudar cada uma para determinar a sua eficiência.

9.3 A função de distribuição

As escolhas na afectação influenciam a distribuição e motivam nesta, ajustamentos correctivos que não podem ser analisados sem se considerar a função de afectação, embora a separação das duas funções seja desejável para análise.

Num debate sobre o Orçamento do Estado, a distribuição é geralmente o ponto mais controverso e é determinante na fixação das políticas fiscais e de transferências. O desenho da política de distribuição pode envolver custos de eficiência que devem ser tidos em conta na sua execução. O conceito de eficiência de Pareto não tem aplicabilidade na função de distribuição pois existe rivalidade entre os beneficiários da distribuição. Pode-se então falar de justiça distributiva mas esta enfrenta duas dificuldades. Em primeiro lugar, não se conhece a utilidade dada por cada um ao seu rendimento (as comparações ficam prejudicadas), em segundo lugar verifica-se uma relação entre a dimensão do "bolo" a distribuir e a forma como é distribuído.

Por outro lado, verificam-se tendências ou correntes de pensamento em relação à distribuição. Alguns consideram necessário limitar o topo da distribuição, outros consideram necessário traçar uma "fasquia" que garanta uma base para a distribuição.

Os países evoluíram de maneira diversa e enquanto a Suécia possui um sistema de segurança social muito completo desde há várias décadas, Portugal só muito recentemente estabeleceu o Rendimento Mínimo Garantido.

A distribuição pode ser implementada com recurso a vários instrumentos:

1) **Um sistema de transferências** baseado na taxação dos altos rendimentos (através de impostos progressivos) e de subsídios aos baixos rendimentos;

A *repartição dos recursos públicos e a equidade redistributiva* 157

2) Um sistema de impostos progressivos para financiamento dos serviços públicos, em especial os que tenham natureza social;

3) Uma combinação de impostos sobre os bens de consumo dos titulares de altos rendimentos que financiariam os bens consumidos por quem tenha baixo rendimento.

Uma distribuição baseada no rendimento apresenta a vantagem de não influenciar os padrões de consumo e de produção mas tem a desvantagem de não conseguir evitar a distorção entre o rendimento e a utilidade. A optimização da distribuição deverá considerar que qualquer alteração a esta deverá implicar o menor custo de eficiência e assegurar o equilíbrio entre a equidade e a eficiência.

Musgrave desenvolveu diversas aproximações a uma justiça distributiva, identificando quatro critérios de distribuição:

1. **O critério da dotação-base** com os seguintes factores:
   - Guardar o que podemos obter do mercado;
   - Guardar o que poderíamos ganhar num mercado competitivo;
   - Guardar apenas o rendimento do trabalho;
   - Guardar o que poderíamos ganhar num mercado competitivo, partindo de uma posição igual.

2. **O critério utilitário**, com os seguintes factores:
   - O bem estar total é maximizado;
   - O bem estar médio é maximizado.

3. **O critério igualitário**, apresenta os seguintes factores:
   - O bem estar é equalizado;
   - O bem estar do grupo mais baixo é maximizado;
   - O Equidade categórica requer provisão em espécie.

4. **Critério misto** que consiste em:
   - Uma base de segurança social com uma regra de dotação que lhe é aplicável;
   - A distribuição é ajustada para maximizar o bem estar numa relação com pesos sociais.

A preferência por um dos critérios depende do ponto de vista de cada um. Assim, os defensores da dotação-base pretendem conservar o que ganham, os utilitários defendem a maximização da assistência social e os igualitários pretendem garantir igual tratamento para todos. Musgrave fala-nos de uma visão alternativa a estes sistemas, assente no que os filósofos chamam de contrato social. A concertação social tal como a conhecemos hoje, visaria atingir uma forma de contrato social.

A distribuição e a fiscalidade andam associadas pois a fiscalidade é um instrumento de concretização da distribuição ou se preferirmos da redistribuição. A redistribuição pode ser entendida como uma distribuição de segundo nível sucedendo à distribuição e visando corrigir erros ou desvios da distribuição. Conforme vimos na Parte II os países do Norte da Europa nomeadamente os países escandinavos e a Alemanha preferem uma fiscalidade baseada em impostos directos sobre o rendimento (seguramente o sistema mais justo, mas mais complexo de gerir). Os países do Sul preferem financiar-se sobre o consumo, portanto sobre impostos indirectos (sistema instável, muito vulnerável aos ciclos económicos). Os anglo-saxónicos optam por tributar o património (perspectiva inter-geracional interessante e fomentadora do uso adequado do património). Na busca da distribuição óptima Musgrave alertou[123] que o financiamento da redistribuição pode ter efeitos perversos sobre a economia se o esforço fiscal exigido ou o custo for superior ao beneficio que gera.

Alesina e Angeletos[124] compararam as percepções nos Estados Unidos e na Europa sobre a desigualdade e a escolha das políticas redistributivas e desenvolveram a seguinte ideia: *"Tendo presente que a composição do rendimento depende do equilíbrio das políticas fiscais, quanto mais uma sociedade acreditar que o esforço individual é determinante para o rendimento e que cada um tem o direito de usufruir do seu esforço, escolherá fracas políticas distributivas e consequentemente manterá os impostos baixos. O ponto de equilíbrio deste modelo corresponderá a um esforço elevado, limitado papel para a sorte, o funcionamento do mercado será adequado e as convicções sociais serão preenchidas.*

---

[123] MUSGRAVE, Robert A. e Peggy B. Musgrave (1989), *Public Finance in theory and practice*, New York, McGraw-Hill International Editions, p. 83.

[124] ALESINA, Alberto e George Marios Angeletos (2002), *Fairness and redistribution: US versus Europe*, NBER Working Paper.

Mas se uma sociedade acreditar que a sorte, o ponto de partida à nascença, os contactos ou a corrupção são determinantes para a fixação do rendimento, irá cobrar impostos em excesso, distorcendo o mercado e preenchendo igualmente as suas convicções sociais. Verifica-se que a diferença de convicções sociais e de políticas sociais pode conduzir a múltiplos equilíbrios, explicando as diferenças de percepção entre Europeus e Americanos acerca da desigualdade e das opções políticas."

9.4 A função de estabilização

A função de estabilização visa garantir, entre os seus objectivos, o crescimento sustentado da economia, o emprego, a estabilidade de preços e contas exteriores equilibradas. Esta, dispõe como instrumentos de intervenção, as políticas monetárias e as políticas fiscais. As políticas monetárias visam controlar a massa monetária em circulação, tendo presente um aumento de liquidez decorrente de uma redução das taxas de juro, um aumento da procura ou o aparecimento de um ciclo inflacionista. Hoje, as políticas monetárias estão nas mãos do Banco Central Europeu, no que diz respeito aos países pertencentes à União Europeia (com excepção do Reino Unido, Dinamarca e Suécia) e portanto fora do alcance dos restantes governos da U.E.

A fiscalidade permanece assim o instrumento principal de estabilização de que pode lançar mão o Governo Português. A política fiscal tem uma relação directa com a procura. O aumento da despesa pública contribui para o aumento da procura, primeiro no sector público e logo a seguir no sector privado, tal como uma redução nos impostos deixa aos contribuintes um maior rendimento disponível.

Os orçamentos são outro factor ou instrumento de estabilização. Os défices orçamentais têm também um papel importante e a sua forma de financiamento é relevante. Se o controlo orçamental for eficaz poderá conduzir a um aumento das taxas de juro e portanto ter um efeito restritivo sobre o mercado, limitando o consumo. No caso contrário, poderá agravar ainda mais o défice. A despesa pública tem assim um papel estabilizador a desempenhar.

160 *O financiamento das autarquias locais portuguesas*

Ter-Minassian e Schwartz[125] avaliando os instrumentos "ortodoxos" de estabilização (políticas monetárias e fiscais) e "heterodoxos" (intervenção directa dos governos sobre a formação dos salários e dos preços) consideram que existe um consenso hoje na literatura que uma efectiva estabilização requer um núcleo de políticas ortodoxas que permita equilibrar a procura e a oferta domésticas. O recurso à desregulação de salários e de contratos (solução heterodoxa) sendo aplicado apenas em casos extremos de inflação persistentemente elevada.

9.5 A função de coordenação

O orçamento comporta os mais variados objectivos que são implementados através políticas cuja natureza e implementação requerem uma programação adequada no tempo. Os efeitos das políticas podem conduzir a resultados muito diversos conforme o acompanhamento a que foram sujeitas e podem mesmo anular-se entre si se o desenho das políticas e a sequenciação da sua implementação não for coordenada aos diversos níveis da administração pública.

Um exemplo prático do funcionamento da coordenação é dado pelo Programa de Estabilidade e Crescimento aprovado pelo governo Português para o período de 2003 a 2006. O Tratado da União Europeia, o Pacto de Estabilidade e Crescimento e o Procedimento dos défices excessivos constituem compromissos a que Portugal está vinculado internacionalmente. Nesse sentido, o governo aprovou uma Lei de Estabilidade e Crescimento que estabeleceu princípios e procedimentos visando como objectivos a estabilidade orçamental (garantir o equilíbrio das contas públicas), a solidariedade recíproca entre todos os subsectores públicos (suspensão, se necessário, dos regimes especiais de transferências e limitações ao endividamento) e de transparência orçamental (dever de informação entre as entidades públicas), que pode mesmo levar à suspensão das transferências do Orçamento do Estado em caso de incumprimento.

---

[125] Ter-Minassian, Teresa e Gerd Schwartz (1997), *The role of fiscal policy in sustainable stabilization: Evidence from Latin America*, Washington, International Monetary Fund Working Paper n.º 97/94.

10. A RACIONALIDADE DA DESCENTRALIZAÇÃO DA DESPESA PÚBLICA

10.1 Enquadramento

Tendo-se procedido no capítulo anterior a uma introdução às funções prosseguidas pelas finanças públicas, interessa agora entender quais as funções económicas que são descentralizáveis. Trata-se de estabelecer a escala ou o nível da administração que maximiza o bem estar social, isto é, que melhor conjuga o bem estar e a utilização económica dos recursos.

Interessa-nos analisar a descentralização e centrarmo-nos na realidade municipal utilizando a classificação de funções realizada no capítulo anterior[126] à qual aplicaremos a teoria económica, na relação que esta estabelece com a provisão pública. Assim, temos os municípios que fornecem em geral bens e serviços cuja natureza é predominantemente pública. Não obstante, também fornecem bens cujo consumo é rival e onde a exclusão é possível, portanto que podem ser encarados como privados. Mas esta fronteira nem sempre é clara e existem bens com características mistas, públicas e privadas. Será que a descentralização da provisão pública é aplicável, independentemente da natureza dos bens e serviços?

Outro factor a ter em atenção, que pode influenciar a descentralização, é a existência de externalidades. Neste caso, os efeitos da provisão pública ultrapassam a fronteira da circunscrição administrativa ou podem também sofrer influência externa. Casos haverá, em que a descentralização é possível mas não é aconselhável porque os inconvenientes da sua implementação são superiores às vantagens dela resultantes. O balanço não pode ser feito em função de uma ou

---

[126] Vide quadro 9.1.

162 *O financiamento das autarquias locais portuguesas*

de outra competência mas deve ser feito no conjunto da provisão pública, depois de ponderado o peso específico da cada tipo no contexto global. São assim numerosos e complexos os factores de análise e a resposta à pergunta – se devemos ou não descentralizar, não é fácil.

10.2 Descentralizar ou não descentralizar – eis a questão.

Será que as diversas funções exercidas pelo Estado são descentralizáveis? A resposta a esta questão deve ser precedida de uma análise de cada uma dessas funções. Começando pela função de afectação, a respectiva teoria manda aplicar a provisão pública à região mais relevante e os custos (se os houver) aos respectivos residentes, já que estes mostram a sua preferência através de um processo político (o voto). A região a que nos referimos é a área na qual os bens públicos fornecidos têm incidência. Os serviços devem ser pagos em função dos benefícios que produzem e o tamanho ideal de uma comunidade é o ponto em que o benefício marginal *per capita* iguala o custo marginal de concentração, *per capita*. Por outras palavras, é o número de residentes correspondente a um ponto de equilíbrio em que o beneficio que cada novo residente aufere é igual ao custo individual resultante do aumento da concentração. A dimensão ideal do serviço (a provisão) para uma determinada jurisdição dependerá da dimensão da jurisdição.

A busca da eficiência na **afectação** conduz-nos a múltiplas jurisdições fiscais responsáveis pelo financiamento da provisão pública, o que leva a concluir pela **heterogeneidade da provisão pública** na dimensão das jurisdições. Algumas distorções devem ser levadas em conta, como por exemplo, o facto de o modelo de Musgrave considerar as preferências iguais, quando não o são e existirem perdas de economias de escala.

A descentralização da afectação enfrenta ainda outras dificuldades. O efeito de congestionamento da provisão, isto é, a sua sobreutilização, pode levar a uma deterioração do serviço ainda que este seja público, devendo então ser visto como um custo. Os benefícios podem também extravasar o âmbito da jurisdição, tornando a provisão ineficiente e exigindo correcções que podem ser realizadas entre jurisdições. O associativismo autárquico descrito anteriormente é um exemplo de mecanismo corrector.

Tiebout[127] considera que a mobilidade pode apresentar também dificuldades para uma provisão descentralizada e eficiente quando o processo e a revelação da escolha por parte de residentes se manifeste na mudança de uma jurisdição para outra mais favorável – é o que denominou de "votação com os pés" (*voting by feet*).

Embora admita que esta hipótese se apresenta de certo modo irrealista, Musgrave não deixa porém de considerar possível a sua aplicação no interior de uma cidade ou dos seus subúrbios. Encontramos um exemplo prático desta hipótese na actualização do recenseamento eleitoral[128] notando-se padrões de transferência de eleitores do centro para a periferia das áreas metropolitanas ao longo dos novos itinerários principais rodoviários. O fenómeno deve-se à procura pelos residentes do centro, de melhores condições de habitação na periferia (qualidade de vida e solo mais barato) compatíveis com o seu rendimento e aproveitar a provisão pública proporcionada por novas acessibilidades. O subúrbio estende-se para a periferia das áreas metropolitanas.

O financiamento da provisão pública é a segunda face da moeda. Demonstrada a possibilidade de proporcionar diferentes combinações de provisão pública faz sentido encarar a existência de grupos fiscais. Cada grupo correspondendo a uma jurisdição, os seus membros deverão financiar os bens e serviços que lhes são proporcionados pela provisão pública. O desenho dos impostos deverá reservar para o nível nacional os impostos com maior base de incidência e para o nível subnacional os impostos correspondentes aos benefícios proporcionados a esse nível. Cada jurisdição deverá assim pagar os seus próprios benefícios. A teoria económica considera ainda que se as taxas foram aplicadas com base no princípio do benefício, a descentralização não afectará o comercio e a produção. Quando os impostos cobrados localmente não cobrirem os custos dos respectivos benefícios estamos perante uma aplicação redistributiva. Podemos pois concluir que o desenho da fiscalidade aponta igualmente para a heterogeneidade.

No que concerne à **função de distribuição**, a sua descentralização conduziria teoricamente a uma maior variedade na provisão

---

[127] TIEBOUT, C.M. (1956), "A pure theory of local expenditures", *Journal of Political Economy*.

[128] Vide actualização do recenseamento eleitoral em 2002 – www.stape.pt/sintese2002.htm.

164　　　*O financiamento das autarquias locais portuguesas*

pública, desde que os bens ou serviços fossem de âmbito local. Musgrave no entanto considera que a existência de mobilidade entre jurisdições anularia o efeito de redistribuição ou reduziria consideravelmente a equidade do sistema, permitindo a "fuga" de residentes para outra jurisdição mais favorável. Embora considerando a mobilidade como um factor decisivo Musgrave não parece atribuir-lhe a importância que a sua ausência tem nos países que integram a União Europeia. De facto a mobilidade nos Estados Unidos é maior do que na U.E. A mobilidade no interior de espaços político-económicos que falam diferentes línguas e possuem culturas marcadamente diferentes apesar de garantida nos tratados não é tão evidente. Em Portugal a mobilidade também não o é. Problemas como a falta de habitação (ausência de mercado de arrendamento activo), o custo elevado da oferta imobiliária, a falta de oferta de emprego (pequeno pais onde as actividades industriais e comerciais se concentram em duas áreas metropolitanas) são fortes constrangimentos à mobilidade.

Nada impede no entanto que a função distribuição possa ser descentralizada e temos na Lei de Finanças Locais um bom exemplo quando se deixa às assembleias das duas Regiões Autónomas o poder de regulamentar[129] a aplicação da L.F.L. para os respectivos municípios com vista a garantir idênticas oportunidades.

No que concerne à **função de estabilização** a sua intervenção centra-se sobretudo a nível do controlo da inflação (portanto dos preços e salários) e do emprego (fomento das políticas de emprego). A existência de externalidades é evidente nos dois casos, o que nos faz crer que a centralização é a melhor opção. Não deixa de ser verdade em termos globais, mas também aqui surge também o exemplo das Regiões Autónomas em que o isolamento geográfico condiciona a mobilidade e reduz significativamente as externalidades. Constata-se que os respectivos Estatutos Político Administrativos conferem aos Governos Regionais poderes que poderemos classificar de estabilização[130]. Estes exemplos levam-nos a ser cautelosos na aplicação generalizada da teoria económica.

---

[129] Vide artigo 35.º da Lei 42/98, de 6 de Agosto.

[130] Vide artigos 8.º, 30.º e 60.º da Lei 39/80 de 5 de Agosto – Estatuto Político Administrativo dos Açores e artigos 36.º, 37.º e 69.º da Lei 130/99, de 21 de Agosto – Estatuto Político Administrativo da Madeira.

A repartição dos recursos públicos e a equidade redistributiva   165

10.3 Da teoria neoclássica à *multi-level governance*

Para Marks e Hooghe[131] a integração europeia veio proporcionar uma reflexão sobre a flexibilidade da articulação territorial. Para eles, os Estados são meras formas de governança, podendo-se conceptualizar sobre a dimensão do exercício da governação a um nível central ou a múltiplos níveis em que a autoridade se encontra dispersa.

A teoria neoclássica presente na literatura sobre finanças públicas e sobre federalismo fiscal compara as vantagens da centralização e a desvantagem de se aplicar uma política centralizada a uma população geograficamente heterogénea. Para estes dois autores a multi-level governance é a resposta optimizada do dilema anterior à questão fundamental da teoria neoclássica: qual será a dimensão ideal para um Estado? Na teoria neoclássica, os Estados podem ser demasiado grandes ou muito pequenos conforme as populações abrangidas sejam geograficamente heterogéneas e portanto seja mais adequada uma jurisdição local ou aconselhem uma provisão a um nível superior, dada a reduzida dimensão do mercado e as externalidades a que estão sujeitas.

Musgrave e Oates, na tradição neoclássica sugerem que as políticas públicas devem ser localizadas no nível mais baixo de governo em que seja possível retirar economias de escala relevantes e reduzir as externalidades. Oates enunciou o seu famoso teorema da descentralização[132] e Baleiras[133] utilizou-o para lhe acrescentar algumas extensões que questionam as hipóteses sobre as quais se baseia o

---

[131] MARKS, Gary e Liesbet Hooghe (2000), *Optimal A critique of neo-classical theory*, Documento de trabalho, Departamento de Ciência Política, Universidade da Carolina do Norte, EUA.

[132] <u>Teorema da descentralização</u>: Seja um bem público com as seguintes características: (1) é consumido em subconjuntos geográficos (jurisdições) da população total; (2) o custo marginal de provisão em cada jurisdição é constante e igual para o governo central e cada governo local. Nestas condições, o fornecimento da quantidade Pareto-eficiente em cada jurisdição pelos respectivos governos subnacionais é pelo menos tão barato quanto o fornecimento pelo governo central de uma qualquer quantidade igual em todas as jurisdições.

[133] BALEIRAS, Rui Nuno, (Agosto de 2001), *Governação subnacional: legitimidade económica e descentralização da despesa pública*, Documento de trabalho, Faculdade de Economia, Universidade Nova de Lisboa, p.14.

referido teorema, mas estes prós e contras da descentralização serão abordados mais à frente.

Alesina e Spolaore analisaram as condições que podem levar à secessão[134] situação considerada como extrema em termos de um eixo de descentralização. São identificadas três causas, sendo a primeira o reconhecimento que os regimes não democráticos preferem as áreas geográficas maiores que maximizem a provisão pública pois não têm que se preocupar com as preferências do eleitorado. Uma segunda razão decorre das condições de funcionamento dos países democráticos que são mais permeáveis à secessão e preferem (ou não têm alternativa) reconhecer este direito aos grupos de indivíduos territorialmente contíguos (em Portugal os movimentos para a criação de Municípios são um bom exemplo). A terceira causa, ao tomar em consideração a crescente integração económica internacional prevê que esta leve à criação de mais Estados, tendo presente que os pequenos Estados podem obter mais benefícios, comparativamente com os grandes Estados.

Marks e Hooghe contestam estas assunções, apresentando uma falha nas teses de Alesina e Spolaore que acusam de não considerar a heterogeneidade da provisão pública e de apenas considerar o fornecimento de um bem ou serviço. A solução segundo eles assentaria na multi-level governance que consideraria de forma mais eficiente as preferências do público.

Marks e Hoogue afirmam que quando se desagrega uma política nas funções que a compõem, a experiência mostra que encontramos funções que atingem a eficiência em diversos níveis de governo consoante a função. Como exemplo citam o ambiente em que a função de controlo e monitorização do clima deve ser exercida a um nível global enquanto o tratamento de resíduos sólidos deve ser gerido a nível local.

Outra critica apresentada por Marks e Hoogue à teoria neoclássica consiste em esta ignora os custos de operação ou de funcionamento decorrentes da descentralização. Marks e Hoogue identificam três tipos: os custos de decisão, de informação e de infra-estruturas.

---

[134] ALESINA, Alberto e Enrico Spolaore (1997), "On the number and size of nations" *Quarterly Journal of Economics*, n.º 112, p. 1027-1056.

A repartição dos recursos públicos e a equidade redistributiva 167

Os custos de decisão resultam da sobreposição de competências entre os diversos níveis que leva a uma imposição de custos entre governos (o caso dos transportes escolares impostos pelo Governo aos municípios, por exemplo). Os custos de informação decorrem da opacidade que se gera com o aumento dos níveis de governo e a dificuldade de obter igualmente informação sobre a execução das diversas políticas. Os custos de infra-estruturas resultam da multiplicação das infra-estruturas destinadas a apoiar a execução das políticas em cada nível.

Marks e Hoogue afirmam que uma vez estabelecido um nível de governo, este exerce uma função de atracção em relação as restantes competências a descentralizar mesmo que o nível de cada uma não esteja no ponto óptimo de eficiência. Este facto deve-se ao custo marginal de instalação de mais um nível de governo quando comparado com o custo de estabelecimento da nova competência no nível já existente. As economias de escala recomendam governos com maiores jurisdições enquanto a heterogeneidade empurra para jurisdições mais pequenas e os custos de operação constrangem o número de governos ou de níveis de governação.

10.4 Descentralização e eficiência

Baleiras[135] afirma que a quantidade de um bem público eficiente em cada jurisdição é a que maximiza o respectivo bem estar social e segue na tradição clássica da teoria económica admitindo que a heterogeneidade da procura conduz a diferentes níveis de governo. No entanto, reconhece a diversidade da realidade autárquica (municipal) e comparando dois concelhos que enfrentam o mesmo preço de determinado bem, deduz que as rectas orçamentais consumidor-votante representativo são diferentes para as duas comunidades. As diferenças de poder de compra decorrentes de estruturas de rendimentos diferentes explicam em parte as diferenças. Baleiras concluiu

---

[135] BALEIRAS, Rui Nuno (Agosto de 2001), *Governação subnacional: legitimidade económica e descentralização da despesa pública*, Documento de trabalho, Faculdade de Economia, Universidade Nova de Lisboa, p. 11.

que perante as idiossincrasias espaciais existentes entre a procura e a oferta de um bem público ao nível local, não basta recomendar a descentralização da provisão pública e propôs extensões ao teorema da descentralização de Oates com o objectivo de avaliar os prós e os contras da descentralização. Em suma, se um bem público local não revelar heterogeneidade inter jurisdicional na procura e na oferta, é inútil prosseguir com a descentralização mas a diversidade espacial não basta para se decidir descentralizar.

Como **argumentos pró-descentralização** Baleiras começa por apresentar a necessidade de ouvir "a voz do povo", isto é, de auscultar as populações. Mas esta solução apresenta dificuldades práticas porque nem sempre é possível esperar por consultas eleitorais e porque quando estas ocorrem não é possível desagregar na consulta cada uma das medidas a tomar. Baleiras cita mesmo a dificuldade de se encontrar uma solução de equilíbrio no modelo do votante mediano quando se apresenta uma decisão multidimencional. Uma solução poderia consistir na utilização de sondagens ou de um referendo local[136] consoante a urgência requerida.

Uma segunda extensão consiste na capacidade de financiamento da competência que se pretende descentralizar, pelo nível para o qual se pretende transferir a competência. Baleiras na tradição clássica defende o *princípio do utilizador-pagador*, isto é, o financiamento deve ocorrer na jurisdição na qual se manifestam os benefícios da provisão. Baleiras propende para uma autonomia fiscal dos governos subnacionais em detrimento de uma excessiva dependência de transferências.

O terceiro argumento pró-descentralização decorre justamente da autonomia fiscal e implica uma responsabilização dos governos subnacionais perante os seus respectivos eleitores. Ora tal só é possível se os destinatários da provisão conhecerem as opções orçamentais dos respectivos governos subnacionais e estes forem responsabilizados pela eficiência da provisão pública. No caso dos municípios portugueses e particularmente no que diz respeito à receita fiscal, a

---

[136] Solução relativamente recente, vide Lei Orgânica n.º 4/2000, de 14 de Agosto (aprova o regime jurídico do referendo local).

situação está muito longe do desejado pois é a administração central que ainda cobra a generalidade dos impostos municipais.

A clareza da restrição orçamental é o quarto e ultimo argumento de Baleiras a favor da descentralização. Sustenta este que a existência de regras claras e consistentes que delimitem a competência dos governos subnacionais e as suas fontes de receita são indispensáveis para uma gestão sã das finanças públicas. Deve-se evitar a discricionariedade na fixação da receita mas em contrapartida responsabilizar economicamente, politicamente e criminalmente os governos subnacionais como forma de evitar situações de derrapagem financeira e de excessivo endividamento.

No caso específico dos municípios portugueses existem dois diplomas que responsabilizam os eleitos locais, a Lei da Tutela Administrativa[137] sobre as autarquias locais e a Lei que regula os crimes dos titulares da cargos políticos[138]. No que concerne à estabilidade da receita das autarquias locais, a situação é bem diferente, tendo-se recorrido ao Orçamento do Estado para proceder a correcções ou derrogações sobre a aplicação da Lei de Finanças Locais[139].

As razões que Baleiras apresenta **em favor da centralização** baseiam-se em três argumentos. O primeiro é qualificado de diversidade na provisão centralizada e baseia-se na hipótese de um governo central ser capaz de desenvolver "uma sintonia fina" de forma a poder distinguir as preferências de bens públicos em cada jurisdição e assim ser eficiente na produção (aproveitando as economias de escala proporcionadas por uma produção em grandes quantidades) e simultaneamente na provisão fornecendo a quantidade de cada bem que maximiza o bem estar em cada jurisdição.

O segundo argumento de Baleiras a favor da centralização são as economias de escala. Estas devem ser avaliadas em função da natureza de cada bem. Pode reconhecer-se muitas vezes a formação de coalizões ou clubes para a produção ou fornecimento de determinado bem ou serviço. Um exemplo reside na formação de associa-

---

[137] Lei 27/96, de 1 de Agosto – Regime jurídico da tutela das autarquias locais.

[138] Lei 34/87, de 16 de Julho – Crimes de responsabilidade dos titulares de cargos políticos

[139] Vide as disposições da Lei n.º 2/92, de 9 de Março (O.E. 92), por exemplo.

170   *O financiamento das autarquias locais portuguesas*

ções de municípios ou de empresas intermunicipais em diversos domínios da actividade autárquica[140]. Marks e Hoogue[141] definem as coalições como a expressão política da heterogeneidade das preferências dos cidadãos que contribui para explicar a afectação da autoridade ou a definição do seu exercício.

O terceiro e ultimo argumento pró centralização prende-se com a existência de externalidades. Quanto mais intensas as externalidades maior o efeito de fuga (*leaking*) na provisão, o que corresponde a ter membros de uma jurisdição a financiar os benefícios recolhidos por membros de outra jurisdição. Por exemplo, a Suíça queixava-se recentemente do atravessamento por tráfego pesado sobretudo Italiano, Francês e Alemão que utilizava as suas auto-estradas (com provisão pública gratuita) sem contribuírem para essa provisão (manutenção e beneficiações).

Polèse[142] afirma que o sucesso de uma região depende da sua capacidade autónoma de conduzir os assuntos, de organizar os diversos actores em torno de objectivos comuns, de se adaptar ou de se ajustar com sucesso às pressões externas. No fim, as fontes de desenvolvimento residem na própria região, na sua população, nas suas instituição e talvez o mais importante no espírito de inovação e de iniciativa da respectiva população.

Park[143] encontrou uma relação entre a descentralização e as políticas distributivas podendo a primeira funcionar como um activador da segunda. A descentralização e a eleição local pode educar o eleitorado a apreciar o seu bem-estar e a forma como este pode ser melhorado pelas políticas redistributivas. Por outro lado, esta mudança pode convidar os políticos a empenharem-se em políticas distributivas.

---

[140] Vide Capitulo II.

[141] MARKS, Gary e Liesbet Hooghe (2000), *Optimal A critique of neo-classical theory*, Documento de trabalho, Departamento de Ciência Política, Universidade da Carolina do Norte, EUA, p. 18.

[142] POLÈSE, Mário (1999), "From regional development to local development: on the life, death and rebirth o regional science as a policy relevant science" in *Emprego e Desenvolvimento Regional, Actas do V Encontro Nacional APDR, Coimbra*, APDR, p 67.

[143] Park, No-Wook (2002), *Decentralization and distributive politics: Theory and evidence from Korea*, Department of Economics – University de Michigan Working Paper.

Pereira[144] não encontrou qualquer evidência empírica entre os Estados membros da OCDE que permita confirmar uma relação entre a descentralização e a dimensão da administração pública. Mas conclui que a estrutura desta (grau de centralização ou de repartição vertical) pode explicar as disparidades na distribuição do rendimento per capita e desta forma afectar a "riqueza das nações".

Ter-Minassian[145] preocupa-se com o efeito que uma descentralização mais profunda possa ter sobre as funções macroeconómicas de um Governo, isto é, a sua capacidade para exercer as funções de distribuição, estabilização e de coordenação. Uma perda de importantes instrumentos fiscais ou do controlo sobre uma parte importante da despesa pública pode restringir drasticamente a margem de manobra do Governo. Num contexto de autonomia orçamental dos governos subnacionais, as respectivas políticas fiscais podem ter efeitos contrários se não existir uma efectiva coordenação por parte do Governo. Por exemplo, um aumento de certas despesas subnacionais pode fazer "disparar" a procura agregada ao mesmo tempo que o Governo procura contê-la. Também as transferências em excesso para os níveis subnacionais podem provocar o aumento excessivo da despesa. Ter-Minassian considera importante manter uma disciplina fiscal a todos os níveis de governo e conservar uma correspondência entre os rendimentos de cada nível e as suas responsabilidades (equilíbrio vertical). Isto dito, os países com problemas macroeconómicos e fiscais devem pensar duas vezes antes de embarcarem em movimentos descentralizadores.

Para Besley e Ghatak[146] é necessário ter em conta na provisão pública que um bem pode ter componentes de natureza pública e outras de natureza privada não sendo portanto fácil a classificação dos bens em públicos ou privados. A determinação de incentivos na

---

[144] PEREIRA, Paulo Trigo (1999), "Fiscal decentralization, public sector and the wealth of nations" in Economia Pública Regional e Local, *Actas do 1.º Encontro Ibérico APDR – AECR*, Coimbra, APDR.

[145] TER-MINASSIAN, Teresa (1997), *Decentralization and Macroeconomic Management*, Washington, International Monetary Fund Working Paper n.º 97/155.

[146] BESLEY, Timothy e Maiteesh Ghatak (2003), *Public Goods and Economic Development*, London School of Economics Working Paper.

172   *O financiamento das autarquias locais portuguesas*

gestão pública é mais difícil[147] quando comparada com a gestão privada, onde a medição de *inputs* e *outputs,* aliada a um sistema de comissões regula os incentivos.

10.5 Desintervenção, privatização, liberalização e desregulação

O crescimento excessivo da administração pública em diversos países, particularmente os europeus, conduziu a situações extremas como no Reino Unido em que os serviços públicos ou *"utilities"* eram responsáveis por cerca de metade da economia. Esta tendência inverteu-se a partir do momento em que os governos dos países que integram a União Europeia passaram a adoptar políticas financeiras comuns que conduziram à adopção do Euro em quase todos os países da União (com excepção de três). Ao abdicarem da possibilidade de emissão de moeda, uma das fontes de equilíbrio dos défices orçamentais, os países integrantes da União passaram a ter de vigiar atentamente os respectivos défices e comprometeram-se mesmo a convergir para o objectivo do défice zero mantendo durante um período de transição défices inferiores a 3% do respectivo PIB.

Como consequência desta política de contenção da despesa pública os Estados foram forçados a rever os respectivos conceitos de provisão pública tendo-se adoptado novos critérios e novas formas. Pode-se afirmar que o impacto deste movimento de emagrecimento e de reprogramação da administração ainda produz os seus efeitos, tendo começado no Reino Unido no final dos anos setenta, com Margareth Thatcher.

Reconhecendo a necessidade de uma reforma da regulação, a OCDE[148] definiu um conjunto de estratégias nos domínios económico, social e administrativo destinadas a melhorar o acesso aos mercados, a iniciativa empresarial e a fomentar o crescimento económico. Estas reformas passam em alguns casos pela desregulação completa ou

---

[147] Dada a complexidade dos objectivos e muitas vezes na dificuldade da sua quantificação.

[148] OCDE (1997), *The OECD Report on Regulatory Reform: Synthesis*, Paris.

A repartição dos recursos públicos e a equidade redistributiva 173

parcial de certos sectores onde seja necessário melhorar a performance económica.

Vital Moreira[149] identifica diversas estratégias de desintervenção do Estado. A **privatização** que consiste na transferência da propriedade ou da gestão de serviços públicos e de empresas públicas para o sector privado, A segunda forma é a **liberalização** de actividades, antes desenvolvidas exclusivamente pelo Estado e cujo acesso foi aberto à iniciativa privada. A **desregulação** é uma terceira forma de desintervenção, em que o Estado levanta algumas restrições sobre certas actividades sujeitas anteriormente a apertado controlo público.

Em termos práticos os mecanismos de desintervenção são quatro:

- **A privatização** de bens, serviços ou tarefas públicas que consiste na transferência para entidades privadas da propriedade destes. Esta privatização atingiu sobretudo o sector empresarial do Estado mas estendeu-se igualmente a obrigações de serviço público mediante concessões sujeitas a fiscalização do Estado. A aplicação desta modalidade verificou-se em sectores onde se entendeu que não fazia sentido a provisão continuar a ser assegurada publicamente (caso de bens de natureza privada ou com grandes externalidades).

- **A delegação ou concessão de gestão** a entidades privadas que consiste na delegação da gestão nos privados, mediante contrato por um período determinado, conservando o Estado a propriedade. Esta modalidade no domínio das autarquias locais tem a vantagem de repercutir nos privados os investimentos necessários à prestação de determinado serviço sem aumentar a despesa pública ou sobrecarregar a entidade pública. Com exemplo, temos as concessões de abastecimento de agua pelos municípios.

- **A contratação de serviços ou de prestações** pelas entidades públicas, junto de entidades privadas (*"contracting out"*), consiste em entregar a realização de tarefas até então executadas directamente pela administração pública, passando a ser

---

[149] MOREIRA, Vital e Maria Manuel Leitão Marques (1999), "Desintervenção do Estado, privatização e regulação de serviços públicos", Comunicação apresentada em conferência do INA sobre *"Serviço público, gestão privada e regulação"*, Oeiras.

174   *O financiamento das autarquias locais portuguesas*

realizadas por privados. Dois sectores da administração pública em que se justificou a aplicação prioritária deste mecanismo, foram a limpeza e a segurança de instalações. Posteriormente também as funções informáticas passaram a ser contratadas externamente devido á dificuldade de recrutamento destes técnicos pela administração pública. Existe hoje uma tendência natural na administração pública para estender a outras funções públicas esta solução, tendo presente as restrições em matéria de contratação pública.

– O **reconhecimento oficial e a credenciação** de entidades privadas consiste em habilitar entidades privadas para desenvolver actividade em áreas de serviço público. A actividade destas entidades pode desenvolver-se em paralelo com a de entidades públicas, podendo ser financiada exclusivamente por receitas geradas pela própria actividade ou receber financiamento estatal se as funções a prosseguir tiverem natureza social. No primeiro caso, temos o exemplo das inspecções periódicas a veículos e no segundo caso desenvolvem-se os apoios a instituições particulares de segurança social – IPSS que complementem a rede pública de assistência social.

10.6 O funcionamento dos serviços públicos e a sua gestão por privados

Em termos de funcionamento dos serviços públicos Vital Moreira[150] descreve diversas modalidades que assentam numa realidade básica, a separação entre a titularidade do serviço e a operação do serviço. O Estado mantém a titularidade do serviço público (o *provider)* e o operador do serviço (o *producer)* passa a ser um privado. Em termos de modalidades temos a **concessão** que é a mais comum. Trata-se de através de um contrato de direito público confiar a uma entidade privada, por um prazo determinado, a prestação de um serviço público. Esta concessão de serviço público pode incidir também sobre obras públicas, cabendo ao privado assumir o

---

[150] Idem ibidem.

A *repartição dos recursos públicos e a equidade redistributiva*   175

investimento, mediante tarifas ou taxas cobradas aos utentes (a concessão de auto-estradas é disto um bom exemplo) que remunera a intervenção do privado.

O arrendamento de serviços públicos ("affermage") constitui uma segunda modalidade em que o investimento cabe á parte pública, ficando reservado ao privado a exploração e manutenção do serviço público (a rede de distribuição da energia em baixa tensão propriedade dos municípios e arrendada à EDP ou a utilização das áreas de serviço das auto-estradas pelas empresas de restauração ou de venda de combustíveis, são disso exemplos).

O contrato de gestão embora similar ao arrendamento transfere para uma entidade privada as operações de manutenção e de gestão do serviço público mas o risco financeiro da operação é assumido pelo Estado que fixa uma remuneração ao gestionário (privado) através de um contrato que estabelece uma relação entre este e o número e tipo de serviços prestados ou de utentes atendidos. A entidade gestionária pode cobrar tarifas aos utentes em nome da autoridade pública contratante.

Os contratos de gestão têm em regra uma duração inferior aos contratos de concessão ou de arrendamento (como exemplo, temos os contratos de gestão dos hospitais – caso do Hospital Amadora- -Sintra mas reconhece-se a sua aplicação em muitos outros domínios da actividade pública).

O contrato de cooperação é mais uma modalidade de gestão de serviços públicos que consiste no estabelecimento de uma parceria entre entidades públicas e privadas.

Existem diversas formas de contrato de cooperação desde **os contratos de associação** ou de incentivo em vigor no ensino e abrangendo escolas particulares que completam o sistema escolar público ou as **convenções** no domínio dos cuidados de saúde em que instituições de saúde privadas ou médicos individuais, completam o Serviço Nacional de Saúde. **Os acordos de cooperação** são ainda uma forma de contrato de parceria sobretudo no domínio da assistência social (gestão de creches e infantários ou lares de terceira idade pelas IPSS) em que as entidades privadas são reconhecidas e financiadas pelo Estado.

Todavia existem formas de associação dos privados na gestão de serviços públicos que não se encontram titulados por contrato.

176   *O financiamento das autarquias locais portuguesas*

Trata-se de casos em que através de diploma legal ou de acto administrativo se reconhece um estatuto legal que habilita o privado ao exercício de funções públicas (caso das pessoas colectivas de utilidade pública administrativa como as associações de bombeiros voluntários ou as misericórdias). As entidades privadas credenciadas (caso das inspecções de automóveis ou de exames de carta de condução ou da privatização do notariado) incluem-se ainda nesta categoria. Estes casos que são pouco numerosos resultam de acertos ou revisões de antigos regimes de funcionamento de serviços entretanto tornados obsoletos pela crescente privatização de serviços públicos.

A aprovação recente do regime das parcerias público-privadas[151] veio por termo a uma certa criatividade que se vinha desenvolvendo na administração pública em que as diversas áreas funcionais (saúde[152], economia[153], autarquias[154]) dispunham de regras incipientes que não acautelavam aspectos de funcionamento dos contratos, como veio a acontecer na concessão do Hospital Amadora-Sintra.

As normas introduzidas por este novo regime estabelecem o princípio segundo o qual a parceria apenas se justifica quando se revelar vantajosa em confronto com o comparador do sector público. Trata-se de justificar em termos orçamentais a economia, eficiência e eficácia do procedimento mas igualmente noutras fases do procedimento como por exemplo na avaliação das propostas dos concorrentes, avaliar o custo de oportunidade para o Estado, extravasando assim a tradicional restrição à mera análise do mérito relativo das propostas apresentadas.

Um outro princípio inovador foi o de considerar a articulação do regime geral, aplicável às parcerias público-privadas, com os regimes sectoriais existentes, tendo por objectivo o lançamento de programas integrados de parcerias pelos vários ministérios. Em termos instrumentais foram definidas as modalidades de contrato que

---

[151] Decreto-Lei n.º 86/2003, de 26 de Abril.
[152] Decreto-Lei n.º 185/2002, de 20 de Agosto.
[153] Decreto-Lei n.º 70-B/2000, de 5 de Maio e Portaria 680-A/2000, aprova o regulamento para as parcerias e iniciativas públicas.
[154] Lei n.º 159/99, de 14 de Setembro, artigo 8.º.

A repartição dos recursos públicos e a equidade redistributiva 177

passam a reger as parcerias público-privadas, fixando-se as responsabilidades das duas partes, os pressupostos que devem estar presentes ao lançamento da parceria, a partilha de riscos, o método de avaliação das parcerias (iniciando-se sectorialmente e finalizando com a intervenção do Ministério das Finanças) e a fiscalização do cumprimento da parceria (novamente com a intervenção do Ministério das Finanças).

Alves[155] caracteriza em sentido material as Parcerias Público-privadas Municipais como de sentido subjectivo, a actividade das organizações integradas em parceria com os Municípios ou com as actividades exercidas não públicas, e de sentido objectivo, as actividades exercidas de interesse geral sujeitas a regime de direito administrativo. Assim, a organização seria *"versada para uma actividade ou tarefa administrativa da responsabilidade de execução a cargo do município. Esta tarefa enquadrar-se-ia numa actividade administrativa de prestação de serviços que não deve confundir-se com tarefas de fiscalização, de regulação, de fomento, de promoção ou de planeamento. A Parceria público-privada não se cinge a uma prestação de bens ou serviços é também uma actividade que consiste em gerir, manter e conservar a coisa pública e facultar o seu uso a terceiros"*.

O Congresso das Autoridades Locais e Regionais da Europa[156] ciente da liberalização de diversos sectores de serviços públicos em razão do alargamento da União Europeia e da necessidade de reduzir a despesa pública, alertou para a tentação de venda destes serviços a preços inferiores ao do seu valor, com vista a realizar receita instantânea. O Congresso salientou ainda a necessidade de uma coesão nos domínios económico, social e territorial, impedindo o aparecimento de monopólios nas águas e na energia, mantendo uma política social de preços dos serviços públicos e assegurando uma cobertura territorial equitativa que respeite a distribuição territorial dos serviços entre áreas urbanas e áreas rurais.

---

[155] Alves, Carlos Soares (2002), *Os municípios e as parcerias público-privadas, concessões e empresas municipais*, Santarém, ATAM, p 23.
[156] Vide recomendação n.º 114 (2002), sobre as autoridades locais e os serviços públicos.

178 O financiamento das autarquias locais portuguesas

10.7 A provisão pública aplicada aos municípios portugueses

Tendo presente as competências municipais elencadas no quadro 9.1 bem como os conceitos referentes à provisão pública desenvolvidos no anterior e no presente capítulo, apresenta-se no quadro 10.1 as reformas propostas para uma nova gestão pública dos municípios portugueses.

QUADRO 10.1

Natureza e forma das reformas propostas para os municípios portugueses

	Atribuições e Competências	Tipo de provisão	Nível da provisão	Natureza das reformas		
				Tipo de reforma	Mecanismo da reforma	Tipo de Gestão
	Equipamento rural e urbano					
1	Espaços verdes	Pública	Supra. ou infra municipal	Privatização	delegação	concessão
2	Ruas e arruamentos	Pública	Supra. ou infra municipal	Privatização	delegação	contrato de gestão
3	Cemitérios	Pública	Municipal	não tem		
4	Serviços públicos	Pública	Municipal	indefinido		
5	Mercados e feiras	Pública	Supra. ou infra municipal	Privatização	delegação	concessão
	Energia					
6	Distribuição B.T.	Privada	municipal	Privatização	delegação	concessão
7	Iluminação pública	Pública	Sup. municipal	Privatização	delegação	concessão
8	Licenciamento e fiscalização de elevadores	Privada	municipal	liberalização	credenciação	concessão
	Transportes e comunicações					
9	Rede viária municipal	Pública	Sup. municipal	Privatização	delegação	contrato gestão
10	Rede de transportes urbanos	Privada	municipal	Privatização	delegação	concessão
11	Rede transportes municipais	Privada	municipal	Privatização	delegação	concessão
12	Estruturas transportes rodoviários	Pública	Sup. municipal	Privatização	delegação	arrendamento
13	Passagens desniveladas	Pública	Sup. municipal	não tem		
	Educação					
14	Estabelecimentos de Educação pré escolar	Pública	municipal	Privatização	delegação	contrato gestão ou cooperação
15	Estabelecimentos de Educação do Ensino Básico	Pública	municipal	Privatização	delegação	contrato gestão ou cooperação
16	Transportes escolares	Privada	municipal	Privatização	contratação serv.	contrato gestão
17	Refeitórios e estabelecimentos educacionais	Pública	municipal	Privatização	delegação	contrato gestão
18	Alojam. Ensino Básico	Pública	municipal	Privatização	contratação serv.	não tem
19	Acções social escolar	Pública	municipal	não tem		
20	Actividades complementares de educação	Pública	municipal	Privatização	contratação serv.	não tem

A repartição dos recursos públicos e a equidade redistributiva 179

Atribuições e Competências	Tipo de provisão	Nível da provisão	Natureza das reformas		
			Tipo de reforma	Mecanismo da reforma	Tipo de Gestão
Património, cultura e ciência					
21 Centros, bibliotecas e museus	Pública	Sup. municipal	Privatização	delegação	contrato gestão
22 Património paisagístico	Pública	Sup. municipal	não tem		
23 Classificação de imóveis	Pública	municipal	não tem		
24 Conservação e recuperação do património	Pública	municipal	Privatização	contratação serv.	não tem
25 Inventário património	Pública	municipal	Privatização	contratação serv.	não tem
26 Gerir museus	Pública	municipal	Privatização	delegação	contrato gestão
27 Apoiar projectos culturais não profissionais	Pública	municipal	não tem		
28 Apoiar actividades culturais	Pública	municipal	não tem		
29 Apoiar a construção de equipamento cultural local	Pública	municipal	não tem		
Tempos livres e desporto					
30 Gerir parques de campismo	Privada	Sup. municipal	Privatização	Privatização	concessão
31 Gerir instalações desportivas	Privada	Sup. municipal	Privatização	contratação serv.	concessão / contrato gestão
32 Fiscalização de espectáculos	Pública	Sup. municipal	desregulação		
33 Apoiar actividades desportivas e recreativas	Pública	municipal	não tem		
34 Apoiar a construção de instalações desportivas e recreativos	Pública	municipal	não tem		
Saúde					
35 Planeamento rede de equipamentos de saúde	Pública	municipal	não tem		
36 Gerir centros de Saúde	Pública	municipal	Privatização	delegação	concessão / contrato gestão
37 Participar cuidados de saúde continuados	Pública	municipal	Privatização	delegação	concessão / contrato gestão
38 Gerir equipamentos termais	Privada	municipal	Privatização	delegação	arrendamento
Acção Social					
39 Gestão e apoio a creches, lares e centros de dia	Privada	Sup. municipal	Privatização	Privatização	contrato gestão
40 Particip.. em projectos de combate à pobreza e exclusão social	Pública	Sup. municipal	não tem		
Habitação					
41 Terrenos para habitação social	Privada	Supra mun.	Privatização	delegação	contrato de cooperação
42 Promoção de habitação social e renovação urbana	Privada	Supra mun.	Privatização	delegação	contrato de cooperação
43 Incentivos para obras de manut. do parque habitacional privado	Pública	municipal	não tem		
44 Gerir o parque habitacional de arrendamento social	Pública	municipal	Privatização	delegação	contrato gestão
45 Financiar a recuperação de habitações degradadas	Pública	municipal	Privatização	delegação	contrato de cooperação
Protecção Civil					
46 Criação de corpos de bombeiros municipais	Pública	municipal	Privatização	delegação	contrato gestão

180 — O financiamento das autarquias locais portuguesas

	Atribuições e Competências	Tipo de provisão	Nível da provisão	Natureza das reformas		
				Tipo de reforma	Mecanismo da reforma	Tipo de Gestão
47	Construção e manutenção de instalações de bomb. volunt.	Privada	municipal	Privatização	delegação	contrato gestão
48	Apoio à aquisição de equipamentos de bombeiros voluntários	Privada	municipal	não tem		
49	Construção manutenção e gestão de instal. protecção civil	Pública	municipal	não tem		
50	Execução de programas de limpeza de matas e florestas	Privada	municipal	Privatização	contratação serv.	contrato de cooperação
	Ambiente e saneamento básico					
51	Abastecimento de água	Privada	Supra mun.	Privatização	delegação	concessão / arrend. / cont. gestão
52	Drenagem e tratamento de águas residuais	Pública	Supra mun.	Privatização	delegação	concessão / arrend. / cont. gestão
53	Limpeza pública e recolha e tratamento de resíduos sólidos	Pública	Supra mun.	Privatização	delegação	concessão / arrend. / cont. gestão
54	Fiscalização do regulamento do ruído	Pública	municipal	Privatização	delegação	concessão / contrato gestão
55	Instalar e manter redes locais de monit. qualidade do ar	Pública	Supra mun.	Privatização	delegação	concessão / contrato gestão
56	Gerir áreas protegidas de interesse local	Pública	Supra mun.	Privatização	delegação	concessão / contrato gestão
57	Criar áreas temporárias de interesse zoológico ou ambiental	Pública	Supra mun.	não tem	delegação	
58	Manter e reabilitar a rede hidrog. dentro perímetros urbanos	Pública	Supra mun.	Privatização	delegação	concessão / contrato gestão
59	Licenciar e fiscalizar a captação de águas subterrâneas	Pública	Supra mun.	não tem	delegação	
60	Assegurar a gestão e garantir a limp.praias e zonas balneares	Privada	Supra mun.	Privatização	delegação	concessão / contrato gestão
61	Licenciar e fiscalizar a extracção de inertes	Privada	municipal	não tem		
	Defesa do consumidor					
62	Promover acções de informação e defesa do consumidor	Pública	Supra mun.	não tem		
63	Criar sistemas de arbitragem de litígios de consumo	Pública	Supra mun.	não tem		
64	Apoiar associações de consumidores	Pública	Supra mun.	não tem		
	Promoção do desenvolvimento					
65	Criar e participar em empresas municípais,intermun. e ADR´s	Pública	Supra mun.	não tem		
66	Gerir sub-programas dos programas regionais	Pública	Supra mun.	não tem		
67	Apoiar iniciativas locais de emprego	Pública	Supra mun.	não tem		
68	Apoio a actividades de formação profissional	Pública	Supra mun.	não tem		

A repartição dos recursos públicos e a equidade redistributiva 181

	Atribuições e Competências	Tipo de provisão	Nível da provisão	Natureza das reformas		
				Tipo de reforma	Mecanismo da reforma	Tipo de Gestão
69	Criar ou participar em estab. de promoção do turismo	Pública	municipal	não tem		
70	Participar nos órgãos das regiões de turismo	Pública	Supra mun.	não tem		
71	Promover a apoiar manifestações etnográficas	Pública	municipal	não tem		
72	Criar e participar em assoc. de desenvolvimento regional	Pública	Supra mun.	não tem		
73	Caminhos rurais	Pública	Supra mun.	Privatização	delegação	concessão / contrato gestão
74	Elaborar o plano municipal de intervenção florestal	Pública	Supra mun.	Privatização	contratação serv.	
75	Participar em programas de incentivos à fixação de empresas	Pública	Supra mun.	não tem		
76	Licenciamento industrial classes C e D.	Pública	municipal	não tem		
77	Licenciamento e fiscalização de estabelecimentos hoteleiros	Pública	municipal	não tem		
78	Licenc. e fiscal. de explor. de massas minerais a céu aberto	Pública	municipal	não tem		
79	Controlo metrológico de equipamentos	Pública	Supra mun.	Privatização	contratação serv.	
80	Cadastro dos estab. industriais, comerciais e turísticos	Privada	municipal	Privatização	contratação serv.	
81	Licenciamento de espécies de crescimento rápido	Pública	municipal	não tem		
82	Licenciamento de estabelecimentos comerciais	Pública	municipal	não tem		
	Ordem. do território e urbanismo					
83	Elaborar e aprovar planos municipais de orden. do território	Pública	municipal	Privatização	contratação serv.	
84	Delimitar áreas de desenvolvimento urbano prioritário	Pública	municipal	não tem		
85	Delimitar áreas de defesa, recuperação e reconversão urb.	Pública	municipal	não tem		
86	Aprovar loteamentos	Pública	municipal	não tem		
87	Participar na elaboração e aprovação dos PROT´s	Pública	Supra mun.	não tem		
88	Propor a inclusão ou exclusão de áreas na REN ou da RAN	Pública	municipal	não tem		
89	Declarar a utilidade pública para efeito de posse adm.	Pública	municipal	não tem		
90	Licenciar construções nas áreas portuárias e praias	Pública	municipal	não tem		
	Polícia municipal					
91	Fiscalização administrativa	Pública	municipal	Privatização	contratação serv.	contrato gestão
	Cooperação externa					
92	Participação em acções de cooperação na U.E e nos PALOP	Pública	Supra mun.	não tem		

182   *O financiamento das autarquias locais portuguesas*

Da análise do quadro 10.1 resultam as seguintes constatações:

1. A natureza das competências municipais é pública em 74 casos (80%).
2. O nível da provisão assegurada pelos municípios é:
   - municipal em 52 casos (57%);
   - supra municipal em 37 casos (40%);
   - indiferentemente supra ou infra municipal, em 3 casos (espaços verdes, ruas e arruamentos e mercados e feiras).
3. Não existe indicação para qualquer reforma em 43 casos (47%), (destes apenas dois têm natureza privada e 26 casos são provisão municipal enquanto 17 são provisão supra municipal).
4. Recomenda-se a **estratégia** de privatização em 46 casos (50%), (a liberalização merece apenas uma recomendação e a desregulação também).
5. Os **mecanismos** preferidos para a **reforma** são:
   - a delegação, em 32 casos (65% dos casos de reforma);
   - a contratação de serviços, em 12 casos (24% dos casos de reforma);
   - a privatização pura, em 2 casos;
   - a credenciação em 1 caso (licenciamento e fiscalização de elevadores).
6. As **modalidades de gestão** de serviços públicos escolhidas foram as seguintes:
   - arrendamento, em 2 casos (transportes rodoviários e equipamentos termais);
   - concessão, em 7 casos (dos quais apenas dois são de natureza pública);
   - indiferentemente a concessão, o arrendamento ou o contrato de gestão, em 3 casos (abastecimento de água, águas residuais ou resíduos sólidos);
   - indiferentemente a concessão ou o contrato de gestão, em 9 casos;
   - contrato de cooperação, em 4 casos (área da habitação);
   - contrato de gestão, em 11 situações (provisão pública em 8 casos);

A repartição dos recursos públicos e a equidade redistributiva 183

– indiferentemente contrato de gestão ou de cooperação, em 2 casos;
– indiferentemente delegação ou concessão, em 1 caso (mercados e feiras).

Sintetizando, é possível retirar as seguintes conclusões:

A – Das 92 competências municipais recenseadas, 43 casos (46%) **não têm reforma proposta**, isto é, mantém-se a actual forma de provisão. Apenas dois casos apresentam características de provisão privada, sendo a maioria de tipo público. As principais áreas abrangidas são o fomento da cultura, o fomento do desenvolvimento e em geral o exercício de poderes de autoridade nos domínios do ordenamento do território e do urbanismo.

B – Das 18 competências (20%) consideradas de **natureza privada,** 11 casos apontam para uma provisão municipal e 7 casos para uma provisão supramunicipal. A privatização é a estratégia recomendada para 15 destes casos e em 9 o mecanismo de reforma preferido é a delegação. Os tipos de gestão predominantes são a concessão (5 casos), o contrato de gestão (3 casos) e o contrato de cooperação (3 casos). Não parece existir uma correlação entre a natureza privada e o exercício da provisão a um nível supramunicipal.

C – No conjunto das competências municipais, 52 casos (57%) apontam para uma **provisão municipal**, o que permite desde já afirmar que a maioria da provisão é exercida ao nível adequado.

D – Em contrapartida, em 37 casos (40%), aponta-se para uma provisão de **nível supra-municipal**, o deixa lugar a reformas na provisão pública municipal. Contudo, este exercício não aponta necessariamente para competências regionais. Analisando mais pormenorizadamente estes 37 casos, constata-se que 17 não têm indicação de qualquer proposta de estratégia, mas todos exibem natureza pública, o que sugere o associativismo autárquico como resposta. Mas em 19 casos existe uma indicação para uma estratégia de privatização, sendo o mecanismo de reforma preferido, a delegação (14 casos). Em síntese pode-se afirmar que em termos de reforma da provisão pública municipal existe uma ligeira vantagem da solução de privatização (entrada dos privados na produção e distribuição da provisão pública) mas continua a existir condições para a continuação do movimento associativo municipal.

11. APLICAÇÃO AO CASO PORTUGUÊS – AS NECESSIDADES E O FINANCIAMENTO DOS MUNICÍPIOS

11.1 Enquadramento

No capítulo anterior debruçámo-nos sobre a racionalidade da descentralização e apresentámos pistas para a reforma da provisão pública dos municípios portugueses. Também já anteriormente demonstramos a importância da Lei de Finanças Locais no contexto da receita dos municípios portugueses continuando estes excessivamente dependentes de transferências do orçamento do Estado apesar de uma progressão nítida das receitas próprias. Já no capítulo 3 se abordou a LFL tendo-se evidenciado algumas debilidades da sua estrutura interna. Mas em termos externos conviria avaliar a eficácia desta lei e verificar se promove uma distribuição horizontal equitativa, entre autarquias de mesmo grau.

Para conseguir uma análise objectiva do efeito de aplicação da lei, temos de nos libertar de alguns preconceitos. Existe uma tendência natural para considerar os pequenos municípios como carentes de apoio financeiro e os grandes municípios como possuindo um excedente. Quem não defenderá um aumento das transferências para os pequenos municípios? Temos então de procurar novos ângulos de abordagem e introduzir novos conceitos como a capacidade fiscal e o esforço fiscal que podem ajudar-nos a comparar a situação dos diversos municípios.

Sobre esta matéria, Valente[157] chamou à procura de um factor de compensação para as diferenças de recursos entre municípios, a busca

---

[157] VALENTE, Maria José Andrade Pais (1999), "Ensaio para a mesuração da capacidade e do esforço fiscal dos municípios portugueses" e cidades, *in Regiões na União Europeia: Que futuro? – Actas do VI Encontro Nacional APDR*, Coimbra, APDR.

186 — O financiamento das autarquias locais portuguesas

de uma medida de *stress fiscal* que permita reduzir o esforço exigido a alguns municípios e manter níveis de provisão pública adequados.

11.2 A capacidade fiscal dos municípios

A diferença de potencial fiscal entre jurisdições (municípios) deve estar presente na ponderação das transferências da administração central destinadas a garantir uniformidade na provisão pública de bens e serviços.

A estabilização das competências municipais e a definição do que se considera serviços mínimos a prestar aos cidadãos em qualquer município, deverá constituir a base para a fixação de um nível padrão de impostos. Tal facto não será impeditivo que um município decida elevar o nível da provisão acima do valor base já mencionado.

Valente apresenta duas formas de medição da capacidade fiscal de um dado município. Pode-se determinar o **valor médio per capita do imposto** colectado a nível nacional e aplicar esse valor per capita à população desse município ou em alternativa determinar **taxa média do imposto** a nível nacional e aplicar essa taxa à base fiscal desse imposto em cada município.

Optámos pela segunda hipótese no cálculo da capacidade fiscal dado que não fará sentido comparar valores de taxas que têm uma amplitude de variação muito limitada. Também não seguiremos exclusivamente o caminho proposto por Valente ao considerar na determinação da base fiscal local, apenas as receitas susceptíveis de ser consideradas como imposto, portanto não relacionadas com uma contrapartida específica. O que nos interessa avaliar é a capacidade de cada município para gerar a receita e nesse sentido vamos trabalhar com duas bases fiscais. A primeira denominada de BF_1 será restrita (na esteira da análise de Valente) e terá apenas em conta apenas os três impostos municipais (contribuição autárquica, imposto sobre veículos e sisa). A segunda que designaremos por BF_2 terá em conta a totalidade das receitas próprias que o município consegue gerar. Temos assim a seguintes formulas:

1) Colecta Local *per capita* $-$ $\mathbf{CL} = \dfrac{Colecta_{ci}}{População_{ci}}$

2) Colecta Local Média – **CM** = $\dfrac{\displaystyle\sum_{ci=1}^{308} CL}{308}$

3) Capacidade fiscal – **CF** = CM * População $_{ci}$

ci – concelho/município, varia de 1 a 308

Considerando os valores constantes da Conta de Gerência de 2001 dos Municípios (Fonte DGAL), obtemos para **BF**$_1$ uma colecta média per capita **CM** = 77,68 euros e para **BF**$_2$, **CM** = 195,09 euros. O valor per capita quase triplica.

Com **BF**$_1$ apenas 106 municípios possuem capacidade fiscal (34%) e com **BF**$_2$ este número passa para 110 municípios (36%) isto é, regista uma variação insignificante.

11.3 O esforço fiscal de cada município

Determinada a capacidade fiscal de um município, Valente propõe-nos que relacionemos esta medida com a colecta efectiva verificada em cada município, constituindo-se assim a medida de esforço fiscal de acordo com a seguinte formula:

4) Esforço fiscal – **EF** = $\dfrac{Colecta_{ci}}{CF_{ci}}$

Construindo uma matriz Esforço Fiscal / Capacidade Fiscal podemos relacionar os dados obtidos e verificar a evolução do número de municípios em cada base.

QUADRO 11.1

Matriz de esforço/capacidade fiscal – BF$_1$ – (unidade: n.º de municípios)

Capacidade \ Esforço	Alto	Baixo	Total
Alta	50	56	106
Baixa	103	99	202
Total	153	155	308

188 *O financiamento das autarquias locais portuguesas*

QUADRO 11.2

Matriz de esforço/capacidade fiscal – BF$_2$ – (unidade: n.º de municípios)

Capacidade \ Esforço	Alto	Baixo	Total
Alta	78	32	110
Baixa	107	91	198
Total	185	123	308

Comparando as duas matrizes, constata-se uma variação mais significativa do esforço fiscal em relação à registada para a capacidade fiscal.

Verifica-se um aumento de 32 municípios que passam a ser registados como estando em esforço fiscal e que anteriormente passavam despercebidos.

Ainda no que respeita ao **esforço fiscal**, é ao nível das medidas que caracterizam a dispersão dos valores das duas séries que se obtêm resultados surpreendentes. De facto, o **valor máximo** do índice de esforço fiscal passa de 1829 para 2658 (aumento de 829 unidades). O **valor mínimo** da mesma distribuição mantém-se mas a média desloca-se 56 unidades, passando de 147 para 204. O **desvio padrão** desloca-se de 79 unidades (passa de 180 para 258) enquanto na distribuição referente à capacidade fiscal se assiste a uma concentração dos valores, com a variação do desvio padrão a atingir o valor de (- 20) unidades.

Em síntese, podemos concluir que:

A – ao utilizarmos a base fiscal alargada **BF$_2$** obtém-se resultados semelhantes para a capacidade fiscal mas os valores referentes ao esforço fiscal alteram-se significativamente deslocando-se para valores superiores;

B – cerca de dois terços dos municípios possuem baixa capacidade fiscal mas o esforço fiscal só atinge cerca de 50% dos municípios;

C – existem municípios com baixa capacidade fiscal que optam por não elevar o esforço fiscal acima da sua capacidade fiscal, ou seja, decidem não *stressar* os seus munícipes (91 em **BF$_2$**);

D – existem municípios com elevada capacidade que optam por não utilizar plenamente essa capacidade (32 em BF_2) isto é que asseguram a provisão a um custo inferior ao custo médio.

E – existem municípios (107 em BF_2) que tendo fraca capacidade fiscal optam por um elevado esforço fiscal, impondo aos seus munícipes uma provisão pública mais cara do que a média nacional. Em teoria a LFL deveria ser sensível a estes casos.

F – temos municípios com elevada capacidade fiscal que optam por um elevado esforço fiscal (78 em BF_2). Nestes municípios, opta--se por utilizar plenamente a elevada capacidade fiscal quando se poderia optar por um esforço fiscal menor (portanto mais popular) para um mesmo standard de provisão pública. Este comportamento poderá explicar um esforço de investimento centrado num dado período ou se o comportamento for permanente, terá de se procurar a causa numa deficiência de funcionamento organizativo.

Costa e Silva[158] conduziram testes sobre as receitas fiscais dos municípios da Região Norte[159] tendo relacionado o esforço fiscal com as transferências intergovernamentais[160] e construído três tipos de indicadores de esforço fiscal que testaram. Verificou-se que o indicador que considerava apenas os impostos indirectos e as taxas multas e outras penalidades (base fiscal mais reduzida) era o que menos explicava as variáveis explicativas seleccionadas, o que é consistente com as nossas conclusões anteriores. No conjunto, o estudo de Costa e Silva confirmou que os níveis de esforço fiscal municipal eram demasiado pequenos para terem visibilidade junto do eleitorado e poderem influenciar as escolhas deste.

Blanc[161] apresenta-nos os elementos metodológicos de distribuição da dotação global de funcionamento destinada às colectividades locais francesas como contemplando o potencial fiscal e o esforço fiscal.

---

[158] COSTA, José da Silva e Mário Rui Silva (2000), "Transferências intergovernamentais, esforço fiscal e gestão camarária", *in Economia Pública Regional e Local – Actas do 1.º Encontro Ibérico APDR – AECR*, Coimbra, APDR, p. 34.

[159] 84 Municípios.

[160] Ainda com base na Lei 1/87, de 29 de Março dado ainda não se dispor de dados referentes à aplicação da Lei 42/98, de 6 de Agosto.

[161] BLANC, Jacques (1999), *La dotation globale de fonctionnement (DGF)*, Paris, Librairie Générale de Droit et de Jurisprudence, p. 29.

Igualmente Baleiras[162] considerou o esforço fiscal e alertou para possíveis efeitos perversos das transferências compensatórias que poderiam ser incentivadoras de uma certa "preguiça fiscal" por parte dos municípios fomentando a tendência para se refugiarem abaixo do valor médio da cobrança nacional e como consequência reduzir a médio prazo, a média nacional e alterar o financiamento da provisão pública local. Costa[163] chama efeito *free rider* ao facto de os governos locais mais pobres aproveitarem a circunstância de grande parte das suas receitas terem origem em transferências, para evitar obter receita fiscal a nível local (não cobrando taxas) e assim obterem mais aprovação do eleitorado e advoga considerar o esforço fiscal no mecanismo de transferência como forma de combater esta "preguiça".

Mello e Barenstein[164] estabeleceram uma fronteira para a descentralização do esforço fiscal, demonstrando que a governança se deteriora quando as jurisdições subnacionais são responsáveis por valores superiores a 19% da despesa pública, o que quer dizer que se este valor for ultrapassado a despesa excedente deve ser financiada através de receitas não fiscais ou de transferências das jurisdições de nível superior.

Roig-Alonso[165] desenvolveu um estudo na Universidade de Valência sobre a visibilidade do esforço fiscal e da aplicação da despesa pública nos países da União Europeia, tomando como base informação do Fundo Monetário Internacional. Tendo construído um sistema de indicadores para cada um dos tipos de receita e para a despesa agrupada por funções concluiu que os valores da visibilidade do esforço fiscal eram baixos em todos os países com destaque

---

[162] BALEIRAS, Rui Nuno (2003), "Departing from property taxation in Portugal: why not?", *in Nova Economia e Desenvolvimento Regional, Actas do IX Encontro Nacional APDR*, Coimbra, APDR.

[163] COSTA, José da Silva (org.) (2002), "O financiamento das autarquias locais" *Compendio de Economia Regional*, Coimbra, APDR, p. 688.

[164] MELLO, Luiz de e Matias Barenstein (2001), *Fiscal decentralization and governance; a cross- country analysis*, Washington, International Monetary Fund, p. 22.

[165] ROIG-ALONSO, Miguel (2000), "Visibility of public expenditure benefit in European Union member countries", *in Economia Pública Regional e Local – Actas do 1.º Encontro Ibérico APDR – AECR*, Coimbra, APDR, p. 104 a 117.

para a Grécia em razão da falta de coercibilidade, da falta de informação sobre conceitos e quantidades e em consequência das transferências intergovernamentais. Uma segunda conclusão apontou para a fraca visibilidade dos benefícios (de aplicação da receita) sobretudo em países como Portugal, Grécia, Irlanda, Finlândia, Reino Unido e Itália. Uma terceira conclusão veio estabelecer que existe em todos os países uma visibilidade superior do esforço fiscal em relação aos benefícios (com excepção da Grécia), o que conduz a uma tendência para fornecimento da provisão pública abaixo da sua procura. Por fim, uma quarta conclusão sugere a necessidade de se rever as políticas públicas em todos os países, para melhorar a afectação e aproximar os dois tipos de visibilidade.

Bravo[166] debruçando-se sobre as hipóteses teóricas acerca da escolha pública para explicar o caso português, considera que existe um contributo da análise do *principal agente*[167] para explicar as decisões autárquicas, tendo presente a existência de um poder monopolista autárquico (que leva a aumentar as despesas e os impostos para as financiar), que toma como referência o eleitor proprietário e que a variação do imposto é muito reduzida. Bravo evidencia que a descentralização fiscal nem sempre produz os pretendidos efeitos. No Reino Unido os municípios fixaram valores para a *Poll-tax* superiores aos estimados pelo Governo em virtude de o ónus político recair essencialmente sobre este.

11.4 Análise do mecanismo de transferências da Lei de Finanças locais

Tendo considerado que o FEF – Fundo de Equilíbrio Financeiro[168] não era um instrumento efectivo de perequação financeira,

---

[166] BRAVO, Ana Bela Santos (2000), "Escolhas públicas locais: a teoria, a prática e hipóteses para os municípios portugueses", *in Economia Pública Regional e Local, Actas do 1.º Encontro Ibérico APDR – AECR, Coimbra*, APDR, p. 149..

[167] O modelo do principal-agente é útil para salientar o que determina a escolha de determinadas estruturas regulatórias e determinados tipos de comportamento.

[168] Denominação das transferências financeiras para as autarquias locais, até 1998.

Valente[169] analisou a nova arquitectura das transferências intergovernamentais e procurou verificar se o sistema de perequação financeira existia na nova Lei de Finanças Locais. O caminho seguido nesta investigação foi o estudo da possível correlação entre a capacidade fiscal e o esforço fiscal de cada município e o resultado obtido pela aplicação da LFL. Porém este estudo, publicado em Outubro de 2000, não podia considerar as alterações à LFL posteriores, em particular a criação do Fundo de Base Municipal que retomou o indicador de distribuição "igual para todos" sendo este indicador de grande importância para os pequenos municípios[170].

Também não foi considerada a globalidade da receita municipal mas somente a sisa, a contribuição autárquica e o imposto sobre veículos (os impostos directos municipais[171]) e assumiu-se que para cada imposto existia uma mesma taxa, porque era fraca autonomia fiscal dos municípios, o que também não corresponde à verdade pois existe diferenciação de taxas. Valente extrai então as seguintes conclusões:

1. O índice de compensação fiscal (ICF) já existente no cálculo do FEF continua a não traduzir um verdadeiro mecanismo de perequação financeira na nova Lei.

2. As correlações entre o $IEF_{ca,}$ o $ICAP_{ca,}$ o $ICAP_{sisa}$ IEF_{sisa} (índice de esforço fiscal e índice de capacidade fiscal da contribuição autárquica e da sisa) suscitam um efeito perverso do sistema de isenções na contribuição autárquica e na sisa que deve ser investigado.

3. A elevada correlação entre as transferências de capital e o Índice de área sobretudo nos municípios com elevado esforço fiscal pode explicar o enviesamento dos resultados na nova lei;

---

[169] VALENTE, Maria José Andrade Pais (2000), "Análise das transferências financeiras para as autarquias locais, no âmbito da nova lei das finanças locais, em termos de capacidade/esforço fiscal", in *Perspectivas de desenvolvimento para as regiões marítimas, Actas do VII Encontro Nacional APDR*, Coimbra, APDR.

[170] Redacção introduzida pela Lei n.º 94/2001, de 20 de Agosto.

[171] Ver as conclusões da secção anterior no que concerne à base fiscal alargada BF_2

Melo[172] que também estudou os efeitos de aplicação da nova lei de finanças locais concluiu que as capitais de distrito (com excepção de Leiria e Viana do Castelo) saíram a ganhar com a nova LFL. Nas duas Áreas Metropolitanas os municípios interiores são beneficiados em relação aos municípios da periferia dessas áreas.

Melo considera que este efeito corresponde à correcção dos efeitos de *spill-over* em que os munícipes da periferia utilizam os equipamentos e serviços fornecidos pelos municípios do núcleo central, sendo pois justo que estes se vejam ressarcidos.

Melo[173] verifica que o reforço do indicador de área trouxe vantagem aos municípios do Sul (Alentejo) onde as áreas são maiores e aos municípios do Algarve que registam maior actividade turística e mesmo assim viram aumentada a sua participação na receita do Estado. Em síntese, Melo afirma que se verifica uma diminuição da redistribuição espacial na nova lei, citando como exemplo o exercício de correlação entre a transferência intergovernamental per capita e o índice de poder de compra concelhio do INE[174], onde se verificou igualmente uma diminuição da correlação.

Num estudo publicado em Março de 2000, Melo também alerta também para o efeito de supressão do IVA turístico, que embora compensado através de regras de crescimentos mínimos, afecta particularmente Lisboa e Porto produzindo crescimentos abaixo da média nacional. Considerando a supressão deste imposto e analisando o *ranking* das variações Melo constata uma estabilidade nos extremos da distribuição e uma maior variação nos municípios que figuram nas posições intermédias.

---

[172] MELO, João Paulo Barbosa de (1998), "Novas regras nas finanças locais: quem perde", *in Regiões e Cidades na União Europeia: Que futuro ? – Actas do VI Encontro Nacional APDR*, Coimbra, APDR.

[173] MELO, João Paulo Barbosa de (2000), "Novas regras nas finanças locais: quem ganha", *in Economia Pública Regional e Local, Actas do 1.º Encontro Ibérico APDR – AECR*, Coimbra, APDR.

194   *O financiamento das autarquias locais portuguesas*

Num estudo realizado por Pereira[175] publicado em 1998 e revisto e republicado em 2001[176], este mostra-se muito crítico sobre a aplicação da nova lei de finanças locais e considera não terem sido devidamente ponderadas as diferenças de capacidade fiscal e as necessidades dos diferentes municípios. Em certa medida Pereira aproxima-se das teses de Valente mas analisa a capacidade fiscal municipal sobre uma base fiscal mais reduzida[177] do que a utilizada por Valente e como já atrás demonstrámos na secção 11.3, a dimensão da base fiscal pode conduzir a conclusões muito diferentes.

Pereira esclarece o seu conceito de equidade territorial e considera que o montante das transferências governamentais se deve basear num preço fiscal semelhante nos diversos municípios, para se alcançar um nível de bens e serviços aproximado. Para determinar este preço fiscal, torna-se necessário encontrar para cada bem ou serviço uma taxa padrão. E introduz mais restrições no seu estudo, onde apenas aplica a taxa padrão aos bens mercantis, (exclusão possível) supondo que este deve cobrir de forma aproximada os custos associados a esses bens. Embora não referido, estes bens pela sua natureza, têm consumo rival, logo podem ser considerados como privados[178].

Ora, como vimos em 10.7 apenas 20% das competências municipais possuem esta natureza o que deixa de fora a maior parte da provisão pública municipal. Pese embora o estudo de Pereira não responder à realidade da provisão municipal a metodologia que apresenta de análise do modelo de financiamento é interessante pelas perspectivas que abre para o seu aprofundamento.

---

[174] IPCC.

[175] PEREIRA, Paulo Trigo e João Andrade e Silva (1998), "Um novo modelo de perequação financeira municipal – fundo de equilíbrio financeiro", *in Emprego e desenvolvimento regional, Actas do V Encontro Nacional APDR*, Coimbra, APDR.

[176] PEREIRA, Paulo Trigo e João Andrade e Silva (2001), "Subvenções para os municípios: um novo modelo de equilíbrio Financeiro", *in Notas económicas*, Instituto Superior de Economia e Gestão – Universidade Técnica de Lisboa.

[177] Neste caso a base fiscal é ainda mais reduzida em relação à utilizada por Valente pois só considera a Sisa e a Contribuição Autárquica.

[178] Ver a classificação atribuída à provisão municipal em 9.2.

A repartição dos recursos públicos e a equidade redistributiva   195

Regressando ao estudo, para determinar o montante da transferência governamental necessária para colmatar a diferença entre a despesa padrão nacional e a receita municipal, Pereira simplifica e considera apenas três fontes de receita, as receitas fiscais próprias (apenas sisa e contribuição autárquica), as subvenções governamentais e as receitas associadas à prestação de serviços. A transferência para cada município deve então ter em conta não só a capacidade de cada um gerar receita, mas também as diferenças de custos por município para assegurar a mesma provisão.

A despesa global padrão pode ser determinada pela formula:

$$DGP = \sum DP^{(i)} = \sum G^{(i)} + \sum_i \ \sum_j t_j B_j^{(i)} = G + \sum_j t_j B_j$$

e o valor da transferência G para o município i seria dado por:

$G^{(i)} = DGP \sum_\iota \omega_\iota^{(i)} \alpha_\iota - \sum_j t_j B_j^{(i)}$ com $\omega_\iota^{(i)}$ sendo as necessidades relativas do município i para a função ι.

Pereira chama-lhe a óptica dos recursos e necessidades e afirma que esta metodologia permite uma leitura critica do anterior FEF e do actual FM (Fundo Municipal) mas reconhece que a sua aplicação ao caso Português, embora desejável, não é possível dada a inexistência de dados fiáveis acerca da classificação funcional nas contas de gerência dos municípios (deficiente imputação das despesas pelas funções)[179].

Face a estas limitações, Pereira faz a abordagem possível e considera baseando-se na teoria dos clubes de Tiebout[180] e na teoria do congestionamento desenvolvida por Buchanan[181] que existe para cada grupo de bens e serviços, uma dimensão óptima de população para os municípios para a qual o custo médio é mínimo.

---

[179] Ver referência em 6.4 à classificação funcional.

[180] TIEBOUT, C.M. (1956), "A pure theory of local expenditures", *Journal of Political Economy*, p. 416-424.

[181] BUCHANAN, J. (1965), "An Economic Theory of Clubs", *Económica*, p. 32.

Esta função assume assim uma forma de U em que o municípios pequenos têm maiores custos *per capita* na produção de bens públicos[182] enquanto os municípios de grande dimensão sofrem um efeito de congestionamento da provisão e uma quebra na qualidade do serviço prestado[183]. O custo médio mínimo é atingido num ponto situado no grupo de municípios de dimensão média.

Não vamos deter-nos na formula de calculo utilizada por Pereira que não é relevante para a nossa abordagem. O que se apresenta interessante é a construção de uma sistema de ponderadores marginais (inicialmente decrescentes, atingindo um valor mínimo e crescendo seguidamente) e médios (obtido a partir do ponderador médio da classe anterior e do ponderador marginal da própria classe) distribuídos pelas diferentes classes de municípios (critério população) que quando aplicados a cada função (provisão) assegurada pelo município permite determinar o valor da compensação (transferência) a assegurar pela administração central. O montante global da transferência (G) será o somatório das transferências por função.

Pereira reconhece que existe um certo grau de subjectividade na determinação dos ponderadores que apelida de dimensão política, por contraste com todo o restante sistema que é meramente técnico. Uma constatação importante feita por Pereira é que a aplicação de mecanismos transitórios após o calculo das transferências segundo a nova lei, produz um efeito de "alisamento" na distribuição. As diferenças registadas são significativas sendo o intervalo de variação dos valores entre – 10% e 24% após a correcção, podendo ultrapassar 150% sem a correcção.

---

[182] Ver em 10.2 a heterogeneidade da provisão pública na dimensão das jurisdições.

[183] Ver em 10.3 as condições expostas por Alesina e Spolaore que podem conduzir à secessão. A este respeito atente-se ao processo que culminou com a criação do município de Odivelas. A freguesia de Odivelas cresceu, atingindo um nível tal, que a degradação da provisão pública no município de Loures criou condições objectivas que conduziram ao desmembramento deste e à criação do novo município.

A repartição dos recursos públicos e a equidade redistributiva 197

Considerando as diversas teses em confronto é possível retirar algumas conclusões:

- parece claro que **persistem as situações de desigualdade** nas transferências realizadas ao abrigo da Lei de Finanças Locais;
- a Lei de Finanças Locais deverá adquirir dinamismo no seu funcionamento e **considerar execução orçamental** dos municípios por forma a poder medir o esforço fiscal realizado por cada um dos municípios. Esta tarefa não parece ser difícil já que a administração central recebe as contas de gerência das autarquias locais.
- realizada a avaliação *ex.post*, os dados por esta fornecidos devem alimentar o mecanismo de distribuição, procedendo-se no ciclo económico seguinte (anual) a uma **correcção da distribuição**. Por outras palavras, trata-se de redistribuir tendo presente uma distribuição anterior.
- parece claro que **o esforço fiscal de um município deve ser recompensado** quando corresponda a uma capacidade fiscal existente;
- quanto maior for a base fiscal, maior poderá ser capacidade fiscal do município pelo que deverá relacionar-se **a dimensão do município e a sua capacidade fiscal**. Neste contexto faz sentido apontar para uma uniformização das circunscrições administrativas com vista a obter uma provisão municipal mais uniforme;
- a autonomia fiscal dos municípios deverá ser respeitada garantindo uma **amplitude na fixação das taxas**. Mas esta amplitude também tem ligação com a capacidade fiscal e esta por sua vez, depende da dimensão adequada de cada município.

12. UM SISTEMA DE INDICADORES DE GESTÃO PARA OS MUNICÍPIOS PORTUGUESES – O BENCHMARKING MUNICIPAL (CASE STUDY)

12.1 Enquadramento

No âmbito do estudo sobre a equidade redistributiva procedeu-se anteriormente a uma enunciação das funções que cabem ao Estado, tendo-se aplicado a teoria económica à provisão pública municipal em Portugal.

No âmbito dessa provisão, procurou-se apurar quais as funções municipais que eram descentralizáveis e qual o nível em que estas atingiam maior eficiência, pondo em confronto diversas teses e apontando caminhos para a melhoria da eficácia.

Também se apresentaram propostas de mecanismo de reforma e de gestão para cada uma das funções municipais, enquanto se identificava o nível mais adequado para a provisão municipal. Realizada a conceptualização, procedeu-se em seguida à avaliação da equidade redistributiva da Lei de Finanças Locais, tendo-se introduzido novos conceitos no sentido de permitir uma abordagem mais profunda da execução orçamental municipal.

Não obstante estes avanços, importa conhecer a realidade interna de cada município para poder avaliar e comparar o mérito da gestão. Abordada a eficácia é o momento de avaliar a eficiência da gestão municipal. Trata-se de comparar a utilização dos recursos e de compreender como é possível fazer mais com menos recursos.

Para além da comparação da performance de cada município, é necessário criar um sistema de monitorização que permita realizar de forma continua a avaliação da gestão municipal. A criação de um sistema de *benchmarking* poderia responder a este objectivo e acompanhar a evolução da gestão municipal.

A introdução de um sistema de *benchmarking* visaria ainda outro objectivo que seria o de estimular na sociedade um espírito critico sobre a qualidade da gestão dos eleitos locais, podendo contribuir um maior escrutínio da sua actividade. O *benchmarking* introduz assim a quarta parte do presente trabalho, consagrada à qualidade à transparência da gestão municipal.

12.2 A metodologia de construção dos indicadores de gestão

A construção dos indicadores de gestão dos municípios não é fácil de realizar, dada a diversidade atribuições destes, mas a implementação tem natureza estratégica num contexto de privatização de serviços porque permite:

– conhecer o custo dos serviços prestados;
– comparar custos e avaliar a eficiência;
– definir preços de referência, necessários quando se concessionam serviços ou se estabelecem parcerias público-privadas.

Carvalho e Fernandes[184] apresentaram num estudo o resultado de um inquérito aos municípios portugueses sobre a utilização de indicadores de gestão, estudo esse que tomaremos como ponto de partida para a definição do *benchmarking* municipal.

Numa adaptação da classificação efectuada por aqueles autores distinguimos três critérios de ordenamento dos indicadores:

• o objectivo próprio de cada indicador (a sua natureza);
• o objectivo da avaliação (o que se pretende atingir);
• o âmbito de actuação dos indicadores.

Tomando a classificação dos indicadores efectuada por Carvalho e Fernandes (quadro 12.1), é possível agrupar estes indicadores segundo os objectivos da avaliação (quadro 12.2).

---

[184] CARVALHO, João Baptista Costa e Maria José Fernandes (2003), "Os indicadores de gestão nas entidades públicas – O caso dos municípios portugueses", *1.º Congresso Nacional da Administração Pública, – Os vectores da mudança*, INA, Oeiras.

A repartição dos recursos públicos e a equidade redistributiva 201

QUADRO 12.1
Classificação dos indicadores municipais de gestão, segundo Carvalho e Fernandes

1	Indicadores de input: permitem conhecer a natureza e quantidade dos recursos materiais, humanos e financeiros) utilizados pela CM na sua actividade.
2	Indicadores de output: utilizam-se para medir os resultados de um programa, serviço ou actividade.
3	Indicadores orçamentais: elaborados com base no orçamento da CM cuja informação complementam.
4	Indicadores económicos e financeiros: similares aos utilizados na análise económico-financeira e patrimonial das empresas privadas.
5	Indicadores de organização: recolhem informação sobre a estrutura organizativa e a cadeia de comando.
6	Indicadores sociais: objectivo é avaliar a responsabilidade social da câmara.
7	Indicadores de envolvente e de impacto: avaliam os factores do meio que afectam a actuação da CM.
8	Indicadores de eficiência: medem a relação entre os inputs consumidos e os outputs obtidos.
9	Indicadores de eficácia: medem a relação entre os resultados obtidos e os objectivos prosseguidos.
10	Indicadores de economia: medem a relação preço-qualidade na aquisição de inputs.
11	Indicadores de processos: duração e fases dos processos intra administrativos; duração e etapas na formulação e execução dos planos de desenvolvimento, tempo de resposta nas relações com o público.
12	Indicadores de pessoal: composição dos efectivos, regime jurídico e mobilidade.
13	Indicadores de relação com os administrados e a sociedade: disponibilidade e acesso aos serviços, atitude face ao público, tempo de espera, mecanismos de informação, número de reclamações, número de normas.
14	Indicadores de efectividade: avaliam o impacto final das actividades desenvolvidas pela CM sobre a população.
15	Indicadores de equidade: medem a possibilidade de acesso das populações menos favorecidas.
16	Indicadores de excelência: medem a qualidade.
17	Indicadores de evolução sustentável: capacidade para manter o nível de serviço com qualidade aceitável, durante um longo período, independentemente das mudanças verificadas na envolvente.
18	Indicadores de ecologia: avaliam o impacto sobre o meio ambiente das actuações das câmaras municipais.
19	Indicadores de resultado: quando o objecto a medir são os output e os resultados alcançados pelas organizações.
20	Indicadores de estrutura: fazem referencia aos recursos materiais, técnicos e humanos com que conta a CM para a sua actividade.
21	Indicadores de estratégicos: tratam de medir factores de distinta índole que podem ter incidência nos objectivos da CM bem como na sua actuação.
22	Indicadores de externos: relações da CM com a sua envolvente e os efeitos da sua actuação sobre o exterior.
23	Indicadores de internos: medem o funcionamento interno da CM e o impacto da sua actividade na própria organização.

202 *O financiamento das autarquias locais portuguesas*

QUADRO 12.2

Classificação dos indicadores municipais de gestão por critérios de avaliação

Natureza do indicador	Objectivo da avaliação				Âmbito de avaliação	
	Resultados	Processos	Estrutura	Estratégicos	Interno	Externo
Economia		10	12		12	10
Eficácia	2, 9, 19		5		5, 19	2, 9
Eficiência	8	1, 11, 23	3, 4, 20		1, 3, 4, 8, 11, 20, 23	
Efectividade	14	13		21		13, 14, 21
Equidade				15		15
Excelência				16	16	
Envolvimento				6, 7, 22		6, 7, 22
Evolução sustentável				17, 18		17, 18

Nota: Os números correspondem aos indicadores mencionados no quadro 10.1.

Constata-se no quadro 12.2 uma ligeira predominância dos indicadores estratégicos (8) em relação aos restantes que se repartem equitativamente pelos objectivos (5 para cada um). Os indicadores de eficiência são os mais solicitados pela sua natureza (7) seguindo--se os de eficácia (4), os de efectividade (3) e os de economia (2). No âmbito da avaliação, os indicadores repartem-se equitativamente entre externos (12) e internos (11). Com tal distribuição seria de supor uma gestão autárquica sem problemas mas não é essa a realidade infelizmente. Somos assim levados a concluir que embora existindo indicadores na gestão municipal, estes não são considerados na gestão corrente de muitos municípios.

Carvalho e Fernandes chegam também a conclusões interessantes quando em 94 (cerca de 30%) das respostas de um total de 308 municípios inquiridos, apenas 26,6 % confirmam a implementação de indicadores. E sobre a forma como implementaram os indicadores, 61,5 % afirmam que o fizeram na sequência de consultas pontuais a gestores, 46,2% fizeram-no com recurso a grupos de trabalho e apenas em 3 casos foram efectuados inquéritos aos utilizadores. O inquérito de Carvalho e Fernandes permitiu ainda reconhecer a existência de uma predominância de indicadores económico-finan-

A repartição dos recursos públicos e a equidade redistributiva 203

ceiros que atribuem grande destaque aos aspectos de controlo de legalidade, a que não será alheia a implementação do POCAL, tendo como meta de conclusão, o ano de 2002.

Considerando a classificação de indicadores apresentada por Carvalho e Fernandes pode-se ensaiar seguidamente a sua aplicação a cada uma das competências municipais.

12.3 Uma proposta de indicadores municipais

Tomando a classificação dos indicadores municipais realizada por Carvalho e Fernandes e considerando as atribuições e competências das autarquias locais[185], é possível apresentar uma proposta de indicadores de gestão que contemple cada uma das funções municipais. Pretende-se construir um sistema que permita em permanência a monitorização da actividade municipal, favorecendo a comparação entre municípios e a hierarquização da gestão destes de acordo com rácios, a exemplo do que começou a ser feito recentemente com as escolas secundárias. Procede-se à apresentação de um quadro com indicadores externos e de um outro com indicadores internos aos municípios. Em cada um dos quadros existem indicadores expressos em valores absolutos (amplitude da actividade) e outros em valores relativos (contexto da actividade).

O sistema irá permitir conhecer a actividade dos serviços permitindo estabelecer quantidades e preços médios que permitirão em seguida estabelecer custos-padrão. Por enquanto e porque o contexto deste trabalho não o permite, o sistema ficar-se-á pela selecção dos indicadores. Este passo é condição indispensável para melhorar a transparência da gestão municipal e permitir aos destinatários da provisão pública, escolher esclarecidamente a opção de política que melhor se enquadre nas suas aspirações. O "mercado político" deve funcionar livremente como se espera em teoria económica.

Mas a implementação deste sistema também se reveste de melindre porque a construção de um sistema de *Benchmarking* vai permitir comparar as boas práticas de gestão e quem não está habi-

---

[185] Lei n.º 159/99, de 14 de Setembro, artigo 16.º e seguintes.

204 *O financiamento das autarquias locais portuguesas*

tuado a ser avaliado vai sentir-se inseguro criticará sem dúvida a iniciativa mas passado o momento da instituição do sistema, os eleitos locais e os serviços habituar-se-ão a esta rotina que entrará no seu quotidiano.

QUADRO 12. 3
Proposta de classificação de indicadores externos de gestão dos municípios

	Área de actividade	Indicador
	Equipamento rural e urbano	
1		N.º de Km^2 de espaços verdes
2		Valor despendido na conservação de espaços verdes
3		Preço por m^2 de manutenção dos espaços verdes
4		N.º de Km de ruas e arruamentos
5		Valor despendido na conservação de ruas e arruamentos
6		Preço por Km^2 de manutenção das ruas e arruamentos
	Energia	
7		N.º de Km de vias públicas iluminadas
8		Valor despendido em iluminação pública
9		Preço do Km de via iluminada
10		Intensidade média da iluminação pública (em Lux)
	Transportes e comunicações	
11		Extensão total da rede viária municipal em Km
12		N.º de viaturas registadas no município
13		N.º de viaturas por Km de estrada municipal (saturação)
14		N.º de passageiros transportados pela rede urbana
15		Valor despendido no transporte de passageiros na rede urbana
16		Custo do passageiro transportado pela rede urbana
17		% de passageiros transportados pelo município
	Educação	
18		N.º de alunos no ensino pré-escolar ou básico
19		Valor despendido no ensino pré-escolar ou básico
20		Custo médio do aluno do ensino pré-escolar ou básico
21		N.º de alunos transportados
22		Valor do transporte escolar
23		Custo médio do aluno transportado
24		Custo médio da refeição escolar
25		Valor despendido em acção social escolar
26		Custo da acção social escolar por aluno

A repartição dos recursos públicos e a equidade redistributiva 205

	Área de actividade	Indicador
	Património, cultura e Ciência	
27		N.º de bibliotecas e museus
28		Valor despendido com bibliotecas e museus
29		N.º de utentes/visitantes das bibliotecas e museus
30		Custo do utente/visitante das bibliotecas e museus
31		Área coberta de imóveis classificados de interesse municipal
32		Valor despendido na reabilitação de imóveis classificados
33		Custo por m² de área coberta na reabilitação de imóveis classificados
	Tempos livres e desporto	
34		Capacidade dos parques de campismo
35		% de lugares no parques de campismo por habit. do município
36		N.º de pavilhões desportivos e de piscinas municipais
37		Valor gasto em fomento do desporto
38		Valor per capita gasto no fomento desportivo
	Saúde	
39		População atendida anualmente nos centros de saúde
40		N.º de utentes por centro de saúde
41		N.º de utentes com cuidados de saúde continuados
	Acção Social	
42		N.º de crianças em creches, lares ou centros de dia municipais
43		Valor despendido em creches, lares ou centros de dia municipais
44		Custo por utente dos creches, lares ou centros de dia municipais
45		N.º de pessoas apoiadas por programas municipais de combate à pobreza ou à exclusão social
46		Valor despendido em programas municipais de combate à pobreza ou à exclusão social
47		Custo por pessoa apoiada
	Habitação	
48		N.º de fogos de custos controlados construídos no município
49		N.º de fogos para arrendamento construídos em promoção municipal
50		Valor médio da renda social praticada pelo município
51		Subsídio de renda suportado pelo município (diferencial entre renda técnica e renda social)
52		N.º de fogos recuperados com apoios públicos
53		Valor despendido pelo município com a recuperação de fogos
54		Custo médio da comparticipação por fogo recuperado
	Protecção civil	
55		N.º de corpos de bombeiros municipais
56		N.º de corpos de bombeiros voluntários
57		N.º total de bombeiros / 1000 habitantes
58		N.º total de bombeiros / Km²
	Ambiente e saneamento básico	
59		% de população abastecida de agua ao domicílio

206 O financiamento das autarquias locais portuguesas

	Área de actividade	Indicador
60		% de população com saneamento básico
61		N.º de toneladas de lixo recolhido
62		% de lixo reciclado
63		N.º de contra-ordenações levantadas na área ambiental
64		Área total protegida no território do município
65		N.º de Km de rede hidrológica reabilitada nos perímetros urbanos
66		N.º de Km de praia limpa pelo município
	Defesa do consumidor	
67		N.º de conflitos arbitrados
	Promoção do desenvolvimento	
68		N.º de postos de trabalho criados pelas iniciativas locais de emprego
69		N.º de Km de caminhos rurais existentes
70		N.º de licenciamentos industriais
71		N.º de licenciamentos hoteleiros
72		N.º de licenciamentos de explorações de massas minerais
73		N.º de equipamentos calibrados
	Ordenamento do território e urbanismo	
74		% da população coberta por planos de pormenor
75		Área de desenvolvimento urbano prioritário (Km^2)
76		Área de reconversão urbanística (Km^2)
77		N.º de loteamentos aprovados
78		N.º de fogos aprovados para construção
	Policia municipal	
79		N.º de acções de polícia efectuadas
80		N.º de contra-ordenações emitidas
	Cooperação externa	
81		N.º de acções de cooperação externa
82		Valor da despesa em acções de cooperação externa

A repartição dos recursos públicos e a equidade redistributiva

207

QUADRO 12.4

Proposta de indicadores internos de gestão dos municípios

	Área de actividade	Indicador
	Indicadores de receita	
1		Receita fiscal per capita de impostos directos
2		Receita fiscal per capita de impostos indirectos
3		Transferências para funcionamento per capita
4		Transferências para coesão per capita
5		Transferências específicas per capita (contratos-programa e fundos comunitários)
	Indicadores de despesa	
6		Despesa de funcionamento per capita
7		Despesa de investimento per capita
	Indicadores de situação financeira	
8		Endividamento per capita
9		Valor dos encargos assumidos e não pagos
10		% encargos assumidos e não pagos no conjunto da despesa
	Indicadores de pessoal	
11		N.º de funcionários per capita
12		% de técnicos superiores
13		% de administrativos
14		% de pessoal auxiliar e operário
15		% de funcionários contratados ou de avençados
16		Custo médio do funcionário do quadro
	Indicadores de estrutura	
17		N. de dirigentes
18		N.º total de unidades
19		N.º de unidades verticais
20		N.º de unidades horizontais
21		N.º de estruturas de projecto ou comissões
22		N.º de níveis hierárquicos
	Indicadores de Input / Output	
23		N.º de pessoas atendidas administrativamente
24		N.º de correspondência recebida
25		N.º de correspondência enviada
26		N.º de serviços prestados
27		% de serviços prestados no domínio da agua, saneamento básico e resíduos sólidos
	Indicadores de processos	
28		Duração média de emissão dos pareceres de viabilidade urbanística
29		Duração média de emissão dos processos de licenciamento de obras
30		Duração média de emissão dos processos de licenciamento de actividades económicas
31		N.º de atendimentos públicos relacionados com processos em curso

Sobre o benchmarking, Costa[186] considera que *"a concorrência entre os governos locais, a experimentação e adopção de soluções diferenciadas são vistas, igualmente, como favorecendo uma provisão mais eficiente de bens públicos locais. Mesmo que os concorrentes não possam optar pela oferta de um governo local, a comparação que os cidadãos poderão fazer, acabará por aumentar os níveis de eficiência na afectação de recursos".*

Corte-Real[187] defende que *sharing best practices* e *benchmarking* são considerados estímulos positivos para motivar a eficiência das administrações. A gestão da qualidade pode colmatar o fosso que ainda separa o sector público e privado e melhorar a capacidade de resposta do sector público. A publicitação de padrões de fornecimento de serviços públicos permitirá medir os resultados em função de standards anunciados.

No mesmo sentido se pronuncia Bravo[188] que considera que a medição do desempenho ajuda a comparar níveis de cobertura e de satisfação dos serviços, indicadores de eficiência e outros entre as várias autarquias. A facilitação da comparação permitirá a ordenação das autarquias em termos de fraca ou forte, o que estimulará a concorrência. Esta técnica denomina-se *Benchmarking*.

---

[186] COSTA, José da Silva (org.) (2002), "O financiamento das autarquias locais" *Compendio de Economia Regional*, Coimbra, APDR, p. 686.

[187] CORTE-REAL, Isabel (2001), "Para desenvolver metodologias de modernização na administração pública e gestão da qualidade" *Revista de administração e políticas públicas*, n.º 1, Braga, p. 162.

[188] BRAVO, Ana Bela Santos (2000), "Modernização na administração local" *in Perspectivas de desenvolvimento para as regiões marítimas, Actas do VII Encontro Nacional APDR*, Coimbra, APDR, p. 592.

PARTE IV

A QUALIDADE E A TRANSPARÊNCIA DA ADMINISTRAÇÃO LOCAL

13. A DEMOCRATIZAÇÃO DAS AUTARQUIAS LOCAIS

13.1 A renovação da classe política local

A Constituição estabelece que os órgãos colegiais directamente eleitos devem utilizar o sistema de representação proporcional[189]. O sistema político português tem funcionado essencialmente ligado ao método da média mais alta de Hondt que converte proporcionalmente os votos em mandatos. Este método é pois um dos muitos possíveis e foi desde sempre adoptado na eleição das autarquias locais[190]. Na realidade a Constituição só impõe este método para a eleição da Assembleia da Republica[191].

A renovação da classe política local parece ter entrado na agenda política, tendo-se para tal, começado a falar de limitação do número de mandatos. Uma sucessão de escândalos relacionados com a má gestão de algumas autarquias poderá estar na origem desta preocupação. Recordam-se os casos dos presidentes de câmara da Guarda (PS), de Vagos (PSD), de Vila Verde (CDS), de Vila Viçosa (CDU) ou de Celorico da Beira (Partido da Terra) para citar apenas alguns, de variados quadrantes políticos.

Porque razão parece necessária a renovação da classe política local e como fazê-lo será o tema deste sub-capítulo.

---

[189] Cfr. artigo 113.º da C.R.P.

[190] Primeiro no DL 701-B/76, de 29 de Setembro (primeira Lei Eleitoral das Autarquias Locais) e depois na Lei Orgânica n.º 1/2001 de 14 de Agosto (segunda e actual Lei Eleitoral)

[191] Cfr. artigo 149.º da C.R.P.

13.1.1 *A revisão da lei eleitoral das autarquias locais*

Besley e Ghatak[192] consideram que os sistemas de representação proporcional ou os sistemas parlamentares fornecem melhores condições à provisão pública.

Um dos argumentos dos que defendem uma revisão da lei eleitoral das autarquias locais pretende que o sistema de representação proporcional de Hondt não responde às exigências da moderna gestão municipal. Assim, os executivos autárquicos deveriam funcionar empresarialmente cabendo ao presidente do executivo a escolha dos seus colaboradores directos. Nesta versão profissionalizada, o executivo seria constituído exclusivamente por pessoas nomeadas pelo presidente (o único a ser eleito) podendo denominar-se este sistema de presidencialista puro.

Uma outra proposta de reforma que não vai tão longe e que tem mais adeptos consistiria em atribuir 50%+1 dos mandatos do executivo à lista mais votada (qualquer que fosse a sua votação) e repartir os restantes mandatos proporcionalmente pelas outras listas concorrentes. Neste caso poderíamos apelidar esta versão de sistema presidencialista maioritário.

Mas porquê rever o sistema eleitoral das autarquias?

Um argumento recorrentemente utilizado por aqueles que defendem a alteração do sistema eleitoral das autarquias locais é a falta de estabilidade dos executivos, que seria da responsabilidade do dito sistema. Uma análise estatística dos resultados eleitorais parece não confirmar estas suspeitas pois a percentagem de maiorias absolutas municipais geradas ao fim de oito eleições autárquicas é em média, 79% apenas descendo abaixo dos 75% em 1976 em que se cifrou em 60%. Em termos de estabilidade dos executivos podemos recordar que desde 1976, ano em que se verificaram as primeiras eleições autárquicas apenas se registou uma dissolução de um executivo autárquico[193] devido à sua ingovernabilidade. Dito isto, não será

---

[192] BESLEY, Timothy e Maiteesh Ghatak (2003), "Public Goods and Economic Development", London School of Economics Working Paper.

[193] Eleição intercalar de 18.10.1987, resultante da dissolução da Câmara Municipal do Fundão.

A qualidade e a transparência da administração local 213

certamente por falta de estabilidade dos executivos que o sistema eleitoral deverá ser revisto.

Um outro argumento que tem sido repetidas vezes apresentado como justificativo de uma reforma do sistema eleitoral autárquico é o pretenso défice de participação de independentes nas listas autárquicas. Entendem os seus defensores que a mediação que os partidos exercem entre os órgãos electivos do Poder Local e a sociedade é redutora do potencial de participação cívica. Antes de mais importa recordar que a possibilidade de apresentação de listas de independentes em eleições autárquicas sempre existiu desde 1976 (no que concerne aos órgãos das freguesias[194]), caso em que as listas eram designadas por "*grupos de cidadãos*" e se adoptava uma denominação própria que incluía frequentemente o nome da freguesia. Estatisticamente o número de "*grupos de cidadãos*" nunca constituiu fenómeno digno de destaque pelo que não parece haver justificação para uma alteração legislativa. Mas, nem sempre a agenda política se pauta pela objectividade e dando satisfação a estas teses, estendeu-se em 2001[195] a mesma possibilidade aos municípios. Contrariamente às expectativas avançadas pelos seus promotores, esta alteração não produziu a "vaga de fundo" que se esperava e o número de listas de independentes apresentadas para os municípios nas eleições autárquicas 2001 foi insignificante[196].

Apenas foram eleitos três presidentes de Câmara em listas de independentes (Ponte de Lima, Alcanena e Penamacor) num total de 308 municípios representando cerca de 1% do universo. Uma análise mais pormenorizada das três listas permite concluir que nenhuma destas listas era genuinamente constituída por independentes. Nos dois primeiros casos tratou-se de uma cisão partidária, portanto de presidentes que concorreram contra os seu anterior partido (PS), sob a capa de independentes (porque o processo interno partidário de

---

[194] Vide n.º 2 do artigo 5.º do DL 701-A/76, de 29 de Setembro.

[195] Lei orgânica n.º 1/2001, de 14 de Agosto – segunda Lei Eleitoral das Autarquias Locais.

[196] Vide STAPE (2002) Eleições para os órgãos das autarquias locais 2001 – resultados do escrutínio provisório p. 637, apenas foram apresentadas 41 listas de Grupos de Cidadãos para a Câmara Municipal e para a Assembleia Municipal.

214 O financiamento das autarquias locais portuguesas

selecção de candidatos os havia preterido). No caso de Penamacor tratou-se de uma coligação dissimulada entre PSD e CDS com alguns elementos independentes. Em suma, o argumento dos independentes também não justifica a alteração do sistema eleitoral.

Porém esta alteração criou um novo problema ao limitar os partidos políticos no seu tradicional papel de mediação entre os órgãos representativos democraticamente eleitos e os eleitores. A partir daquele momento qualquer empresário ou grupo económico podia financiar directamente candidaturas aos órgãos autárquicos municipais[197]. A entrada directa dos independentes (leia-se de grupos económicos) na actividade política deixou o poder político mais exposto perante um poder económico cada vez mais livre de constrangimentos.

13.1.2 A limitação do exercício de alguns mandatos

A sucessiva transferência de competências da Administração Central para os municípios conferiu a estes uma crescente importância no contexto da provisão pública de bens e serviços. Esta intensa actividade saldou-se no entanto por uma certa blindagem do sistema local à sua renovação em resultado da pequena dimensão da generalidade das circunscrições eleitorais (cerca de 70% dos municípios tem menos de 20.000 eleitores) e pela emergência de uma casta dirigente local dependente do aparelho administrativo municipal, principal entidade empregadora em muitos municípios. Diversos escândalos abalaram recentemente algumas destacadas figuras autárquicas que se encontravam em funções há vários mandatos, tendo despoletado o interesse da comunicação social potenciado no contexto de uma forte concorrência entre os *media*. Estes, bem ou mal, acabam por desempenhar um papel de fiscal da actuação dos gestores públicos, promovendo investigações, denunciando as situações irregulares e expondo os responsáveis pela prática das ilegalidades. A reacção dos interessados (os cidadãos) é que não corresponde

---

[197] Baleiras salienta a excessiva dependência dos municípios das receitas da actividade imobiliária, o que faz prever uma associação entre os dois e um aumento da pressão sobre o solo urbano.

A qualidade e a transparência da administração local

muitas vezes ao esperado. A vitimização dos prevaricadores ou a partidarização das denuncias são muitas vezes utilizadas para encobrir os culpados e diminuir a gravidade dos crimes. As numerosas prescrições que se verificam no sistema judicial português também não ajudam à credibilização do sistema. A limitação do exercício de alguns mandatos é assim reclamada por alguns como forma de renovar a classe política e combater o caciquismo[198] ou o desenvolvimento de elites locais que limitam o exercício democrático da alternância política. Resta então interrogarmo-nos porque razão o assunto não figura na agenda política?

O peso do *lobby* autárquico na Assembleia da Republica[199] explicará em parte esta resistência mas a principal resposta deverá ser encontrada no próprio sistema autárquico. A bipolarização que se verifica na distribuição do número de mandatos entre o PS e o PSD nas Presidências de Câmara Municipal fechou o sistema político autárquico de tal forma que é difícil penetrar e ganhar espaço no mesmo. As máquinas administrativas autárquicas garantem também uma supremacia para quem detém o poder levando a constatar que não é o novo candidato que ganha a Câmara mas sim o Presidente em funções que a perde por sua inacção. Nestes termos é compreensível o conservadorismo de ambos os principais partidos.

Importa também referir que a forma como as competências autárquicas são exercidas torna estas muito apetecíveis num contexto global da administração pública cada vez mais limitada. O elenco das competências autárquicas é hoje muito vasto e tende a alargar-se ainda mais com as iniciativas descentralizadoras do governo ou com as novas formas de provisão pública. Os municípios intervêm já na definição da actividade dos serviços desconcentrados de alguns ministérios[200] e tornaram-se em alguns casos autenticas *holdings* de grupos de empresas municipais, intermunicipais, de fundações, de

---

[198] Vide RUIVO, Fernando (2000), *O Estado labiríntico – O poder relacional entre poderes local e central em Portugal*, Porto, Edições Afrontamento, p. 68.

[199] Vide sub capitulo 15.1 – O controlo de legalidade

[200] Vide as competências do Conselho Regional estabelecidas no artigo 16.º do DL 104/2003, de 8 de Junho (aprova a nova orgânica das Comissões de Coordenação e de Desenvolvimento Regional – CCDR).

216 *O financiamento das autarquias locais portuguesas*

sociedades de desenvolvimento regional ou de empresas privadas pois até nestas, eles podem deter participações.

Mas o que torna ainda mais atraente o exercício destes cargos para além do estatuto remuneratório que permite a acumulação de vencimentos, é que tudo isto decorre sob uma capa de autonomia constitucionalmente protegida porque a tutela do Estado sobre as autarquias locais é uma tutela de mera legalidade.

13.1.3 *O exercício dos mandatos e dos cargos*

A proibição da acumulação de mandatos ou de cargos era até há pouco tempo a regra[201] a par de um conjunto coerente de **incompatibilidades**. Pretendia-se com estas restrições preservar o exercício dos cargos autárquicos garantindo como princípio a exclusividade de desempenho dos cargos executivos. Subsistia a possibilidade do exercício a meio tempo mas a regra era a da exclusividade.

A pretexto de melhorar a transparência da actividade política foram lançados diversos "pacotes legislativos" que vieram alterar o regime de incompatibilidades dos titulares de cargos políticos e de altos cargos públicos, tendo-se assistido a avanços e recuos na legislação que culminaram na última alteração com a instituição de um regime mais gravoso para os altos cargos públicos em relação aos cargos políticos, destacando-se o regime aplicável aos autarcas onde se ficou por uma mera comunicação de interesses ao órgão deliberativo.

No domínio das **inelegibilidades** para os órgãos das autarquias, situação que merece referência, estas agrupavam-se anteriormente em inelegibilidades gerais (se não estivessem restritas à área de determinada autarquia) e em inelegibilidades especiais ou locais (se abrangessem a área de uma determinada autarquia). No primeiro grupo figuravam os magistrados judiciais e do ministério público, os membros das forças militares e militarizadas e das forças de segu-

---

[201] Vide artigo 3.º da Lei n.º 29/87, de 30 de Junho – Estatuto do Eleito Local e artigo 4.º da Lei n.º 64/93, de 26 de Agosto – Regime de incompatibilidades e impedimentos dos titulares de cargos políticos e altos cargos públicos na versão que lhe foi dada pela Lei n.º 28/95, de 18 de Agosto.

A qualidade e a transparência da administração local

rança, entre outros. No segundo grupo (funções que pela sua natureza e territorialidade pudessem influenciar as escolhas eleitorais ou prejudicar o desempenho imparcial dos cargos autárquicos) estavam incluídos os funcionários de finanças ou de justiça com funções de chefia na área da respectiva autarquia, os ministros de qualquer culto ou religião, os devedores ou todos aqueles que tivessem relações contratuais não cumpridas com a autarquia e ainda os funcionários da própria autarquia.

A nova lei eleitoral das autarquias locais aprovada em 2001 (substituiu a que vigorava deste 1976[202]) veio consentir que um funcionário da própria autarquia[203] se candidatasse. Esta nova situação criou uma situação de promiscuidade entre o desempenho de funções profissionais e o exercício de um mandato político. Atente-se à situação do funcionário eleito vereador numa lista de oposição que ora fiscaliza o Presidente no decurso da sessão de Câmara ora passa a ser subordinado daquele terminada a mesma sessão. As condições em que a fiscalização se exerce parecem viciadas à partida.

Uma referência ainda para a situação das incompatibilidades dos deputados deliberadamente deixada de fora do regime de incompatibilidades dos titulares de cargos políticos e altos cargos públicos. Remete-se nesta lei para o estatuto próprio dos deputados que é menos exigente que o regime geral de incompatibilidades dos titulares de cargos políticos. Esta situação permitiu durante muito tempo que alguns presidentes de câmara assumissem as funções de deputado por períodos mais ou menos longos, mantendo a presidência da edilidade ocupada por um vereador que assegurava a gestão corrente. Após o episódio do "queijo limiano" que envolveu o presidente da Câmara Municipal de Ponte de Lima, o legislador viu-se forçado por pressão da opinião pública a alterar o estatuto do deputado, limitando a permanência de Presidentes de Câmara na Assembleia da Republica a 60 dias no decurso da legislatura.

---

[201] [202] DL n.º 701-B/76, de 29 de Setembro

[203] Desde que não desempenhe funções de direcção, caso em que suspendendo as funções profissionais pode levantar a inelegibilidade – vide alínea d) do n.º 1 do artigo 7.º da Lei Orgânica n.º 1/2001, de 14 de Agosto.

218   *O financiamento das autarquias locais portuguesas*

Atente-se ao facto de o Congresso das Autoridades Locais e Regionais da Europa ter aprovado em 1999, uma resolução[204] que instituía um Código de Conduta para os Eleitos Locais e Regionais destinado a preservar a integridade do exercício destes cargos. Esta resolução convidava os países membros do Conselho a adoptarem códigos idênticos inspirados nos princípios então aprovados pelo Congresso.

13.1.4 *A concessão de direitos políticos a estrangeiros*

As autarquias locais possuem características próprias que fazem delas espaços privilegiados de cidadania abertos aos residentes estrangeiros dada a sua natureza comunitária e territorial e tendo presente que se trata de gerir a provisão pública de bens e serviços para uma comunidade de dimensão pequena.

A concessão de direitos políticos a estrangeiros não é recente em Portugal. Os Brasileiros já votavam no decurso do período do Estado Novo[205] mas é na sequência da adesão à União Europeia e da necessidade da transposição[206] da Directiva do Conselho n.º 94/80/ /CE, de 19 de Dezembro que se estabelece a elegibilidade para os órgãos das autarquias locais de cidadãos da União Europeia. Aproveitando esta oportunidade estendeu-se (nas eleições autárquicas) este direito a cidadãos de outros países de fora do espaço da União Europeia e residentes em Portugal, em regime de reciprocidade. Actualmente o direito de voto para as eleições autárquicas foi concedido aos naturais dos seguintes países:[207] Estados da União Europeia, Brasil, Cabo Verde, Argentina, Chile, Estónia, Israel, Noruega, Peru, Uruguai e Venezuela. No conjunto de toda a administração pública só o nível autárquico oferece estas condições singulares.

---

[204] Vide Resolução n.º 79 (1999), sobre a integridade dos eleitos locais e regionais.

[205] A Convenção de Brasília de 1971 reconhecia aos cidadãos brasileiros residentes em Portugal, a igualdade de direitos, ver nota V ao artigo 2.º em FRANCO, João, João Paulo Zbyszewski, Jorge Migueis e Fátima Abrantes Mendes (1997), *Legislação Eleitoral das Autarquias Locais*, Editora Progresso Social e Democracia, Lisboa.

[206] Realizada pela Lei n.º 50/96, de 4 de Setembro.

[207] Cfr. declaração conjunta dos Ministérios dos Negócios Estrangeiros e da Administração Interna n.º 10/2001, publicada no Diário da República, I Série-A, n.º 213, de 13 de Setembro.

Uma outra questão merece contudo uma pequena reflexão. Num país pequeno como é Portugal e com uma dimensão média das autarquias que não ultrapassa os dez mil habitantes qualquer fenómeno migratório concentrado pode ter consequências políticas importantes. Se por exemplo a comunidade brasileira na freguesia da Costa da Caparica estivesse organizada poderia influenciar a eleição da respectiva Junta de Freguesia ou até mesmo da Câmara Municipal de Almada. Em Albufeira, a comunidade inglesa poderia também ser influente na eleição da respectiva Câmara Municipal. E o que dizer da comunidade eslava em Portugal que se tornou em pouco tempo a primeira comunidade estrangeira residente embora sem direitos políticos ainda reconhecidos. Estas comunidades estrangeiras começam a ser um parceiro a ter em conta na geografia eleitoral de algumas autarquias portuguesas.

13.2 Maior transparência na gestão da administração local

A transparência na actividade das autarquias locais é fundamental para o funcionamento da teoria económica como já vimos. As escolhas orçamentais que se materializam através do voto devem sê-lo com conhecimento adequado da realidade.

Porém nem sempre tudo é tão perfeito e na prática existem múltiplos factores que distorcem ou introduzem *"ruído"* no sistema.

13.2.1 A fiscalização política das autarquias locais

A fiscalização política é o primeiro passo para o funcionamento democrático dos órgãos autárquicos. Aos órgãos deliberativos (Assembleia de Freguesia e Assembleia Municipal) cabe em primeira linha a tarefa de fiscalizar a actividade dos órgãos executivos (Junta de Freguesia e Câmara Municipal). Esta tarefa estaria fortemente limitada se não existissem elementos da oposição nos executivos pois a fiscalização daqueles órgãos é casuística e posterior à prática dos actos administrativos[208]. Recentemente verificou-se um reforço

---

[208] Cfr. n.º 5 do artigo 53.º da lei 169/99, de 18 de Setembro, no que diz respeito aos municípios.

220   *O financiamento das autarquias locais portuguesas*

de poderes dos órgãos deliberativos. Agilizou-se o funcionamento das mesas das assembleias[209], criaram-se grupos municipais[210] e dotou-se a assembleia municipal de um orçamento privativo[211] que lhe garantiu independência de funcionamento em relação ao executivo.

Um outro reforço dos poderes das assembleias municipais reside na disposição recentemente aprovada que torna imperativas as sugestões feitas por estas em relação às propostas de Plano e Orçamento apresentadas pelos executivos. Desde que estas não enfermem de erros de previsão ou não incorram em ilegalidade[212], a sua inclusão no plano passou a ser obrigatória. De notar a diferença em relação às assembleias de freguesia em que não existe esta imperatividade[213]. Tem-se verificado, em geral, um aumento das competências colegiais[214] dos executivos municipais, mas o "cesarismo"[215] de que se reveste a função de Presidente da Câmara faz deste cargo um verdadeiro órgão uninominal[216] no seio do órgão Câmara Municipal.

Rebelo de Sousa[217] refere-se ao funcionamento da Câmara Municipal nos seguintes termos: *"o Prof. Diogo Freitas do Amaral e eu próprio entendemos sempre que o Presidente da Câmara Municipal era um órgão autónomo, apesar da Constituição não o prever. Porquê? Porque tinha poderes próprios, e, além destes, porque beneficiava da chamada delegação tácita, isto é, de um conjunto de*

---

[209] Vide artigos 10.º-A e 46.º-A , aditados pela Lei n.º 5-A/2002, de 11 de Janeiro.

[210] Vide artigo 46.º-B da Lei 169/99, de 18 de Setembro, aditado pela Lei n.º 5-A/2002, de 11 de Janeiro.

[211] Vide artigo 52.º-A da Lei 169/99, aditado pela Lei n.º 5-A/2002, de 11 de Janeiro.

[212] Vide n.º 6 do artigo 53 .º da Lei 169/99, de 18 de Setembro, na redacção dada pela Lei n.º 5-A/2002, de 11 de Janeiro.

[213] Vide n.º 4 do art. 17.º da Lei 169/99, de 18 de Setembro, na redacção dada pela Lei n.º 5-A/2002, de 11 de Janeiro.

[214] ZBYSZEWSKI, João Paulo (2001), *Regime de atribuições e competências das autarquias locais*, Lisboa, Lex editores, nota II ao artigo 64.º.

[215] Expressão utilizada por Montalvo, António Rebordão (2003), *O processo de mudança e o novo modelo da gestão pública municipal*, Almedina, p 204.

[216] Veja-se a concentração de poderes patente no artigo 68.º da Lei 169/99, de 18 de Setembro.

[217] SOUSA, Marcelo Rebelo de (1997), *O sistema de Governo Municipal*, Santarém, ATAM.

poderes que, em teoria, e em princípio, pertenciam à Câmara Municipal, mas que ele poderia exercer, sujeito à ratificação daquela".
No mesmo sentido também apontam Leite Pinto e Ferreira de Almeida[218] que consideram o Presidente da Câmara um órgão com competência própria e não um mero membro do executivo autárquico.

Não obstante ter-se verificado um recente reforço de poderes das assembleias municipais[219], as competências do Presidente da Câmara também foram aumentadas, seguindo aliás na tradição que já vinha do período do Estado Novo e do Código Administrativo de 1936 de Marcelo Caetano. As competências de carácter colegial da Câmara Municipal têm-se vindo a esbater progressivamente reduzindo os poderes dos vereadores que a pouco e pouco se vão transformando em meras figuras decorativas, não podendo sequer dirigir-se aos serviços sem o consentimento do Presidente. Esta circunstância restringe os poderes de fiscalização dos vereadores da oposição e desaproveita a ligação natural que estes deviam ter com os membros da Assembleia Municipal. A fiscalização dos municípios permanece uma questão por resolver.

Corte-Real[220] também manifesta dúvidas sobre esta tendência de reforma que no seu entender pode por termo a uma certa auto-regulação dos executivos, diminuindo a qualidade da decisão autárquica e afastando os pequenos partidos do exercício do poder. Um menor esforço de consensualização e uma acentuada politização dos executivos e das assembleias serão as consequências deste "fechamento" do sistema.

Um estudo publicado recentemente[221] por dois assessores da CADA[222] concluiu que existe um desfasamento entre a LACA e a Lei da CADA sendo esta última mais favorável no fornecimento de

---

[218] PINTO, Ricardo Leite e José Mário Ferreira de Almeida (2001), *O sistema político-administrativo Português*, Oeiras, INA, p. 25.

[219] Competências introduzidas na Lei n.º 169/99, de 18 de Setembro pela Lei n.º 5-A//2002, de 11 de Janeiro.

[220] CORTE-REAL, Isabel (2003), *Descentralização e Reforma Administrativa*, Oeiras, Celta, p. 56.

[221] CORDEIRO, Gabriel e Sérgio Pratas (2005), "O acesso à informação nas autarquias locais: As prerrogativas dos eleitos", *Revista da Administração Local*, n.º 205, p. 543 a 561.

[222] Ver secção 13.2.4.

222   *O financiamento das autarquias locais portuguesas*

informação ao cidadão do que a primeira na obtenção de informação pelo eleito local, o que paradoxalmente os conduz a utilizar preferencialmente a Lei da CADA para obter informação, em vez de utilizar a lei especial que regula o funcionamento das autarquias locais.

13.2.2 *O estatuto de oposição*

Reconhecendo a insuficiência dos mecanismos de fiscalização, o legislador aprovou um estatuto de oposição[223] visando assegurar às minorias o direito constituir e exercer uma oposição democrática de natureza representativa ao nível do Governo, dos órgãos executivos das Regiões Autónomas e também das autarquias locais. Atente-se à natureza transversal deste estatuto que se aplica a todos os níveis de administração pública e que no caso concreto das autarquias locais introduziu as seguintes inovações:

– o direito de ser ouvido previamente sobre a proposta de plano e orçamento;

– o direito de se pronunciar e intervir em todas as questões de interesse público e de participação em todos os actos oficiais;

– a elaboração de relatórios de avaliação para serem discutidos com os seus destinatários e publicados em Diário da República.

Embora esta medida seja louvável no plano formal ou teórico, em termos práticos ainda se está muito longe da sua pretendida eficácia[224]. Na realidade os relatórios são praticamente desprovidos de conteúdo e assistiu-se a uma ritualização da sua aprovação e envio desconhecendo-se o efeito do procedimento já que não existe divulgação das conclusões. Mas este estatuto vale sobretudo pelo simbolismo que encerra ao reconhecer que a oposição é tão necessária em democracia como o é, a função executiva. Sem alternância do

---

[223] Através da Lei n.º 24/98, de 26 de Maio.

[224] Os relatórios elaborados são incipientes no seu conteúdo e apenas cumprem a "liturgia" prescrita.

A qualidade e a transparência da administração local 223

poder não existe renovação e sem renovação não existem condições objectivas para a existência de um Estado Democrático.

13.2.3 *As consultas populares e o referendo local*

Aprovado por unanimidade na revisão constitucional de 1997, o artigo 240.º da Constituição veio instituir a possibilidade da realização de referendos locais por sobre matérias de interesse local que se contenham nas atribuições autárquicas[225]. A iniciativa pode caber às autarquias ou a cidadãos eleitores dessas mesmas autarquias. Com esta medida visou-se ampliar e autonomizar uma anterior norma relativa a consultas locais.

Outra medida legislativa importante foi a aprovação do regime[226] que define o direito de participação popular em procedimentos administrativos e o direito de acção popular para a prevenção, a cessação ou a perseguição judicial das infracções previstas no n.º 3 do artigo 52.º da Constituição. Concretamente este diploma veio estabelecer a obrigatoriedade de audição prévia dos cidadãos interessados e das entidades defensoras dos interesses que possam vir a ser afectados por planos de desenvolvimento da responsabilidade da Administração Pública, de planos de urbanismo, de planos directores e de ordenamento do território, ou ainda sobre a decisão sobre a localização e realização de obras públicas ou de outros investimentos públicos com impacto relevante no ambiente ou nas condições económicas e sociais e da vida em geral das populações ou agregados populacionais de certa área do território nacional.

Com a revisão constitucional de 1997, foi acrescentado o n.º 3 do artigo 52.º que veio estabelecer a legitimidade para o exercício do direito de acção popular, quando estejam em causa direitos dos consumidores ou a defesa de bens do Estado, das regiões autónomas ou das autarquias locais. O legislador veio reconhecer que a fiscali-

---

[225] Foram realizados apenas dois referendos locais, em 25.04.1999 na freguesia de Sereleis – Viana do Castelo (localização da construção de um polidesportivo) e em Tavira em 13.06.1999 (destruição de um depósito de água).

[226] Lei n.º 83/95, de 31 de Agosto.

224   *O financiamento das autarquias locais portuguesas*

zação da actividade política ou administrativa não se esgota nos órgãos da administração pública mas pode e deve ser exercida directamente pelos cidadãos sob a forma de cidadania.

Pronunciando-se sobre estas inovações, e referindo-se aos mecanismos tradicionais de representação política, Stock[227] afirmou que *"a incapacidade até agora demonstrada por parte das estruturas vigentes de poderem entender estas novas dinâmicas e de a elas fazer face, debate-se com a cada vez maior necessidade de legitimação respectiva, a qual só se efectivará através de uma maior integração política dos cidadãos. O que, embora lentamente, tem acabado por fazer emergir alguns mecanismos (tais como o referendo ou o direito de petição e de acção popular), com o fito de assegurar o fluxo permanente e regular de retroalimentação do sistema, tal qual ele se configura. Contudo, estes instrumentos, a par das eleições, não parecem suficientes para promover e dignificar a função representativa que intermedeia a participação e o sistema político"*.

E acrescenta em tom premonitório: *"A esclerose progressiva das formas de fazer e de participar na política, o acentuar do tal défice democrático, pode fazer perigar a sustentabilidade do próprio modelo, podendo vir a assistir-se à capitalização das áreas mais críticas da sociedade por parte de forças adversas à Democracia. O que exigirá prever, atempadamente, outros mecanismos de participação, os quais não têm necessariamente de ser postulados em termos dicotómicos com o sistema representativo, podendo mesmo contribuir para a sobrevivência deste."*

13.2.4 *A administração aberta e a consulta dos processos administrativos*

O acesso aos documentos administrativos é importante num contexto de acompanhamento da actividade administrativa dos serviços públicos. Um primeiro passo decisivo foi dado em 1991 com a

---

[227] STOCK, Maria José (2001), " Novas formas de cidadania – Um modelo para a análise da participação política em novos moldes em Portugal, de 1990 a 2000", *in A reforma do Estado em Portugal, Actas do I Encontro de Ciência Política*, Lisboa, Bizâncio, p. 280.

aprovação do **Código do Procedimento Administrativo**[228]. Este Código veio estabelecer diversos princípios orientadores[229] de que se pode destacar o princípio da colaboração da Administração com os particulares[230] que prevê a obrigatoriedade de prestar informações e os esclarecimentos aos particulares que deles careçam ou ainda a apoiar e estimular as suas iniciativas ou a receber sugestões e informações.

A Administração passou a ser responsável pelas informações que preste por escrito aos particulares, ainda que não obrigatórias. Outro princípio importante contido no Código é o princípio da participação (artigo 8.º) que prevê que os órgãos da Administração Pública devam assegurar a participação dos particulares, bem como das associações que tenham por objecto a defesa dos seus interesses, na formação das decisões que lhes disserem respeito, designadamente através da respectiva audiência.

O princípio da decisão[231] merece também ser destacado e estabelece que os órgãos administrativos têm o dever de se pronunciar sobre todos os assuntos da sua competência que lhes sejam apresentados pelos particulares, nomeadamente os assuntos que lhes disserem directamente respeito e sobre quaisquer petições, representações, reclamações ou queixas formuladas em defesa da Constituição, das leis ou do interesse geral.

Dois anos mais tarde, na sequência da transposição de uma directiva da Comunidade Económica Europeia[232] relativa à liberdade de acesso a informação em matéria de ambiente, é publicado um diploma[233] visando permitir o acesso dos cidadãos aos documentos administrativos em poder da Administração Pública de acordo com os princípios da publicidade, da transparência, da igualdade, da justiça e da imparcialidade. Com este diploma é criada sob a égide da Assembleia da República, a **CADA – Comissão de Acesso aos**

---

[228] Aprovado pelo DL n.º 442/91, de 15 de Novembro.
[229] Artigos 3.º a 12.º.
[230] Artigo 7.º.
[231] Artigo 9.º.
[232] Directiva do Conselho n.º 90/313/CEE, de 7 de Julho de 1990.
[233] Lei n.º 65/93, de 26 de Agosto.

Documentos Administrativos que passa a fiscalizar a aplicação da mesma lei. O alcance deste diploma é reduzido dada a sua coercibilidade praticamente nula, mas vale pelos objectivos que pretende atingir e que seguem na direcção apontada pelo Código do Procedimento Administrativo.

Mas apesar destas louváveis medidas no plano conceptual, existe uma outra realidade que é a da preparação dos serviços públicos para o cumprimento das novas exigências. Por outro lado, a *glasnost*[234] exigida à Administração, não teve contrapartida do lado do cidadão, sendo muito ténues as obrigações que o CPA lhes impôs. Estes, muitas vezes, não assumem uma relação transparente perante a administração, particularmente quando estão em jogo interesses económicos poderosos. Os pratos da balança desequilibraram-se a desfavor da Administração em razão dos prazos de resposta desmesuradamente reduzidos, dos numerosos deferimentos tácitos e da jurisdicialização do mais ínfimo passo administrativo[235]. Os serviços públicos deveriam dispor uma legião de consultores jurídicos para poder dar cumprimento atempado às suas obrigações. A relação de forças inverteu-se e a administração pública em Portugal encontra-se hoje refém dos interesses económicos e sem meios para poder responder.

---

[234] Transparência em Russo, termo utilizado durante o processo político de abertura denominado de Perestroika (reestruturação).

[235] Vide novo Código de Processo dos Tribunais Administrativos – Lei n.º 4/A/ /2003, de 19 de Fevereiro – em que a não resposta atempada significa a confissão dos factos apresentados pela outra parte.

14. A PARTICIPAÇÃO DOS CIDADÃOS NA VIDA LOCAL

14.1 Uma sociedade da informação ao serviço dos cidadãos

O conhecimento da actividade autárquica e particularmente das deliberações dos seus órgãos é necessário para que os cidadãos eleitores possam avaliar essa actividade e quando o momento chegar se pronunciar sobre a mesma. As suas escolhas eleitorais devem corresponder a escolhas orçamentais, assentes em programas destinados à aplicação dos recursos públicos, o que a teoria económica designa por escolhas públicas.

Maria José Stock[236] considera que a sociedade portuguesa está mais horizontalizada e progressivamente mais afluente, com intervalos mais curtos de distribuição de riqueza e de acesso aos recursos (também políticos) e que o espaço físico e temporal de formação dos processos decisórios se tornou menos moroso devido à emergências das novas tecnologias da sociedade de informação tendo-se chegado a um momento de inventariação da vontade popular em tempo real.

Procederemos à análise destas novas tecnologias e avaliaremos em que medida se aplicam às autarquias locais portuguesas.

14.1.1 A Internet e o intercâmbio da informação

O advento da Internet veio criar uma forma expedita de divulgação de informação que muitas entidades públicas compreenderam

---

[236] STOCK, Maria José (2001), " Novas formas de cidadania – Um modelo para a análise da participação política em novos moldes em Portugal, de 1990 a 2000", *in A reforma do Estado em Portugal, Actas do I Encontro de Ciência Política*, Lisboa, Bizâncio, p. 282.

228   *O financiamento das autarquias locais portuguesas*

rapidamente ao criarem numerosos sites institucionais. Segundo Mariano Gago[237] a importância estratégica conferida à Sociedade da Informação (SI) foi claramente assumida no Programa da Presidência Portuguesa da União Europeia, através, nomeadamente, do Plano de Acção eEurope 2002, cujas bases foram lançadas no Conselho Europeu de Lisboa, em Março de 2000. O objectivo geral da eEurope era colocar a Europa em linha o mais rapidamente possível definindo para tal três objectivos:

1. Uma Internet mais barata, mais rápida e mais segura;
2. Investir nas pessoas e nas qualificações;
3. Estimular a utilização da Internet.

Braga e Reigado[238] consideram que se caminha para uma sociedade do saber onde o valor da informação tende a suplantar a importância do capital. A informação e o conhecimento são a chave da inovação e da competitividade. Importa pois distinguir a informação que é um conjunto de dados referente a determinada temática, cuja circulação, graças às tecnologias se faz cada vez mais rapidamente, variando de valor com o tempo, de outro bem, cuja natureza é igualmente intangível mas que é dinâmico e cumulativo, referimo-nos ao conhecimento. O valor deste tende a aumentar com a dispersão e a globalização. As fronteiras geográficas perderam relevância e a oferta de produtos e serviços tem de responder às necessidades de âmbito global e não apenas local porque a concorrência passou a ser transnacional estando o conhecimento repartido à escala mundial.

Para Tribolet[239] "o que vai continuar a ser factor de diferenciação dos indivíduos, das organizações e das sociedades, é a sua capacidade de usar para fins relevantes, económicos, sociais e culturais essas representações do conhecimento".

---

[237] GAGO, Mariano (2002), "A sociedade de informação no contexto da estratégia de Lisboa", *Europa Novas Fronteiras,* n.º 9-10, Lisboa, Centro de Informação Europeia Jacques Delors.

[238] BRAGA, Ascensão Maria Martins e Felisberto Marques Reigado (2000), "A gestão da informação e do conhecimento na difusão da informação", *Actas do VIII Encontro Nacional da APDR*, Coimbra, APDR

[239] TRIBOLET, José (2000), "A Organização, a Gestão e os Processos de Ensino e de Investigação", *Actas do X Encontro das Universidades de Língua Portuguesa*, Ponta Delgada, p. 231-241.

A qualidade e a transparência da administração local   229

Em 28 de Fevereiro de 2000, a Comissão europeia aprovou um documento com a designação de " Uma agenda de renovação económica e social para a Europa", que pretendia fornecer uma contribuição para o Conselho Europeu Especial de 23 e 24 de Março de 2000. Neste documento considerava-se que as tecnologias digitais constituiriam muito provavelmente o motor de um crescimento substancial na UE no decurso desta década. Mas o documento alertava que a UE registava um atraso considerável em relação aos EUA, na adopção das novas tecnologias e em particular na utilização da Internet. Não obstante a liberalização do sector europeu das telecomunicações os custos de acesso à Internet quando comparados com os EUA eram no entender da Comissão, o principal factor que explicava o atraso.

A título de exemplo, em 2000, a média europeia de penetração da Internet foi de 23% enquanto nos EUA estava em 51% e a tendência era para o aumento do desnível. Portugal vinha quase em último, com 9%, à frente da Grécia com 6%.

Em termos de vendas do comercio electrónico, as receitas provenientes deste tipo de comercio (que são um bom indicador do crescimento de ganhos de produtividade) estavam a crescer muito mais rapidamente nos EUA do que na Europa, com uma estimativa do Eurostat para 2000, de 39 mil milhões de dólares para a UE e de 133 para os EUA. Em 5 de Fevereiro de 2002, a Comissão apresentou ao Conselho e ao Parlamento Europeu um relatório de avaliação do desempenho da iniciativa eEurope[240]. Este relatório produziu algumas conclusões surpreendentes. A primeira reside no facto de a penetração na Internet nos agregados familiares da UE ser cerca de 18% em Março de 2000 e 28% em Outubro do mesmo ano, isto é ter aumentado 10% em cerca de seis meses e em Junho de 2001 ser já de 36%.

Em 2002, a média europeia de penetração da Internet na U.E. era, 37,7%, tendo Portugal ultrapassado a Espanha nesse ano, com cerca de 27% (contra 9% em Fevereiro de 2000), portando triplicando a sua implantação em cerca de dois anos.

---

[240] Comissão Europeia (2002), "Relatório de avaliação do desempenho da iniciativa eEurope", Bruxelas

14.1.2 A sociedade da informação nos municípios portugueses

Santos e Amaral[241] desenvolveram um interessante estudo qualitativo da situação do correio electrónico nos municípios portugueses. As conclusões a que chegaram foram surpreendentes. Praticamente todas as Câmaras Municipais (com excepção de três) possuíam endereço de correio electrónico, no entanto dois terços destas Câmaras não respondiam às mensagens. Constatou-se existir uma relação entre o número de Câmaras que responderam a um exercício preparado pelos investigadores e o número de Câmaras que possuíam correio electrónico interno. Tal facto permitiu concluir que o desenho organizacional interno não acompanhou a evolução das novas tecnologias.

Uma outra constatação deste estudo, residiu no facto de a média das mensagens recebidas por e-mail ser muito baixa e não possuir uma distribuição proporcional à dimensão do município, facto que os autores do estudo atribuem à existência de inúmeras entidades autónomas que exercem funções municipais por delegação ou concessão (serviços municipalizados, empresas públicas e privadas). O quadro 14.1 representa a perspectiva do município na resposta ao questionário que lhe foi enviado. O quadro 14.2 pretende evidenciar a perspectiva do cidadão e representa o resultado prático de testes realizados pelos investigadores à comunicabilidade do sistema.

---

[241] SANTOS, Leonel Duarte e Luís Alfredo Martins do Amaral (2002), *O correio electrónico como ponto de partida para o local e.government – um estudo qualitativo da situação portuguesa*, Universidade do Minho, Guimarães.

A qualidade e a transparência da administração local

QUADRO 14.1
Câmaras municipais com correio electrónico em 2002
(resposta a um questionário)

	Câmaras municipais	Respostas ao inquérito	% de Respostas ao inquérito	Correio electrónico externo	% de correio electrónico externo	% de correio electrónico interno	N.º de listas de distribuição de correio electrónico	N.º médio diário de mensagens de correio electrónico recebidas
Até 10.000 eleitores	118	56	47%	52	93%	21%	4%	8
De 10.001 a 50.000 eleitores	150	71	47%	65	92%	31%	10%	9
De 50.001 a 100.000 eleitores	22	12	55%	12	100%	71%	8%	83
Mais de 1000.00 eleitores	18	13	72%	13	100%	55%	17%	32
Total global	308	152	49%	142	93%	33%	8%	17

Fonte: Departamento de Sistemas de Informação, Universidade do Minho, Guimarães.

QUADRO 14.2
Resposta a uma mensagem simples de correio electrónico (resultado do estudo)

	Câmaras municipais	Endereços de correio electrónico	% de endereços de correio electrónico	% não responderam	% de respostas até 4 horas	% de respostas de 4 a 24 horas	% de respostas de 2 a 5 horas	% de respostas de mais de 5 dias úteis	% de erros por caixa de correio cheia	% de erros por endereço desconhecido	% de outros erros
Até 10.000 eleitores	118	115	97%	47%	17%	7%	8%	3%	10%	7%	2%
De 10.001 a 50.000 eleitores	150	150	100%	41%	15%	15%	6%	5%	9%	7%	2%
De 50.001 a 100.000 eleitores	22	22	100%	50%	18%	9%	5%	5%	9%	5%	0%
Mais de 1000.00 eleitores	18	18	100%	61%	6%	6%	11%	6%	6%	0%	6%
Total global	308	305	99%	45%	15%	11%	7%	4%	9%	7%	2%

Fonte: Departamento de Sistemas de Informação, Universidade do Minho, Guimarães.

Os autores do estudo possuíam uma expectativa de resposta de 4 horas (para uma mensagem simples que não requeria nível de autoridade ou poder de decisão) e apenas 15% responderam nas primeiras 4 horas, 11% entre 4 e 24 horas, 7% dos dois aos 5 dias seguintes e 4% depois desse período. No total, apenas 114 Câmaras responderam, o que representa cerca de 37%, valor muito próximo

232 O financiamento das autarquias locais portuguesas

do número de Câmaras com correio electrónico interno (34%). Constata-se neste estudo que sendo o correio electrónico, uma das tecnologias mais simples da sociedade da informação e do conhecimento e das mais utilizadas pelos cidadãos[242], esta não é encarada com seriedade pela administração pública municipal.

14.1.3 Os boletins autárquicos e a publicidade

Analisando a comunicação escrita, verifica-se que os passos dados no sentido da publicitação das actividades autárquicas foram muito tímidos, desde a primeira lei[243] de atribuições e competências das autarquias locais em que não se fazia sequer menção à divulgação das decisões autárquicas. A segunda lei,[244] já se refere a este assunto dedicando-lhe um artigo onde se prevê a divulgação apenas das deliberações dos órgãos ou das decisões dos seus titulares, destinadas a ter eficácia externa, caso em que também deverão ser publicadas em boletim da autarquia, quando este exista ou através de edital.

Na terceira e actual lei de atribuições e competências, prevê que *"as deliberações dos órgãos autárquicos bem como as decisões dos seus membros, destinadas a ter eficácia externa são obrigatoriamente publicadas no Diário da República quando a lei o determine, sendo nos restantes casos publicadas em boletim da autarquia, quando exista ou em edital ... sem prejuízo do disposto em legislação especial"*. Admite-se pois que possa vir a existir legislação especial que regule a publicidade de algumas deliberações, como é o caso na legislação sobre ordenamento do território e urbanismo. A Lei n.º 5-A/2002, de 11 de Janeiro, veio dar nova redacção ao artigo 91.º da Lei 169/99, de 18 de Setembro, e tornou obrigatória a existência de boletim da autarquia. Assiste-se portanto a uma evolu-

---

[242] Segundo o Observatório das Ciências e Tecnologias, "Inquérito à utilização das Tecnologias da Informação e da Comunicação pela População Portuguesa", (Setembro de 2001), Documento n.º 3 Lisboa, 30% dos Portugueses utilizam a Internet e destes 73% utiliza-a para receber e enviar mensagens.

[243] Lei n.º 79/77, de 25 de Outubro.

[244] DL n.º 100/84, de 29 de Março.

ção no sentido de institucionalizar a divulgação das decisões administrativas mas o sistema permanece ainda muito opaco e a ausência de uma regulamentação clara mantém condições para a existência um poder[245] que faz propaganda política com meios públicos. De notar que a legislação ignora totalmente a utilização das tecnologias da informação na divulgação da mesma informação.

14.2 A participação dos cidadãos na gestão

A Constituição da Republica Portuguesa contém diversos artigos que militam em favor da participação cívica, tais como, o art. 37.º – Direito de Expressão e Informação, o art. 52.º – Direito de Petição ou de Acção Popular, o art. 109.º – Participação Política dos Cidadãos, o art. 240 – Referendo Local (aditado na revisão de 1997) ou ainda o art. 268 – Direitos e Garantias dos Administrados. A regulamentação destes direitos fez-se de forma lenta e gradual. Mas foi a partir da publicação do Código do Procedimento Administrativo[246] (de que se destaca em seguida dois importantes princípios programáticos) que ficaria registada uma mudança de atitude do legislador na forma de encarar a razão da existência da Administração, face aos cidadãos, que passaram a se vistos como seus clientes.

> *"Artigo 7.º*
> *Princípio da colaboração da Administração com os particulares*
>
> *1 – Os órgãos da Administração Pública devem actuar em estreita colaboração com os particulares, procurando assegurar a sua adequada participação no desempenho da função administrativa, cumprindo--lhes, designadamente:*
> *a) Prestar aos particulares as informações e os esclarecimentos de que careçam;*
> ***b) Apoiar e estimular as iniciativas dos particulares e receber as suas sugestões e informações.***

---

[245] Veja-se a condenação recente da ex. Presidente da Câmara Municipal de Sintra pela utilização abusiva do boletim municipal durante o período que antecedeu as eleições Autárquicas de 2001.

[246] Aprovado pelo DL 442/91, de 15 de Novembro.

> 2 – A Administração Pública é responsável pelas informações prestadas por escrito aos particulares, ainda que não obrigatórias.
>
> **Artigo 8.º**
> *Princípio da participação*
>
> 1 – Os órgãos da Administração Pública **devem assegurar a participação dos particulares**, bem como das associações que tenham por objecto a defesa dos seus interesses, **na formação das decisões que lhes disserem respeito**, designadamente através da respectiva audiência nos termos deste Código."

Seguir-se-ia um período relativamente longo em que seriam publicadas medidas legislativas tendentes a simplificar e desburocratizar a Administração Pública, podendo-se destacar a Lei 65/93, que regula o acesso aos documentos administrativos, a Lei n.º 83/95, de 15 de Novembro que regulamenta o Direito de Petição e de Acção Popular ou ainda o DL n.º 135/99, de 22 de Abril que regula o acolhimento e o atendimento dos cidadãos.

Jean-Pierre Muret[247] pronunciando-se sobre a opinião pública e a democracia participativa, afirma que a opinião se aproxima da crença, isto é, reflecte uma posição pessoal sobre uma questão em debate e interroga-se sobre quantas pessoas terão consciência da subjectividade das suas opiniões. Para ele, um indivíduo torna-se mais consciente da subjectividade da sua opinião na razão inversa em que se consciencializa da limitação da sua informação sobre um assunto ou que este se afasta do seu centro de interesse. Este professor de Gestão Local no Instituto de Urbanismo de Paris considera que a opinião pública releva de um fenómeno de grupo em que o homem se situa com animal social que é.

Para este professor, a opinião colectiva de um grupo não é o simples somatório das opiniões individuais, ela é um fenómeno complexo de maturação colectiva em que existem líderes de opinião que estruturam o pensamento colectivo. O conhecimento da opinião

---

[247] MURET, Jean-Pierre (2001), "L´opinion publique et la démocratie participative", in *As grandes questões da comunicação municipal para o séc. XXI – Fórum dos Municípios Europeus*, Oeiras, Câmara Municipal de Oeiras.

pública é hoje importante para a classe política em qualquer regime democrático. A intervenção dos poderes públicos faz-se hoje com recurso a instrumentos e métodos de trabalho que relevam da psicologia e da sociologia, tais como as sondagens e os inquéritos de opinião pública.

Na sociedade global em que vivemos, os cidadãos já não se contentam em que os deixem participar, eles exigem que os deixem decidir.

A este propósito Bravo[248] fala de um modelo de gestão de tipo negocial onde o cidadão é um agente participativo que pode conduzir ao envolvimento dos cidadãos, identificando prioridades, medindo resultados e implementando políticas. Trata-se de introduzir na estrutura hierárquica tradicional da administração pública processos de diálogo e negociação entre serviços e organismos públicos e destes com organizações privadas e grupos de interesse.

14.3 A concertação nos projectos

Carlos Sousa[249] dá conta de uma experiência piloto implementada pelo município de Palmela, inspirada sobre o município de Porto Alegre no Brasil que denominou de orçamento participativo. Trata-se de auscultar a população sobre as prioridades em termos de investimento público e a partir dessa participação, traduzir no orçamento do município essas escolhas. Embora a experiência não tenha sido coroada de sucesso dada a fraca participação dos eleitores, o seu autor refere idêntica situação no início da experiência no Brasil e afirma ser sua convicção que a relação entre democracia representativa e democracia participativa é complementar e não de oposição, sendo necessário incluir espaços de decisão nos processos de participação cidadã.

---

[248] BRAVO, Ana Bela Santos (2000), "Modernização na administração local" *in Perspectivas de desenvolvimento para as regiões marítimas, Actas do VII Encontro Nacional APDR*, Coimbra, APDR, p. 593.

[249] SOUSA, Carlos (2003), "Administração de proximidade e o exercício da cidadania", *in A face oculta da Governança – Cidadania, Administração Pública e Sociedade*, Oeiras, INA.

236 *O financiamento das autarquias locais portuguesas*

Melo[250] reclama uma política de empatia para combate da apatia política que afecta a participação dos cidadãos. Baseando-se numa recolha documental sobre diversos países europeus e em alguns processos vividos na primeira pessoa, referentes ao reforço da participação activa dos cidadãos em diversos sectores da vida social e nos processos de decisão, afirma ser necessário combater a descrença e a hostilidade da população portuguesa perante a actividade política e os seus actores.

Segundo Melo, o 3.º Sector representa uma tradição de solidariedade que possui raízes profundas em Portugal e que embora por razões índole económica não tenha atingido a maturidade que se encontra em países do Norte da Europa, possui uma relação de proximidade e de afinidade com o cidadão. Uma outra explicação por ele dada para o atraso deste sector, reside no aparecimento após 25 de Abril de 1974, de inúmeras associações com expressão de cidadania activa mas que cedo foram instrumentalizadas partidariamente, gerando-se hostilidade por parte dos primeiros governos democráticos. Como solução, Melo defende a existência de uma lei-quadro relativa à sociedade civil organizada e a possibilidade de os cidadãos no momento de pagarem os seus impostos poderem destinar uma percentagem da colecta (entre 0,5% e 1%) para a constituição de um fundo de apoio à sociedade civil organizada.

Uma outra expressão de cidadania reside na previsão Constitucional do Direito de Acção Popular (aditada na revisão de 1997) e na publicação da respectiva Lei[251] que veio regulamentar aquele princípio e dar novo ênfase à participação cívica dos cidadãos, a par de outros instrumentos aditados na mesma revisão constitucional, como o referendo local.

Destaque-se naquela lei, a previsão de um núcleo de interesses protegidos (saúde pública, ambiente, qualidade de vida, protecção do consumo de bens e serviços, património cultural e o domínio público) que estabelece desde logo uma hierarquia no seio desses interesses. O dever de prévia audiência na preparação de planos ou

---

[250] MELO, Alberto (2003), "A participação dos cidadãos: contra a apatia política, uma política de empatia", *in A face oculta da Governança – Cidadania, Administração Pública e Sociedade*, Oeiras, INA.

[251] Lei n.º 83/95, de 31 de Agosto.

na localização ou realização de obras e investimentos públicos constitui outra inovação importante que aponta princípios programáticos que vamos encontrar por exemplo na Lei de Bases[252] do Ordenamento do Território. Princípios tais como o direito à informação (seja nas fases de planeamento, elaboração, aprovação, acompanhamento, execução ou avaliação dos planos) ou o direito de participação (reconhecido a todos os cidadãos e às associações representativas dos interesses económicos e sociais, culturais e ambientais) permitem uma ampla participação que se exerce através da formulação de sugestões, pedidos de esclarecimento ou intervindo já na fase de discussão pública que precede a aprovação. A administração pública, nos seus diversos níveis, tem vindo lentamente a democratizar-se, cumprindo-se um dos princípios constitucionais previstos no n.º 1 do artigo 6.º da C.R.P. [253] e permitindo a intervenção cidadã que a pouco e pouco substitui uma pericialidade que caracterizava a intervenção da administração publica e que lhe servia de refugio.

14.4 A descentralização dos serviços municipais

A descentralização constitui uma das formas de melhorar a eficiência das políticas públicas sendo portanto necessário avaliar o que se descentraliza e para quem se descentraliza. Nem sempre o debate em torno da descentralização se pautou por objectividade e sobretudo numa opinião sustentada em modelos previamente testados. O debate tem sobretudo ocorrido na cena política e os seus resultados estão à vista. Realizou-se um referendo que negou a criação de regiões administrativas mas no entanto estas permaneceram no texto Constitucional. O Governo (XV Governo Constitucional) colocou na agenda política a criação de novas áreas metropolitanas mas a reforma da divisão administrativa, tarefa politicamente sensível, permanece na gaveta. Insiste-se na criação de novos entes públicos como no passado se criaram freguesias em grande profusão, sem previamente definir o que se faz e a que nível deve ser feito. Uma

---

[252] Lei n.º 48/98, de 11 de Agosto.
[253] A descentralização democrática da Administração Pública.

questão que se coloca hoje em dia é a de saber quando termina a descentralização prevista no texto original da Constituição. Será que estamos permanentemente em descentralização ou existirá uma forma de sabermos se já descentralizamos o suficiente? Uma outra questão importante que merece esclarecimento é saber se as competências de qualquer nível da administração pública (incluindo o nível municipal) são intocáveis ou podem ser alteradas em função das circunstâncias?

Vejamos então o que se tem passado ao nível da provisão pública municipal.

Desde há muitos anos que tem vindo a registar-se a criação de associações de municípios e mais recentemente começaram a surgir empresas municipais ou intermunicipais envolvendo vários municípios. Já anteriormente abordamos[254] a sua natureza e os objectivos seguidos pela maioria destas empresas mas podemos acrescentar que a sua criação representa na prática o reconhecimento de que existe a necessidade do exercício das competências municipais a um nível supra municipal, onde estas adquirem maior eficiência. A nova legislação sobre áreas metropolitanas veio distinguir dois tipos de jurisdições supra municipais embora sem lhes dar a classificação de autarquias. Trata-se das GAM – Grandes Áreas Metropolitanas e as ComUrb – Comunidades Urbanas que passaram a ser constituídas voluntariamente pelos municípios, deixando de ser impostas administrativamente por lei.

Existem também competências que podem e devem ser exercidas a um nível infra municipal[255] onde identificámos sobretudo tarefas de manutenção de equipamentos públicos ou de informação ao cidadão. O legislador preocupou-se recentemente com a descentralização de competências municipais para as freguesias e exigiu transparência na sua oferta que deverá ser universal para todas, ser clara e transparente (reduzida a escrito, sob a forma de contrato) e na validação dessa descentralização obedecer a idênticas regras para as partes envolvidas devendo os contratos ser aprovados pelos respectivos órgãos deliberativos e publicados em Diário da Republica.

---

[254] Vide secções 2.3.2 a 2.3.4.
[255] Ver o capítulo XII.

A qualidade e a transparência da administração local 239

Gore[256] afirma que "todos conhecem a verdade: a gestão, com excessiva frequência, está contente consigo própria e alheada do que ocorre tanto na repartição como em campo. De facto são as pessoas que trabalham mais perto dos problemas que melhor sabem resolvê-los".

Do que se trata não é de descentralizar os serviços mas sim de fortalecer a administração descentralizando o poder de decisão.

14.5 O relançamento do Conselho Municipal

Melo[257] considera que ao nível do Poder Local são necessárias iniciativas que garantam a sustentabilidade e o fomento de parcerias com as organizações de cidadãos e recomenda que para reforço da democracia local se dê corpo e vida própria aos Conselhos Municipais. Estes tinham estado quase ausentes da vida política local e tal como tinham aparecido, assim desapareceram discretamente (sem que Melo disso se tivesse apercebido) com a publicação do terceiro regime de atribuições e competências das autarquias locais[258].

Para Melo as potencialidades dos Conselhos Municipais nunca foram exploradas porque de facto as competências[259] do Conselho Municipal eram muito limitadas para o espaço institucional de debate que se pretendia para a sociedade civil. Tinham assento no Conselho Municipal, os representantes das organizações económicas, sociais, culturais e profissionais cujos fins fossem conformes à Constituição e que tivessem sede na circunscrição municipal ou nela exercessem actividade e ainda representantes dos trabalhadores dos serviços municipais. A instalação deste órgão consultivo era mesmo facultativa e a sua composição variava de município para município.

Qual poderia ser a utilidade do Conselho Municipal no diálogo com a sociedade? Poderia este conselho abreviar algumas formalidades de consulta pública se nele estivesse representado o 3.º sector de

---

[256] GORE, Al (1996), *Da burocracia à eficácia – reinventar a administração pública*, relatório sobre o estado da administração pública americana e as opções fundamentais para a sua reforma, Lisboa, Quetzal Editores.

[257] Idem, ibidem p. 108 e 109.

[258] Lei 169/99, de 18 de Setembro.

[259] Artigo 66.º do DL n.º 100/84, de 29 de Março.

240 *O financiamento das autarquias locais portuguesas*

que nos fala Melo ou se nele estiverem presentes as associações de consumidores ou ainda se nele estivessem presentes as associações de moradores? Tomemos o exemplo das reacções anti-globalização que hoje testemunhamos pela televisão sempre que se realiza uma cimeira dos países mais industrializados. Não são elas próprias um aviso de que apesar do sucesso económico, existe um insucesso social. Não são as manifestações de contestação um sinal de que a função de redistribuição não está a funcionar como devia, isto já para não falar da função de estabilização. Ao nível municipal essas tensões também existem e necessitam de um "para raios" que permita descarregá-las antes que atinjam um nível socialmente perigoso.

14.6 Uma democracia de proximidade

Pierre Mauroy, encarregado pelo Governo de Lionel Jospin de avaliar o futuro da descentralização e de prever a sua evolução, reuniu um conjunto de 154 propostas de reforma[260]. Destas, consta uma proposta com vista a criar uma democracia de proximidade assente numa malha mais fina de gestão. Mauroy propõe para os municípios com mais de 20.000 eleitores, a criação de conselhos de Bairro.

Falta em França o nível autárquico da freguesia, que Portugal tem, mas não aproveita adequadamente. Reconhece-se que entre uma freguesia rural, pequena e isolada e uma outra urbana e muito populosa, pouco existe em comum, mas o certo é que se regem pelas mesmas competências. Isto é, o legislador não soube distinguir estas duas realidades e criar regimes adaptados a cada uma. A descentralização parece apenas considerar a provisão supramunicipal mas será que existem orientações para a reforma da Administração?

Rocha[261] tenta prever o futuro da Governação Local e considera que a substituição do modelo burocrático das organizações públicas

---

[260] MAUROY, Pierre (2000), *Refonder l´action publique locale*, Paris, La documentation Française.

[261] ROCHA, J.A. Oliveira (2000), "O futuro da governação local", *in Economia Pública Regional e Local, Actas do 1.º Encontro Ibérico APDR – AECR*, Coimbra, APDR, p. 59.

A qualidade e a transparência da administração local   241

pelo "New Public Management", característico das organizações empresariais, baseado na descentralização, na delegação de competências e na separação entre política e administração, já não responde às solicitações dos clientes ou consumidores dos serviços públicos. O modelo managerial tendo-se mostrado inadequado para resolver os problemas da administração pública, foi substituído pelo conceito de governação.

Segundo Rocha, a governação não se preocupa com a implementação das políticas públicas e com os seus resultados mas negoceia num processo não racional e não hierárquico de decisão. Consiste em gerir ambientes complexos em que a dominação não é possível e as interdependências são múltiplas e complexas como se de redes (*"networks"*) se tratassem. O importante é pois a mobilização das pessoas e a constituição de coligações.

Giddens referindo-se às limitações dos sistemas democrático--liberais afirma que a democracia representativa significa o poder exercido por grupos afastados do eleitor comum, muitas vezes influenciados por interesses político-partidários mesquinhos. Giddens[262] preconiza a democracia dialógica que gere formas de intercâmbio social susceptíveis de contribuir decisivamente para a solidariedade social, que não se preocupe com direitos ou representação de interesses mas que promova o *cosmopolitismo cultural* estabelecendo ligação entre a autonomia e a solidariedade.

Ora a autonomia é precisamente uma das características básicas do Poder Local.

Para Habermas[263] a concepção liberal do processo democrático consiste em programar o Estado no interesse da sociedade. Porém uma concepção republicana da política não se reduz a uma função de mediação, ela deve constituir um processo de socialização global no qual os membros das comunidades se dão conta da sua dependência recíproca e desenvolvem voluntariamente e conscientemente uma associação de sujeitos livres e iguais. A solidariedade aparece assim como uma terceira força de integração social a par do Estado e

---

[262] GIDDENS, Anthony (1997), *Para além da esquerda e da direita: o futuro da política radical*, Oeiras, Celta, p 98.

[263] HABERMAS, Jürgen (1998), *L´intégration républicaine*, Fayard, p.258.

da Sociedade (com interesses privados nela representados) funcionando em mercado.

Mozzicafreddo[264] pronunciando-se sobre o Estado providência e a cidadania em Portugal escreve: *"No funcionamento do sistema político, as acções políticas e institucionais actuam sobre as estruturas sociais em consequência de diversos factores. Num primeiro nível, importa considerar que as políticas sociais e o enquadramento normativo das relações laborais intervêm, seja como resultado funcional das estratégias dos agentes económicos e políticos, seja como respostas à mobilização social, seja ainda como instrumentos de modificação das relações de mercado e da lógica de industrialização. Num segundo nível, a escolha pública das orientações governativas – os procedimentos eleitorais – e a legitimidade da acção colectiva são igualmente instrumentos de modificação das estruturas sociais. Nas relações de mercado, os recursos económicos (desigualmente distribuídos) formam a base do poder e da lógica de funcionamento das relações industriais. Nos sistemas democráticos, os principais recursos de poder (igualmente distribuídos) são o direito de voto e o direito à acção colectiva. A tensão e a conflitualidade entre a desigualdade de recursos face ao mercado e a igualdade no exercício da cidadania reflectem-se no desenvolvimento dos direitos sociais e na estrutura política do Estado-Providência".*

Muitas soluções são possíveis mas nenhuma tem condições para avançar se não for assumida politicamente e Melo tem razão quando reclama um enquadramento para o 3.º sector que tenha em consideração a sua heterogeneidade mas tem de existir uma visão estratégica para o número e dimensão das autarquias que o mesmo é dizer, para a **divisão administrativa**. A questão de base está em saber que **tipo de provisão autárquica** pretendemos, para ser então serem explicitados os níveis em que esta deva vir a ocorrer. Não se vislumbra qualquer sinal no sentido de determinar com objectividade, quer uma, quer a outra.

---

[264] MOZZICAFREDDO, Juan, (2000), *Estado-Providência e cidadania em Portugal*, Oeiras, Celta, p. 190.

15. O CONTROLO DE LEGALIDADE E DE GESTÃO NAS AUTARQUIAS LOCAIS

De acordo com o texto constitucional a tutela do governo sobre as autarquias locais é de mera legalidade,[265] encontrando-se hoje o poder sancionatório plenamente jurisdicionalizado[266]. O controlo de legalidade das autarquias locais é importante para a transparência do seu funcionamento, assumindo um papel importante para a credibilização destas entidades e da provisão pública.

O controlo de gestão não é menos importante do que o controlo de legalidade, pois cabe-lhe avaliar a qualidade da gestão autárquica. A este propósito Michel Bouvier[267] afirma que *"o processo de mudança em curso nas nossas autarquias deve conduzir à substituição de uma cultura administrativa tradicional, assente em procedimentos que visam assegurar predominantemente equilíbrios e controlos formais, por uma cultura de mercado"*. Vejamos pois em que consistem estes dois controlos.

15.1 O controlo de legalidade

Os poderes de tutela sobre as autarquias locais são exercidos pelo Governo nos termos da alínea d) do artigo 199.º da CRP. Esta tutela exerce-se através da realização de inspecções, inquéritos e

---

[265] Art. 242.º da CRP

[266] Lei 27/96, de 1 de Agosto, Regime Jurídico da Tutela Administrativa a que ficam sujeitas as Autarquias Locais e entidades equiparadas.

[267] BOUVIER, Michel (1993), *Les Finances Locales*, Système, p.11.

244   *O financiamento das autarquias locais portuguesas*

sindicâncias levadas a efeito pelas Inspecções da Administração do Território[268] e das Finanças[269].

A relação do Poder Central com o Poder Local não tem sido fácil e sempre que são detectadas irregularidades ou ilegalidades, os eleitos locais exibem a sua legitimidade democrática face à legitimidade procedimental de quem os fiscaliza.

Ruivo[270] fala de um Estado labiríntico e de um poder relacional entre o Poder Central e o Poder Local em Portugal, caracterizado por uma dimensão simbólica decorrente da prática de rede relacional informal no universo político nacional. No seu entender, a activação de redes para a obtenção de respostas do sistema político-administrativo conduziria ao enfraquecimento da capacidade de organização colectiva, referindo como exemplo o modelo de relacionamento da Associação Nacional dos Municípios Portugueses, cuja lógica não seria a de poder relacional, mas de grupo de interesses organizado e de pressão formal e oficial.

Um exemplo do que afirma Ruivo, está patente na presença autárquica na Assembleia da República que vem influenciando a legislação que dela emana. Com efeito, é sabido que é permitida a acumulação dos mandatos de Presidente de Câmara e de Deputado, embora o seu exercício simultâneo não seja possível (por força de incompatibilidade). Esta acumulação, foi entretanto limitada[271] a 180 dias no Estatuto do Deputado[272] após o incidente do "queijo limiano", verificado em Novembro 2000[273]. Foi necessário ter-se criado uma

---

[268] Vide DL n.º 64/87, de 6 de Fevereiro (Lei orgânica).

[269] Vide DL n.º 249/98, de 11 de Agosto (Lei orgânica).

[270] RUIVO, Fernando (2000), *O Estado labiríntico – O poder relacional entre poderes local e central em Portugal*, Porto, Edições afrontamento, p.257.

[271] Através da Lei n.º 3/2001, de 23 de Fevereiro.

[272] Vide n.º 2 do artigo 5.º da Lei n.º 7/93, de 1 de Março (Estatuto do Deputado)

[273] Na edição do Semanário "Expresso" de 04.11.2000 escrevia-se:

"FRANCISCO Araújo, presidente social-democrata da Câmara Municipal de Arcos de Valdevez, deveria estar ao lado de Daniel Campelo – o «homem do queijo limiano» – na hora da votação do Orçamento de Estado para 2001. A ideia inicial da Associação de Municípios de Vale do Lima era que os dois autarcas/deputados votassem favoravelmente as contas do Estado. Mas o edil social-democrata decidiu respeitar a disciplina partidária, contrariamente ao seu homólogo de Ponte de Lima. «Isto era para ser feito a dois», confirmou ao EXPRESSO Daniel Campelo"

A qualidade e a transparência da administração local   245

flagrante situação de promiscuidade entre a função legislativa e a função municipal para o legislador se sentir compelido a fazer qualquer alteração ao regime de incompatibilidades vigente, tendo no entanto o cuidado de evitar que esta fosse drástica. No contexto do controlo de legalidade apresentam-se alguns casos que ilustram bem a situação:

O regime de incompatibilidades dos titulares de cargos políticos e altos cargos públicos sucessivas vezes alterado[274] ao abrigo de iniciativas destinadas a melhorar a transparência da actividade política é hoje menos exigente para um eleito local do que o é, para um Director ou um Subdirector Geral. Ao longo das sucessivas alterações ao regime de incompatibilidades, a pressão do *"lobby"* autárquico na Assembleia da Republica conduziu à repristinação do artigo 6.º da Lei 64/93, de 24 de Agosto (Regime das incompatibilidades e impedimentos dos titulares de cargos políticos e altos cargos públicos) permitindo aos Presidentes e vereadores, a tempo inteiro ou parcial, exercerem em acumulação quaisquer actividades desde que as comuniquem ao Tribunal Constitucional e à respectiva Assembleia Municipal. Em contraste, todos os altos cargos públicos e cargos políticos (com excepção do cargo de deputado) estão abrangidos por um regime de exclusividade no exercício dos respectivos cargos.

A **concessão de benefícios sociais aos funcionários** das autarquias é outro exemplo da influência do poder autárquico junto da Assembleia da República. Alguns municípios efectuavam transferências a favor de entidades que promoviam o "bem estar" dos funcionários da autarquia. O Tribunal de Contas detectou a situação e considerou ilegal tal prática, porque que se traduzia na concessão ilegal de benefícios sem que existisse habilitação legal, como é apanágio em direito público. Acresce que esta situação criava um elemento de desigualdade entre os funcionários públicos. Os diversos acórdãos do Tribunal de Contas referentes às contas de gerência das autarquias locais apontavam para a reposição das importâncias despendidas. A solução encontrada pela Assembleia da República, foi a de aprovar uma alteração legislativa que tornou tal prática legal e permitir que esta alteração agisse retroactivamente "legalizando"

---

[274] Alterado 4 vezes entre 1994 e 1996 e mais recentemente em 1998.

246   *O financiamento das autarquias locais portuguesas*

todos os casos anteriores[275]. A Assembleia República abrira um precedente perigoso e em nome da equidade, fica obrigada ao branqueamento de qualquer futura ilegalidade.

O terceiro exemplo, é o próprio **incidente do "queijo limiano"** corolário da influência do *lobby* autárquico sobre a Assembleia da República. Verificou-se que um Presidente de Câmara assumiu funções de deputado temporariamente e negociou com o governo (que se encontrava em minoria no Parlamento) a aprovação do Orçamento do Estado para 2000 a troco de contrapartidas concretas no PIDDAC[276] em matéria de vias de comunicação, posto o que regressou às suas funções autárquicas.

E se estes três exemplos atestam bem o poder que o *lobby* autárquico detém, o que pensam os cidadãos eleitores sobre a observância da lei e o controlo da legalidade?

São eles acima de todos os mais interessados no cumprimento da legalidade pois são eles os destinatários da provisão pública municipal. Em geral, verifica-se uma certa indiferença quando em resultado das acções inspectivas, são descobertas irregularidades importantes num qualquer município. Surpreendentemente, a reacção das populações locais é muitas vezes hostil a esta actividade do poder central[277] de quem desconfiam porque não lhe conhecem o rosto e está distante, preferindo mostrar solidariedade para com quem convive com eles diariamente e lhes resolve os problemas.

Por este motivo, por não ter recuo suficiente sobre a realidade, a fiscalização não pode nem deve assentar unicamente numa base local (a fiscalização do órgão deliberativo) mas tem de ser exercida a um nível supra municipal (central ou outro que venha a existir) permitindo-lhe ter um recuo sobre o "meio ambiente" e manter imunidade às pressões locais que são muito fortes e envolventes.

Ruivo[278] refere-se a este fenómeno afirmando que *"o embricamento do actor político no território tem reflexos na forma como se produz o fenómeno político a nível local. É que este nível traduz*

---

[275] Vide alínea e) do n.º 4 do artigo 53.º e alínea o) e p) do n.º 1 do artigo 64.º e artigo 101.º, todos da Lei 169/99, de 18 de Setembro.

[276] Plano de Investimento e Desenvolvimento da Administração Central.

[277] Veja-se o caso de Ponte de Lima e de Felgueiras.

[278] Idem, ibidem p. 202.

A qualidade e a transparência da administração local　247

para uma linguagem própria as clivagens nacionais, quer de índole social, quer partidárias. O reprocessamento destas clivagens não permite uma leitura uniforme do político".

Segundo ele, outros elementos intervêm organizando-se e procurando satisfação dos seus objectivos, relacionando-se com as forças partidárias, podendo fazer eco de tais objectivos. A leitura dos factos deve ser assim de índole político-relacional e não político-partidária, já que o que se verifica não é a adesão a determinado ideário político, mas a procura de "alavancas" de satisfação de interesses.

15.1.1 *O controlo* ex-ante

O controlo *ex-ante* pode ser entendido como de fiscalização prévia à execução dos actos de gestão. O poder de fiscalização prévia sobre as autarquias locais cabe ao Tribunal de Contas no âmbito da verificação dos actos, contratos e outros instrumentos geradores de despesa ou representativos de responsabilidades financeiras directas e indirectas, tipificados na lei, verificando se estão conformes com as leis em vigor e se os respectivos encargos têm cabimento em dotação orçamental própria.

Igualmente estão abrangidas pela fiscalização as obrigações gerais e todos os actos de que resulte aumento da dívida pública das autarquias, os actos que modifiquem as condições gerais de empréstimos visados ou dos contratos reduzidos a escrito de obras públicas, a aquisição de bens e serviços ou outras aquisições patrimoniais que impliquem despesa e as minutas de contratos de qualquer valor que venham a celebrar-se por escritura pública, cujos encargos tenham de ser satisfeitos no acto da sua celebração.

A legislação autárquica é muito clara quando refere[279] que a fiscalização dos órgãos deliberativos sobre os órgãos executivos é posterior à prática dos respectivos actos administrativos. O controlo que o Presidente do executivo exerce sobre os serviços[280], impede outros actores, nomeadamente os vereadores que não possuem fun-

---

[279] Vide artigos 17.º n.º 3 e 53.º n.º 5 da Lei 169/99, de 18 de Setembro.
[280] Vide artigo 72.º da Lei 169/99, de 18 de Setembro.

248   *O financiamento das autarquias locais portuguesas*

ções distribuídas, de se inteirarem directamente junto dos serviços dos assuntos de intendendência. Claramente o legislador quis afastar a possibilidade de uma fiscalização *ex-ante*, exceptuada aquela que é realizada pelo Tribunal de Contas. Temos dúvidas sobre a vantagem de tal solução, que certamente em devido tempo foi justificada pela vantagem de não perturbar os serviços na execução mas que hoje já não faz sentido, face ao progresso tecnológico que permite ter acesso às bases de dados para simples leitura ou a sistemas de *Workflow* ou contabilísticos, sem que tal perturbe a gestão.

15.1.2 *O controlo* on-going

O controlo *on-going* nas autarquias locais pode ser efectuado internamente pela autarquia ou externamente por qualquer das entidades com poderes de fiscalização sobre elas ou sobre as entidades a elas equiparadas.

Bravo e Sá[281] consideram que no plano interno, a introdução do POCAL vai conduzir a profundas alterações no controlo orçamental. O Sistema de Controlo Interno[282] uma vez montado adequadamente permitirá fornecer informação em tempo real que possibilitará a introdução de medidas correctivas na execução.

O Tribunal de Contas exerce uma fiscalização externa a que se chama de concomitante e que consiste em acompanhar a execução de actos, contratos, orçamentos, programas e projectos e em geral da actividade financeira desenvolvida antes do encerramento da respectiva gerência. Este tipo de controlo não é muito vulgar e ocorre por amostragem ou em casos em que existam fundadas suspeitas de irregularidades.

As Inspecções Gerais da Administração do Território e das Finanças realizam também acções inspectivas no decurso da execução, correspondendo muitas vezes a situações de denúncia de ilegalidades formuladas pela oposição ou por cidadãos, estando atribuída ao Ministério Público a direcção da investigação criminal.

---

[281] BRAVO, Ana Bela Santos e Jorge Vasconcelos e Sá (2000), *Autarquias Locais, Descentralização e melhor gestão*, Lisboa, Verbo, p. 51.
[282] Vide sub capítulo 15.3.3.

A *qualidade e a transparência da administração local* 249

No capítulo anterior, verificou-se que a tendência actual em termos de reforma da Administração Pública vai no sentido do *empowerment* do cidadão, concedendo-lhe direito de intervir durante a execução e até de quase co-decidir sobre as questões mais relevantes para a vida local[283] pelo que falta adaptar a legislação no sentido do controlo também acompanhar os novos tempos.

15.1.3 *O controlo* ex-post

O controlo *ex-post* cabe exclusivamente ao Tribunal de Contas no âmbito da fiscalização sucessiva ou à *posteriori,* depois de terminado o exercício ou a gerência e elaboradas as contas anuais. Estes poderes consistem na realização de auditorias de qualquer tipo ou natureza sobre a legalidade, a boa gestão financeira e os sistemas de controlo interno, tendo por base determinados actos, procedimentos, aspectos parcelares da gestão financeira ou a sua globalidade.

As Inspecções Gerais da Administração do Território e das Finanças podem igualmente realizar acções inspectivas posteriormente à execução, porém não possuem os poderes do Tribunal de Contas de reintegração patrimonial. Este tipo de controlo deve estar intimamente ligado à avaliação e formação pois sem estas, o próprio controlo *ex-post* não fará sentido.

Tradicionalmente dominada pelo direito, fonte principal da sua legitimidade, a Administração Pública sempre olhou com desconfiança para a avaliação de desempenho, preferindo os controlos formais de legalidade. Esta avaliação da legalidade, muitas vezes patente nos numerosos relatórios das acções inspectivas apontou muitas vezes irregularidades sem que estas afectassem a eficácia da gestão, nem tão pouco lesassem o erário público, pela significância dos valores envolvidos. Os relatórios mostraram-se muitas vezes incapazes de destrinçar entre o que era relevante e o que embora irregular não merecia a atenção do avaliador. O resultado traduziu-se numa excessiva dispersão do avaliador e na falta de eficácia da avaliação. Por exemplo, numa determinada inspecção à Câmara de Ponte de

---

[283] O referendo local é disso uma prova.

250   *O financiamento das autarquias locais portuguesas*

Lima, o inspector visitante mencionava como irregularidade o pagamento de um prémio pecuniário de cinco mil escudos num concurso de fotografia promovido por aquela autarquia, a um concorrente que habitava num município vizinho e que portanto não se encontrava abrangido territorialmente por esta. Ou ainda no caso de uma inspecção à câmara de Vila Viçosa em que no rol das irregularidades figurava o facto de a esposa do presidente fornecer croquetes para bar da piscina municipal, sem que tivesse existido concurso para tal fornecimento.

Em síntese, pode-se afirmar que a excessiva rigidez na apreciação da legalidade é em parte responsável pela descredibilização das acções inspectivas, bem como o seu excessivo secretismo, não obstante os esforços de divulgação dos resultados finais. A ausência de acções de formação, associadas às conclusões das acções inspectivas são factores adicionais que contribuem para que estas acções sejam interpretadas segundo uma lógica policial e não como acções preventivas e pedagógicas, destinadas a melhorar a qualidade da Administração.

15.2 O controlo de gestão

Chevallier[284] considera o controlo de gestão como um dos instrumentos de racionalização das escolhas que não se assemelha aos controlos clássicos, porque integrado na gestão, este controlo é um instrumento de medida dos desvios entre o que se atingiu e o que se esperava atingir e cujo objectivo não é a sanção mas a reorientação da acção. Esta formulação quase que resume o que se acabou de referir na secção anterior.

Bravo e Sá[285] referindo-se ao tipo de controlo existente sobre as autarquias locais afirmam que *"este incide apenas sobre o cumprimento normas administrativas e financeiras enunciadas na legislação e não se a execução foi eficiente em termos económicos ou se cumpriu os objectivos fixados"*.

---

[284] CHEVALLIER, Jacques (1994), *Science Administrative*, Paris, Presses Universitaires de France.

[285] Idem, ibidem p. 52.

A qualidade e a transparência da administração local 251

Caupers[286] afirma que predomina ainda hoje na Europa continental uma concepção dominante em que os actos administrativos, os contratos e os regulamentos assumem uma importância muito superior às actuações materiais. *"É como se a administração pública se escondesse por detrás da cortina do direito administrativo"*.

15.2.1 *O controlo interno*

Podemos denominar o controlo interno de gestão como aquele que é exercido pela própria autarquia e que se destina a avaliar a eficiência da sua actuação e a eficácia das políticas que implementa. No caso concreto do município, **o primeiro controlo** é desde logo **exercido no próprio órgão executivo,** pelos seus membros, quer detenham pelouros ou sejam vereadores na oposição. No entanto, verifica-se existir dificuldades no funcionamento desse mesmo controlo, dado que o Presidente do executivo exerce um poder absoluto sobre a estrutura administrativa e que dela apenas sai a informação que este permite que seja fornecida. Dito isto, este primeiro controlo não pode ser considerado fiável, porque não dispõe de independência.

Em segunda linha, existe **o controlo realizado pelo órgão deliberativo**[287] que no caso de um município é a respectiva Assembleia Municipal. Todavia os poderes de que dispõe o órgão deliberativo são relativamente modestos para a amplitude da gestão municipal, já que a fiscalização é casuística e posterior à prática dos respectivos actos. A Assembleia pode constituir delegações, comissões ou grupos de trabalho destinados ao estudo dos problemas relacionados com as atribuições da autarquia, porém sem interferência no funcionamento e na actividade normal da câmara. Não estamos na presença de uma mera separação de poderes entre o órgão executivo e o órgão deliberativo. Trata-se de uma verdadeira blindagem estabelecida pelo legislador para que nenhuma ingerência perturbe o executivo. Em termos práticos, este controlo é virtualmente inexistente.

---

[286] CAUPERS, João (2002), *Introdução à ciência da administração pública*, Lisboa, Ancora Editora, p. 141.

[287] Ver artigos 17.º e 53.º do DL 169/99 de 18 de Setembro, respectivamente para a Assembleia de Freguesia e Assembleia Municipal.

252   *O financiamento das autarquias locais portuguesas*

O terceiro tipo de controlo interno é realizado pelos próprios serviços da autarquia. Designado genericamente por **Sistema de Controlo Interno**, destina-se a assegurar o desenvolvimento das actividades de forma ordenada e eficiente. Falaremos deste sistema detalhadamente mais à frente, ficando desde já a constatação de que também ele depende do Presidente de executivo. Em suma, pode-se afirmar que não existe um sistema de controlo independente em relação ao executivo, pelo que as informações que dele são obtidas são as que o executivo consente que sejam divulgadas, valendo pouco em termos da sua credibilidade para quem está interessado em fiscalizar.

15.2.2 *O controlo externo*

O controlo externo de gestão é aquele que é exercido através de entidades exteriores à autarquia. De entre estas entidades temos a Direcção Geral das Autarquias Locais, vocacionada para um acompanhamento da execução orçamental[288] através das contas de gerência que lhe são remetidas pelas autarquias. Destaca-se igualmente o controlo do endividamento e dos seus limites legais, bem como a monitorização sobre a evolução dos encargos com pessoal que possui limites máximos legais. Uma outra entidade externa que se ocupa da execução orçamental das autarquias locais é o Banco de Portugal que igualmente acompanha o endividamento autárquico. O Instituto Nacional de Estatística também intervém, recolhendo numerosos dados sobre a actividade autárquica, como por exemplo, o número de licenças de construção ou de utilização emitidas, a articulação das contas dos executivos autárquicos com os restantes subsectores da administração pública ou ainda a classificação por funções da despesa. O Ministério da Educação acompanha a actividade autárquica no domínio da escolaridade obrigatória, quer seja na vertente dos apoios sociais aos alunos, quer se situe no domínio das infra-estruturas desportivas com relação com o desporto escolar. Em suma, o acompanhamento sectorial da actividade autárquica encontra-se presente em quase todos os domínios da sua actividade.

---

[288] Vide Lei de Finanças Locais, Lei 42/98, de 6 de Agosto.

O controlo externo pode igualmente ser assegurado por auditorias externas aos serviços. Esta modalidade tem a vantagem de apresentar independência em relação à entidade auditada mas apresenta como inconveniente o facto de ser muitas vezes realizada por empresas pouco conhecedoras em geral, do funcionamento da Administração Pública e portanto ignorando os circuitos legais e os procedimentos dos organismos da administração.

Não obstante todos os controlos externos, o controlo mais eficaz é o da cidadania. Este controlo necessita no entanto de ser estimulado como refere Melo[289]. Embora os "média" exerçam já um controlo muito apertado sobre a gestão pública, o certo é que as relações entre estes e as autarquias também estão longe de ser transparentes. Com o aproximar das eleições é frequente o aparecimento de cadernos regionais com publicidade institucional das autarquias acompanhada de publicidade de empreiteiros ou fornecedores de bens e serviços destas. Os órgãos de comunicação social são hoje propriedade de grupos económicos que têm interesses difusos em múltiplas áreas nomeadamente no imobiliário, sector com o qual as autarquias se relacionam em permanência. É fácil de entender que o controlo externo pode e deve ser feito pelo cidadão individualmente ou associado. A preocupação de Melo[290] com o enquadramento do 3.º sector, faz cada vez mais sentido.

15.2.3 O Sistema de Controlo Interno

Bilhim[291] considera a propósito dos sistemas de controlo nas organizações que *"os sistemas de controlo são semelhantes às regras, de maneira que, também eles, são impostos aos empregados com o propósito de garantir o seu cumprimento. As regras podem ser consideradas como standards de comportamento, mas também os meios de observação do seu cumprimento e os meios de correcção de possíveis erros".*

---

[289] Idem, ibidem p. 109.
[290] Idem, ibidem p. 106.
[291] BILHIM, João Abreu de Faria (2001), *Teoria Organizacional – Estruturas e Pessoas*, Instituto Superior de Ciências Sociais e Políticas, Universidade Técnica de Lisboa, p. 220.

O Sistema de Controlo Interno surge com o POCAL[292] e tem por objectivo criar um conjunto de procedimentos internos nos serviços que permitam prevenir e detectar situações de fraude, erro, inexactidão e quebra de integridade dos registos e assegurar a preparação oportuna de informação fiável. O Sistema de Controlo estabelece regras sobre as políticas, os métodos, os procedimentos de controlo e os planos de organização. O Sistema intervém na salvaguarda da legalidade e regularidade dos documentos previsionais, das demonstrações financeiras mas também na certificação do cumprimento das deliberações dos órgãos e das decisões dos respectivos titulares. O sistema visa igualmente a salvaguarda do património ou a aprovação e controlo dos documentos numa perspectiva de incremento da eficiência das operações, garantindo a correcta utilização dos fundos e o cumprimento dos limites legais na assunção de encargos. Com os sistema, desenvolve-se também a utilização de meios informáticos para o controlo das operações e de todo o ambiente informático, carecendo então da definição de níveis de responsabilidade dos funcionários e dos agentes.

Freire[293] afirma que o controlo de gestão permite avaliar o desempenho da empresa, determinar as suas insuficiências de gestão e identificar vias para melhorar a sua performance. As autarquias locais já usam métodos de trabalho emprestados pelo mundo empresarial, como é o caso da contabilidade patrimonial que substituiu a contabilidade orçamental mas o grande desafio será o de adquirirem uma cultura de gestão empresarial mantendo contudo os objectivos de serviço público e a transparência da sua gestão, condição indispensável para escolhas públicas esclarecidas. A transparência dos orçamentos viu a sua importância reconhecida em documento da OCDE[294], elaborado em 1999.

---

[292] Plano Oficial de Contabilidade das Autarquias Locais, aprovado pelo DL n.º 54//99, de 22 de Fevereiro.

[293] FREIRE, Adriano (1997), *Estratégia, sucesso em Portugal*, Verbo, p. 519.

[294] OECD (1999), Best practices for budget transparency, Paris, OCDE.

15.3 A responsabilidade dos eleitos e as acções de controlo

Todos os dias somos confrontados nos *média* com notícias de irregularidades em diversos organismos públicos. Há quem defenda que a magra retribuição para elevadas responsabilidades, será a causa deste mal. Em contrapartida, outros dirão que a culpa é do sistema que deveria controlar e não o faz e como diz o ditado "a ocasião faz o ladrão". Talvez tenham um pouco razão, mas também é verdade que com tanta legislação dispersa, permanentemente a mudar, se criam condições que incentivam ao seu incumprimento. Ou poderíamos dizer simplesmente que o português é avesso ao cumprimento de regras que reclama incessantemente para os outros, com a condição de a ele não se lhe aplicarem. Mas então a melhor abordagem para este problema deverá consistir na interrogação, porque motivo interessa o cumprimento da lei?

A primeira razão que nos ocorre é a **equidade de tratamento** que é devida a qualquer cidadão em igualdade de circunstâncias. O não cumprimento das obrigações de uns implica necessariamente a sobrecarga de outros e portanto por uma questão de justiça, o cumprimento da lei parece recomendável.

Um segundo motivo reside no **sistema representativo** que caracteriza as democracias modernas. Ao elegermos representantes para o parlamento ou para uma autarquia delegamos nesses representantes a resolução dos nossos problemas e colocamos expectativas sobre o seu trabalho. Em troca, estes apresentam-nos programas eleitorais que consubstanciam políticas de intervenção nos diversos domínios ou propostas concretas de actuação, a que são associadas propostas orçamentais. No âmbito das escolhas que fazemos ao votar neste ou naquele candidato pronunciamo-nos sobre estas propostas, pelo que uma vez terminada a eleição é fundamental o respeito pelo "contrato" assumido com o eleitorado. Neste contexto é necessário não confundir responsabilidade política, que é avaliada em eleições, com a responsabilidade civil pela prática de ilegalidades que é avaliada judicialmente.

15.3.1 *Acções inspectivas ou acções de formação*

As acções inspectivas são frequentemente associadas a uma actividade policial quer pelos autarcas em geral, quer pelo público, que apenas retém os aspectos negativos transcritos nos relatórios. Por outro lado, a pericialidade ou melhor dizendo a linguagem técnica utilizada nos relatórios não facilita a compreensão dos problemas, o que tem como consequência o desinteresse e o desconhecimento da realidade autárquica.

No vizinho Reino de Espanha a estrutura orgânica do Ministério que tutela as autarquias locais associa a função inspectiva com a função de formação correspondendo a cada uma a categoria de Subdirecção Geral dentro da mesma Direcção Geral. Este desenho organizacional é interessante pelo facto de evidenciar o entendimento que estas duas funções são complementares e devem intervir programadamente uma após a outra. Não basta detectar as situações irregulares é necessário proceder às correcções.

É frequente as irregularidades detectadas se ficarem a dever a um deficiente desenho da estrutura organizacional da autarquia ou ainda a carências de preparação dos funcionários para as muito variadas e cada vez mais complexas tarefas que lhes são exigidas. As correcções não devem tardar após a realização de uma acção inspectiva porque contribuem para motivar os funcionários e obter a sua adesão para a implementação das soluções. Por outro lado, dada a pequena dimensão das autarquias portuguesas estas raramente têm capacidade de promover a qualificação dos seus funcionários. A formação técnica adquire assim um papel primordial para a melhoria da gestão autárquica que deve ser realizada preferencialmente no local, inserindo-se o mais possível nas funções desempenhadas diariamente pelos serviços. Neste contexto, a cooperação técnica da administração central continua ainda hoje (apesar dos progressos técnicos verificados nos últimos anos) a ser indispensável.

15.3.2 *A função inspectiva e a auditoria externa*

A capacidade para inspeccionar as autarquias locais é relativamente reduzida tendo presente os recursos das entidades com competência para o fazer. De facto, o número de autarquias existentes e

A qualidade e a transparência da administração local 257

a duração de que se reveste cada acção inspectiva (várias semanas) tornam difícil inspeccionar a generalidade das autarquias no decurso do mandato autárquico de quatro anos.

A solução parece residir na contratação externa de empresas de auditoria previamente qualificadas para a realização destas acções inspectivas. Esta modalidade também denominada de *contracting out*.[295] tem já precedentes na administração pública citando-se o caso das auditorias do Tribunal Constitucional à contabilidade dos partidos políticos.

Após o aditamento do artigo 52-A.º à Lei n.º 169/99, de 18 de Setembro, introduzido pela Lei n.º 5-A/2002, de 11 de Janeiro, as Assembleias Municipais ganharam independência em relação aos executivos. O orçamento da autarquia passou a conter uma subdivisão orgânica reservada à Assembleia Municipal que lhe permite dispor de um orçamento privativo que poderá ser utilizado para contratar bens e serviços necessários ao seu funcionamento. A Assembleia Municipal passou a dispor de condições para exercer com independência a sua actividade de fiscalização do executivo.

15.3.3 *Accountability* ou responsabilidade pelos resultados

De acordo com o glossário dos principais termos referentes à avaliação e à gestão centrada nos resultados, utilizado pela OCDE[296], *accountability* significa a obrigação de demonstrar que o trabalho foi executado de acordo com as regras estabelecidas ou de declarar de forma precisa e imparcial, os resultados obtidos quando comparados com as funções ou objectivos fixados.

Mozzicafreddo[297] distingue no sistema administrativo, três níveis de responsabilidade, uma **dimensão organizacional** que abrange o funcionamento do sistema e a prestação de contas, uma **dimensão**

---

[295] Abordada detalhadamente na secção 10.5.

[296] OCDE, (2002), Glossary of key Terms in Evaluation and Results Based Management, Paris

[297] MOZZICAFREDDO, Juan, João Salis Gomes e João S. Batista (org.) (2003), "A responsabilidade e a cidadania na administração pública", in *Ética e Administração – Como modernizar os serviços públicos?*, Oeiras, Celta, p. 2.

institucional, entendida como de responsabilidade política e administrativa perante os direitos de cidadania e uma **dimensão contratual** de responsabilidade política. A cidadania estende-se pelas três dimensões, operando uma mediação entre os indivíduos e a sociedade, assumindo-se o cidadão como contribuinte, como eleitor ou como participe na sociedade.

A prestação de contas em sentido amplo do termo tem diversas facetas não sendo fácil aprender-lhe o conteúdo. A responsabilidade funcional[298] das entidades públicas[299] perante terceiros e a responsabilidade pessoal dos titulares dos órgãos autárquicos[300] pela prática de actos ilícitos já se encontram previstas na Lei que regula as competências das autarquias locais. Não obstante estas disposições, o legislador definiu um regime próprio para os crimes dos titulares de cargos políticos[301] com o objectivo agravar a moldura penal[302] embora também preveja circunstâncias atenuantes.

Sá[303], numa abordagem aos princípios da Nova Gestão Pública aplicados às autarquias locais portuguesas afirma que *"deve ter-se em atenção que a simples existência de impostos locais e a fragmentação jurisdicional não garantem necessariamente os princípios da* **responsabilização** *e da* **concorrência** *porque as variações da despesa não se reflectem em variações do preço fiscal se os municípios forem muito dependentes das transferências do governo ou do exterior"*.

---

[298] Vide artigo 96.º da Lei 169/99 de 18 de Setembro.
[299] Vide artigo 22.º da C.R.P.
[300] Vide artigo 97.º da Lei 169/99, de 18 de Setembro.
[301] Lei n.º 34/87, de 16 de Julho.
[302] O artigo 5.º prevê um agravamento de um quarto das penas mínimas e máximas.
[303] SÁ, Jorge Vasconcelos e Ana Bela Santos (1998), *A reforma das Finanças Locais*, Documento de trabalho n.º 3/98, Lisboa, ISEG / UTL, p. 6.

16. UMA CULTURA DE AVALIAÇÃO PARA AS AUTARQUIAS LOCAIS

Na qualidade de Presidente do Instituto Nacional de Administração, António Correia de Campos afirmou em Junho de 1998, no decurso do I Encontro sobre Avaliação na Administração Pública, que o modelo institucional das administrações onde actuamos não incorpora a avaliação como rotina, como pouco incorpora da identificação dos problemas ou necessidades e da definição racional de prioridades.

Assim, o problema é também cultural e acrescentou que não avaliamos por receio de afrontar o que está, de desagradar ao *establishment* ou mais simplesmente porque receamos um ataque à nossa auto-estima.

16.1 A utilidade da avaliação na gestão

Bravo e Sá[304] definem objectivos operacionais e indicadores de desempenho para as autarquias locais no sentido de melhorar a sua *performance,* e de obter *standards* de provisão para cada serviço (ou pelo menos para os principais) que possam ser entendidos como o nível desejado da provisão (melhorando a eficiência e a eficácia administrativa) e que sejam passíveis de quantificação podendo assim contribuir para a redução do tempo de execução e do custo de unidade produzida. Para se atingirem estes objectivos é indispensável existir uma avaliação.

---

[304] Idem, ibidem, p. 140.

Alexandre[305] afirma que o incremento participativo dos diversos actores sociais aliado à ingovernabilidade dos aparelhos burocráticos, conduziu a partir dos anos 80, ao desenvolvimento organizacional e à *accountability*[306] sendo esta entendida como a obrigação de prestar contas, segundo as regras e as normas convencionadas ou a obrigação de declarar claramente e de forma imparcial os resultados obtidos, comparando as funções e os planos fixados. Tal, pode exigir uma demonstração rigorosa e até jurídica dos termos de um contrato. Portanto, a avaliação não surge naturalmente como uma vontade assumida pela administração pública, mas sim imposta por um conjunto de circunstâncias exteriores à administração pública.

Ferreira do Amaral[307] faz uma abordagem diferente afirmando que as políticas públicas podem ser entendidas como uma mobilização de recursos por parte de entidades públicas, destinadas à realização de fins previamente fixados e que a avaliação das mesmas teria necessariamente de abranger a avaliação dos efeitos e dos recursos utilizados para a sua realização. A avaliação adquire assim duas finalidades, uma vertente de análise da **adequação das acções aos efeitos pretendido**s e uma outra vertente de **justificação dos recursos utilizados** para a obtenção dos fins pretendidos. Em suma, uma virada para a avaliação da eficácia e outra para a avaliação da eficiência.

16.2 Os objectivos da avaliação

Pollit[308] considera que os objectivos tradicionais das avaliações têm a ver com a modificação e o aperfeiçoamento de políticas, projectos ou programas públicos e com a melhoria do grau de resposta

---

[305] ALEXANDRE, Maria do Rosário Torres (1998), "Controlo e Avaliação: culturas diferentes em processo de convergência", *A Avaliação na Administração Pública*, INA, Oeiras, p. 180.

[306] OCDE, (2002), *Glossaire des principaux termes relatifs à l'évaluation et la gestion axée sur les résultats*, Paris.

[307] AMARAL, João Ferreira do (1998), "A Avaliação de Políticas Públicas", *A Avaliação na Administração Pública*, INA, Oeiras, p. 211.

[308] POLLIT, Cristopher (1998), "Papéis alternativos para a avaliação no processo de reforma da gestão pública", *A Avaliação na Administração Pública*, INA, Oeiras, p. 45.

A qualidade e a transparência da administração local 261

aos utilizadores. Para ele, os "objectivos oficiais" resultantes de diversos estudos publicados[309] por várias entidades resumem-se a seis grandes funções:

1) Modificar e aperfeiçoar as políticas, programas ou projectos públicos, proporcionando melhores e mais sistemáticas informações aos gestores;
2) Melhorar a resposta dos serviços públicos aos seus utilizadores;
3) Fundamentar determinadas decisões de forma a coincidirem com etapas decisórias no processo político;
4) Aperfeiçoar as decisões de distribuição dos recursos, comparando taxas de rendibilidade e de custo-benefício de programas e projectos alternativos;
5) Evidenciar a responsabilidade perante a comunidade colocando material no domínio público ou informando as assembleias legislativas a respeito da eficiência, da eficácia de políticas, programas e projectos;
6) Gerar conhecimento, estudando os mecanismos causais no seio dos programas, avaliando a extensão dos impactos dos programas.

Pollit alerta para uma possibilidade de diluição dos objectivos quando se pretenda abordar demasiadas finalidades na mesma avaliação, correndo-se o risco de nenhuma das finalidades ficar convenientemente servida.

16.3 A oportunidade da avaliação

O momento em que a avaliação deve ser realizada é outra questão relevante que merece resposta. À primeira vista parece evidente que a avaliação deverá realizar-se *ex-post,* isto é depois da execução, mas os factos não confirmam tal presunção.

---

[309] Comissão Europeia, séries de guias de avaliação – Conseil Scientifique de l'Évaluation, 1996; Department of Finance, 1994; Comissão Europeia, 1997; H.M. Treasury, 1988 e 1997.

262   *O financiamento das autarquias locais portuguesas*

Ferreira do Amaral considera que o mérito da avaliação *ex-ante* reside na possibilidade de preparação de uma decisão sobre a política a seguir, não sendo certo que a política mais eficiente tenha mais condições de êxito. Mas a avaliação *ex-ante* deve, para além de identificar os grupos sociais alargados ou os interesses envolvidos, identificar as acções criticas para o sucesso da política e desta forma garantir melhor sucesso de implementação. Em certa medida, o que refere Ferreira do Amaral encontra-se hoje na legislação que rege o Ordenamento do Território, onde se prevê a compatibilização de interesses anteriormente à fase do planeamento propriamente dita. A fase de inquérito público também se insere num tipo de avaliação *ex-ante*.

A avaliação *on-going*, isto é, durante a execução também se verifica com frequência. Com efeito, muitas entidades públicas estão sujeitas a controlos diversos durante a execução, quer ao nível dos procedimentos formais (o controlo de legalidade), quer ao nível do controlo de qualidade (as auditorias de qualidade). Os serviços municipalizados e as empresas municipais e intermunicipais têm muitas vezes controlos quer internos, quer contratados externamente, destinados a manter a qualidade dos serviços prestados.

Com a abertura aos privados de sectores de actividade até à pouco tempo reservados às entidades públicas, surgiram novas entidades denominadas Autoridades Reguladoras Independentes – ARI, destinadas a regular o funcionamento e a concorrência nestes sectores. Estas entidades passaram também a deter um importante papel na avaliação e na correcção de deficiências no funcionamento dos agentes.

16.4 Os métodos de avaliação

Bilhim[310] distingue dois modelos de avaliação – a *outcome evaluation* ou avaliação por resultados, destinada a medir o diferencial existente entre os resultados alcançados e os objectivos fixados – e a *process evaluation* ou avaliação de processo, mais preocupada em

---

[310] Bilhim, João (1998), "Metodologia e técnicas de Avaliação", *A Avaliação na Administração Pública*, INA, Oeiras, 127.

A qualidade e a transparência da administração local   263

verificar como é que os programas e a acção da Administração Pública são desenvolvidos. No primeiro tipo de avaliação, o enfoque é centrado nos *outputs*, comparando-se o que foi obtido com os objectivos desejados, os *outcomes*. No segundo tipo, a preocupação pela legalidade é dominante, razão pela qual, este tipo de avaliação é utilizado pelos serviços de auditoria ou de inspecção.

Sobre os métodos de avaliação, a OCDE publicou em 1998 um "guia das melhores práticas a seguir na avaliação[311]" que identifica as principais questões que os países membros da OCDE deveriam ter em conta quando se esforçam para melhorar as suas práticas de avaliação. Estas linhas directoras são apresentadas em três secções, sendo:

- **a primeira, destinada à** optimização das avaliações, **compreendendo:**
  1) a definição dos objectivos;
  2) a identificação dos principais participantes;
  3) a formulação dos benefícios e dos custos.

- **a segunda parte, destinada à** organização do quadro de avaliação, **compreendendo:**
  4) o fomento de uma cultura de avaliação;
  5) a gestão estratégica das actividades de avaliação;
  6) a melhoria da credibilidade.

- **a terceira parte, destinada à** realização de avaliações eficazes, **compreendendo:**
  7) a ligação com os procedimentos de elaboração das decisões;
  8) a escolha do avaliador que mais convenha;
  9) a associação das partes interessadas e a divulgação aberta dos resultados.

O *Benchmarking* é um método de avaliação muito em voga presentemente e resulta da introdução na Administração Pública de um conceito de concorrência interna e externa, desenvolvido nos Estados Unidos durante a Presidência Clinton-Gore. Este método

---

[311] OCDE, (1998), *Guia das melhores práticas a seguir na avaliação*, PUMA, Paris.

264 *O financiamento das autarquias locais portuguesas*

permite posicionar uma organização ou um departamento estatal no contexto dos seus concorrentes, comparando o seu desempenho com o dos melhores. O objectivo deste modelo não é levar a organização ou o departamento em causa a imitar mas sim adaptar tal modelo à realidade em estudo.

Um outro método de avaliação, dito de **custos e benefícios**, é uma das técnicas quantitativas mais conhecidas e permite a comparação entre o total de custos e de efeitos. Os custos são medidos em termos monetários e os efeitos em unidades de determinado tipo. São possíveis duas variantes neste método: – na primeira é fixado o nível desejado de eficácia e em seguida procuram-se os meios que permitam atingir esse nível – na segunda variante, fixa-se o orçamento global e analisam-se as alternativas que permitam com aquele montante atingir o máximo de eficácia.

A avaliação das políticas públicas pode ainda ser realizada numa **perspectiva de impacto regional** destinada a medir as consequências do lançamento de uma determinada política numa região e a partir dessa avaliação proceder a uma extrapolação para outra região ou para o todo nacional ou ainda fazer a mesma avaliação sectorialmente na Administração Pública para prever as consequências de uma dada política noutro sector ou o seu impacto nacional.

Para Polèse[312] a região é um espaço aberto e o seu nível de actividade económica depende no curto prazo, da procura externa dos seus bens e serviços e dos efeitos multiplicadores que daí decorram, sendo a amplitude dos retornos muito dependente da estrutura económica da região, constituindo assim a análise estática do impacto regional. Mas num prazo mais longo a actividade económica da região dependerá da sua capacidade para renovar constantemente a sua oferta de factores de produção em capital humano, *stock* de conhecimentos, e em capital físico que se reflecte na produtividade da sua população activa e que vão constituir factores dinâmicos de concorrência da região com as outras regiões.

---

[312] POLÈSE, Mário (1998), *Economia Urbana e Regional – A lógica das transformações económicas*, Coimbra, APDR.

16.5 Algumas experiências de avaliação internacionais

Apresentam-se seguidamente três exemplos de experiências internacionais que ilustram bem culturas diferentes de avaliação e sobretudo economias muito diferentes entre si e que passamos a sintetizar. Os Estados Unidos, representam a economia de mercado no seu estado mais puro, tendo recentemente implementado uma reforma de que se conhece ainda mal o impacto. A Suécia, embora inserida no mundo da economia de mercado é o país que melhor representa o Estado Providência e finalmente o Reino Unido, onde a reforma implementada nos Estados Unidos começou e que já está à frente, avaliando o impacto das reformas e procedendo a correcções nas políticas públicas.

Segundo Kusek[313] a reforma nos Estados Unidos verificou-se após duas décadas de desequilíbrios financeiros públicos e de uma dívida pública colossal, de que resultou uma dificuldade de operação dos sistemas que compunham essa mesma administração pública. No mesmo sentido David Rosembloom[314] afirma que já em 1993 existia um consenso generalizado sobre a necessidade de uma reforma administrativa substancial do governo nacional dos Estados Unidos da América. Aliás, durante a campanha eleitoral de 1992, Clinton e Gore definiram-se a si próprios como "novos democratas" cuja perspectiva de governação se fundava na convicção de uma intervenção importante do Governo nacional, em diversos sectores sociais.

Gore lançou em Setembro de 1993 a *"National Performance Review" – NPR* que se baseava na reinvenção do governo e que defendia que este deveria estar orientado para os resultados e imbuído do desejo de servir os clientes da administração. Em termos da sua execução, muitas das actividades nacionais deveriam ser subcontratadas, privatizadas ou delegadas nos níveis mais baixos de governo. As agências deveriam ser transformadas em organizações baseadas

---

[313] KUSEK, Jody Zall (1998), "Mudar a Administração: a experiência americana", *A Avaliação na Administração Pública*, INA, Oeiras, p. 75.

[314] ROSEMBLOOM, David H. (2001) "As reformas administrativas dos EUA na era Clinton-Gore", *in* Juan Mozzicafreddo e João Salis Gomes (org.), *Administração e Política*, Oeiras, Celta Editora, p. 103.

no desempenho (*performance based organizations* – PBO) e funcionar em moldes empresariais. Em 1998, a NPR mudou o seu nome para **National Partnership for Reinventing Government**. O ideólogo deste programa de reformas era David Osborne que tendo tido acesso às experiências do *"New Public Management"* experimentadas no Reino Unido e em diversos países anglófonos, publicara com Ted Gaebler um livro denominado *"Reinventing Government"*, que obteve um êxito assinalável.

A medida mais marcante deste período de reformas foi a aprovação no início do mandato da Lei do Desempenho e Resultados da Administração – **Government Performance Act**, que estabeleceu pela primeira vez, uma relação entre as medidas e os objectivos propostos e as dotações do Congresso, numa base anual, ao longo de um período estratégico de cinco anos. Os ministérios passaram a ter de elaborar planos estratégicos harmonizados com os objectivos nacionais. Kusek afirma que não é possível dispor de conclusões relativas ás medidas tomadas mas aponta o facto de em relação aquela lei, ter sido obtido um amplo consenso, tendo sido a primeira vez que na história dos Estados Unidos uma lei destinada a mandatar a Administração foi aprovada por ambos os Partidos.

Na Suécia, Ahlenius[315] explica que o interesse pelo efeito das políticas já aparecia nos anos 30 em diversos relatórios de comissões e a partir das décadas de 50 e 60 manifesta-se na comparação entre medidas. Uma primeira razão para a avaliação ter surgido tão cedo na Suécia residiu segundo ela nos consensos amplos que então existiam na sociedade Sueca quanto aos objectivos da Administração. Uma segunda razão consistiu na existência do **Swedish Comission System** que é uma instituição que nos anos 60 chegou a ter cerca de 300 comissões trabalhando anualmente e que preparava as decisões estratégicas públicas[316], presentemente, existe o *Swedish National Audit Office* que procede à avaliação, sobretudo na área das finanças

---

[315] AHLENIUS, Inga-Brit (1998), "Auditing and Evaluation in Sweden", *in* Eleanor Chemlinsky, e William R. Shadish (org.), *Evaluation for the 21st Century – in Hanbook*, Londres, Sage Publications, p. 81.

[316] A tradição das comissões na Suécia remonta ao século XVII.

governamentais. Uma terceira razão consistia no interesse do público pelas políticas e no facto de acreditar na capacidade do governo para resolver os problemas.

A Administração Pública Sueca é composta por pequenos ministérios e por agências independentes com largos poderes, a quem compete dar execução às decisões do Governo e do Parlamento suecos. Ao Governo compete a formulação das políticas e às agências a sua implementação.

Ahlenius alertou que apesar da tradição de avaliação existente na Suécia, as finanças públicas atingiram elevados níveis de descontrolo, o que parece estranho com tanta avaliação produzida ao longo dos anos. Este fenómeno segundo ela está relacionado com a má utilização dos resultados da avaliação que serviu ora para os ministérios reclamarem maiores dotações orçamentais, ora para o Governo e o Parlamento justificarem os cortes orçamentais. As correcções resultantes da avaliação não foram feitas. Este exemplo demonstra que a avaliação sem uma intervenção correctiva não serve o propósito para que foi criada.

Maulhood[317], descreve as primeiras experiências de avaliação no Reino Unido como tendo-se situado na década de 60 com os ministérios a ter de cumprir o *Output Budgeting* e o *Program Analysis Review* que foram experiências essencialmente destinadas ao controlo orçamental. Na década de 80 começaram a surgir as primeiras experiências de avaliação propriamente ditas, com destaque para o **Financial Management Iniciative** (FMI) que surge em 1982 e que dá relevo a um método de avaliação, o Value For Money (VFM). O FMI baseava-se no controlo sobre os recursos, no funcionamento com orçamentos "apertados", na melhoria dos sistemas de informação financeiros e na medição dos resultados e da eficiência dos departamentos. A partir de 1980, a administração hierárquica tradicional começa a evoluir para uma estrutura descentralizada de agências consagradas a servir objectivos específicos e norteadas por uma orientação comercial definindo-se o **Public Sector Management** em

---

[317] MAULHOOD, Caroline (1998), "Performance Measurement in the United Kingdom (1985-1995)", in Eleanor Chemlinsky e William R. Shadish (org.), *Evaluation for the 21st Century – a Hanbook*, Sage Publications, Londres, p. 135.

268   *O financiamento das autarquias locais portuguesas*

que foram estabelecidos padrões de eficácia e de eficiência a partir de medidas de *output*, de indicadores de performance e de objectivos.

A crescente necessidade de melhorar a eficiência e reduzir a dimensão do sector público conduziu ao que se veio a denominar de **New Public Management** cujos objectivos principais podem ser resumidos como de concentração dos esforços nos *outputs* em detrimento dos *inputs,* na movimentação por objectivos e não por regras ou regulamentos, na redefinição dos clientes como consumidores, na descentralização da autoridade, na utilização dos mecanismos do mercado de preferência aos mecanismos burocráticos, na mobilização dos sectores público, privado e de voluntários, em dar poder aos cidadãos e na introdução do financiamento privado. Todos os departamentos e agências passaram a partir de então a utilizar a avaliação da performance, embora em escalas distintas. Em 1988, o Departamento do Tesouro publicou um guia para gestores de políticas de avaliação que estabelece o quadro da avaliação das políticas e dos programas.

Peters[318] fez um balanço de um primeiro ciclo de reformas no Reino Unido que termina com a experiência do *New Public Management* e identificou algumas directrizes de novas reformas que apontam para uma maior preocupação com a eficácia. A re-regulamentação é outra tendência do novo ciclo que Peters identifica. Esta consiste no regresso à regulamentação no sector público. A coordenação e coerência das reformas foi sentida pelo Governo Blair após um período de reformas estruturais que desagregaram e descentralizaram o governo. A responsabilidade dos organismos públicos é outra directriz da nova reforma. Trata-se de clarificar a responsabilidade dos agentes públicos após um período em que foram criadas numerosas agências independentes que diluíram a administração pública.

---

[318] PETERS, B. Guy (2001), "De mudança em mudança, padrões de reforma administrativa contínua" *in* Juan Mozzicafreddo e João Salis Gomes (org.), *Administração e Política – Perspectivas de reforma da administração pública na Europa e nos Estados Unidos*, Oeiras, Celta, p. 48.

16.6 A avaliação em Portugal

Caupers associa[319] duas realidades, o controlo institucional e a avaliação. A primeira essencialmente jurídica é o **controlo** do Estado de direito, com a sua separação de poderes, com a defesa dos direitos dos cidadãos e a fiscalização do cumprimento da legalidade por parte da administração. A segunda prende-se com a **avaliação** e comporta o pressuposto de que não basta que a administração actue dentro da lei, é indispensável que actue bem, isto é, que cumpra uma racionalidade social e económica, dentro de critérios de eficiência e de eficácia. Segundo Caupers, existe uma evolução recente no ordenamento jurídico da Administração Pública Portuguesa que assinala o reconhecimento da necessidade de dotar esta administração de instrumentos de gestão adequados para além dos mecanismos de controlo de que já dispunha. Este reconhecimento decorre do princípio Constitucional da proporcionalidade e do princípio da eficiência que encontramos no Código do Procedimento Administrativo.

Salis Gomes[320] referindo-se também à Administração Pública Portuguesa, considera que perante as políticas públicas cujas opções se traduzem numa regulação jurídico-normativa importa que a avaliação inclua no seu objecto tal regulação, desenvolvendo e aplicando critérios adequados. E acrescenta que só um trabalho teórico consistente em torno dos referidos critérios poderá dar um contributo específico para a avaliação e determinar as formas que tal contributo deve assumir.

Gameiro[321] defende que a avaliação só é um verdadeiro instrumento de gestão quando dá lugar a acção correctiva sobre os elementos do sistema causadores de desvios negativos, não bastando portanto a produção de relatórios exaustivos que ponham em evidência para contemplação académica, o confronto referido.

---

[319] CAUPERS, João (1998), "Controlo institucional e Avaliação", *in A Avaliação na Administração Pública*, INA, Oeiras, p. 175.

[320] GOMES, João Salis (1998), "A perspectiva jurídica na avaliação de políticas públicas", *A Avaliação na Administração Pública*, INA, Oeiras, p. 197.

[321] GAMEIRO, Manuel (1998), "A avaliação na Administração Pública: Actores e papeis", *A Avaliação na Administração Pública*, INA, Oeiras, p. 117.

270   *O financiamento das autarquias locais portuguesas*

Carvalho[322] afirma que não existe em Portugal uma cultura de avaliação dos serviços públicos que atribui à elite burocrática constituída essencialmente por juristas que têm por cultura administrativa dominante o direito público, portanto mais preocupados com a legalidade do que com a eficácia das políticas.

Verifica-se em geral e particularmente em Portugal, que se avalia mais os procedimentos do que as políticas. Os relatórios das inspecções referem por vezes irregularidades que podem constituir bons actos de gestão e que na sua essência não lesam o interesse público. Estes não distinguem muitas vezes o que é importante do que é acessório. Os aspectos formais sobrepõem-se aos resultados. Também os agentes que intervêm no domínio da avaliação têm uma visão limitada dos objectivos da avaliação (veja-se o recrutamento dos inspectores administrativos) a sua formação é predominantemente na área do direito. Contrariamente ao que existe em certas áreas técnicas como por exemplo a auditoria financeira, a avaliação não possui directivas ou normas orientadoras. Por fim, constata-se que as tarefas ligadas à avaliação são excessivamente pesadas e morosas consumindo recursos aos serviços públicos que permitem colocar dúvidas sobre o custo-benefício de tal actividade.

16.7 Um case study "o método aberto de coordenação" e as autarquias locais

O Comité das Regiões[323] a propósito de um parecer emitido sobre o Livro Branco da Comissão Europeia – "Um novo impulso à juventude europeia" reclama que o papel das autoridades locais e regionais no método aberto de coordenação seja claramente reconhecido e respeitado. Este novo método não deve, em caso algum,

---

[322] CARVALHO, Rogério, (1998), "Avaliação de serviços públicos", *A Avaliação na Administração Pública*, INA, Oeiras, p. 193.

[323] Comité das Regiões, (2002), Parecer de 3 de Julho de 2002 sobre o Livro Branco da Comissão Europeia – "Um novo impulso à juventude europeia", Parlamento Europeu, Estrasburgo, p. 4.

A qualidade e a transparência da administração local 271

ser utilizado à custa das autoridades locais e regionais, mas sim em consulta directa e activa com elas, importando respeitar os princípios de subsidiariedade, de proximidade e de proporcionalidade em todas as novas iniciativas da UE no domínio da juventude.

Já em 2001 o mesmo comité aprovara um parecer[324] sobre a comunicação da Comissão ao Conselho e ao Parlamento Europeu do "Plano de Acção eLearning – *Pensar o futuro da educação*" em que considerava que a iniciativa *eLearning* ocupava um lugar de relevo na agenda do Comité das Regiões e ainda afirmava peremptoriamente que: "*o Comité considera importante o envolvimento das autarquias locais e regionais no processo de desenvolvimento e a aplicação do método aberto de coordenação, por forma que se tenham em conta a sua experiência e os procedimentos de avaliação dos serviços. O Comité constata com satisfação que o seu conhecimento e a sua experiência, enquanto representante das autarquias locais e regionais, são aproveitados no desenvolvimento e aplicação do método aberto de coordenação. Deste modo, institui se uma parceria necessária para conseguir bons resultados.*"

O método aberto de coordenação ocupa um lugar de relevo no desenvolvimento das políticas sectoriais europeias sendo legitimo perguntar se não teria aplicabilidade às autarquias locais e em que medida estas, podem ganhar com a aplicação deste método.

O método aberto de coordenação procura criar um processo de aprendizagem estimulando a troca de boas práticas com vista ao aperfeiçoamento das políticas nacionais, respeitando o princípio da subsidiariedade. Este método ocupa um lugar intermédio entre o método comunitário e o método intergovernamental e para além da troca de boas práticas, estimula também a apresentação de propostas de indicadores.

O despacho n.º 6480/2004, de 31 de Março, do Secretário de Estado da Administração Local que aprova o regulamento do concurso de boas práticas de modernização autárquica destina-se a promover a identificação e homologação de boas práticas autárquicas

---

[324] Comité das Regiões, (2001), Parecer de 19 de Setembro de 2001 sobre a Comunicação da Comissão ao Conselho e ao Parlamento Europeu "Plano de Acção e.learning – *Pensar o futuro da educação*", Parlamento Europeu, Estrasburgo, p. 1.

272   *O financiamento das autarquias locais portuguesas*

com vista a premiar os seus autores e a promover a sua adopção através da sua divulgação. Porém não promove a comparação da prática da autarquia com a melhor prática homologada e portanto não hierarquiza permitindo a sua avaliação no contexto global. Parece possível encarar a adaptação deste método à realidade heterogénea que caracteriza a provisão pública municipal, obtendo séries de avaliação por actividade sectorial que podem mais tarde ser agrupadas para se obter uma visão global. Mas a avaliação também tem os seus "escolhos" e nem sempre é fácil iniciá-la dadas as resistências que enfrenta muitas vezes.

A este propósito, recorda-se o impacto que teve na opinião pública uma recente lista de classificação das escolas secundárias promovida pelo Jornal Publico[325]. Num primeiro momento foi a contestação generalizada aos critérios de avaliação que estiveram na base da ordenação das escolas.

Mas no segundo ano de funcionamento da avaliação, a atitude mudara e a competição estava instalada. As escolas concorriam para melhorar a sua posição em relação à classificação do ano anterior. Os pais já não olhavam para a provisão pública como se fosse igual para cada escola e já comparavam as características de cada uma. A escolha quanto à escola para os filhos já não se pautava apenas pela localização desta mas já fazia intervir factores relacionados com a qualidade. Quanto aos sindicatos, esses sempre estiveram contra a avaliação pois esta criava novas obrigações aos seus associados e permitia avaliar a performance destes.

Aplicando da mesma forma às autarquias locais a avaliação realizada para as escolas do ensino secundário, verificamos que todos teriamos a ganhar com esta avaliação, porque razão então retardar a sua aplicação?.

---

[325] Edição de 27.08.2001.

CONCLUSÕES

Rocha[326] afirma que *"as últimas duas décadas caracterizaram-se pela mudança do modelo de Estado e de Administração que lhe estava associado. A primeira fase consistiu na privatização de todas as actividades não essenciais ao conceito de Estado neo-liberal; seguiu-se a importação de técnicas e métodos de gestão empresarial, de forma a tornar eficientes os serviços públicos, mais tarde, foram criadas agências autónomas, deliberadamente libertadas das restrições impostas pelas normas de direito público, as quais entram em concorrência entre si, de modo a aumentar a eficiência e separando-se o financiamento da prestação de serviços; finalmente, publicaram-se cartas de qualidade que atribuíram aos cidadãos o estatuto de consumidores."*

Esta síntese do percurso da Administração Pública mostra que a abordagem da provisão pública municipal não se revela fácil pois ela também foi afectada pelas transformações operadas a nível global. Stiglitz[327] afirma que todos aqueles cujas vidas forem afectadas pelas decisões a tomar sobre a globalização, têm o direito de participar nesse debate e de saber como é que tais decisões foram tomadas. Todavia a transparência do processo de decisão nem sempre permite esse conhecimento.

Ao longo das quatro partes que constituem o presente trabalho pretendeu-se avaliar a provisão pública municipal e perspectivar a

---

[326] ROCHA, J.A. Oliveira (2001), *Gestão Pública e Modernização Administrativa*, Oeiras, INA

[327] STIGLITZ, Joseph E. (2002), *Globalização – A grande desilusão*, Terramar, Lisboa, p. 31.

sua evolução. As suas conclusões são sintetizáveis nas seguintes notas finais:

1. A **assimetria existente na divisão administrativa** apresentada na primeira parte deste trabalho é a primeira nota que seleccionámos. Com efeito, demonstrou-se que as desigualdades de população e de território entre autarquias de mesmo grau, dificultam uma provisão pública eficiente. A reforma da divisão administrativa deveria constituir a primeira prioridade de qualquer governo. A criação de entidades associativas tais como as GAM e as ComUrb não vão contra a reestruturação da provisão pública mas dificultam a busca de uma optimização dos níveis de exercício dessa mesma provisão, porque introduzem factores de dispersão.

2. A segunda nota vai para a **indefinição da provisão pública**. Conforme se demonstrou na segunda parte, a legislação autárquica e particularmente as sucessivas Leis de Finanças Locais evoluíram de uma forma errática. O financiamento autárquico continua excessivamente dependente das transferências da Administração Central e os magros poderes fiscais de que dispõem concentram-se sobretudo em impostos dependentes da actividade imobiliária, parecendo importante uma diversificação das fontes fiscais. As responsabilidades autárquicas em termos de despesa pública são proporcionalmente inferiores aos recursos que obtêm da Administração Central e são bem superiores à despesa das administrações regionais. As competências autárquicas estão longe de se encontrar estabilizadas sendo licito interrogarmo-nos como é possível descentralizar ou mesmo prever o futuro das competências das autarquias, se não sabemos quais vão ser. A estabilização das competências é o segundo imperativo.

3. Uma terceira nota final justifica-se pela transformação em curso na administração pública que é cada vez mais influenciada por métodos de gestão provenientes da gestão privada, mas que nem por isso deixa de ter objectivos públicos. As competências da administração são hoje exercidas em regime de parceria com os privados e também com o chamado terceiro sector. As fronteiras são cada vez menos nítidas

entre o funcionamento do público e do privado sugerindo a necessidade de uma **regulamentação clara das relações entre o público e o não público**. O estabelecimento de termos de referência e de custos padrão para os serviços que constituem a provisão pública é o passo que falta ser dado. Mas para se dar este passo é necessário definir o conjunto de bens e serviços que se considera dever ser fornecidos pelo Estado aos cidadãos. Trata-se de definir o que se entende por **provisão** *standard* **mínima.** A partir deste ponto é possível construir o financiamento das autarquias locais, tendo presente a capacidade fiscal de cada uma, premiando o seu dinamismo e sua economia ou penalizando o seu imobilismo e a sua preguiça fiscal. Um código autárquico actualizado contendo a maioria da legislação autárquica, contribuiria para uma maior transparência da gestão pública autárquica.

4. Têm sido várias as experiências de gestão pública, desde a administração científica (período de 1887-1945), a que se seguiu a administração profissional (1945-1975), que evoluiu para a administração managerial (1975-1995) e posteriormente para as recentes experiências do *New Public Management*, visando uma reinvenção da administração pública. As autarquias locais requerem **um modelo de gestão,** adaptado à sua realidade e especificidade e este, necessita de ser descoberto ou inventado. As assimetrias existentes entre autarquias de mesmo nível requerem soluções adaptadas a cada realidade. Não parece adequado aplicar a uma freguesia rural e uma freguesia urbana o mesmo modelo de competências. A freguesia rural responde muitas vezes a problemas de dispersão territorial (mantendo um nível mínimo de provisão pública local) mas a freguesia urbana já poderá completar a provisão pública municipal, assegurando tarefas de manutenção de espaços e equipamentos, num ambiente urbano muitas vezes hostil, em que os equipamentos sofrem um desgaste rápido resultante de uma utilização intensiva. O mesmo pode ser dito em relação aos municípios em que apesar do dinamismo da cooperação intermunicipal parece existir falta de **um modelo que aproveite as sinergias** criadas pelo seu conjunto e permita a sua distribuição por

aqueles que mais necessitam. Um exemplo reside na falta de um quadro intermunicipal de excedentes que favoreça a mobilidade dos recursos humanos ou um outro exemplo, criando uma entidade mutuária destinada a gerir os recursos financeiros do subsector.

5. **Descentralizar ou recentralizar** é o paradigma que se apresenta hoje em dia às autarquias locais, conforme abordámos na terceira parte deste trabalho.

Será que a descentralização prevista na constituição é um processo evolutivo sem fim? Parece-nos que não, e hoje, a propósito da criação de comunidades urbanas assistimos na realidade a uma recentralização de competências que se transferem de um nível municipal, para um nível supra municipal.

Já anteriormente os municípios reconheceram a necessidade de exercer as suas competências a um nível supra-municipal, tendo criado numerosas associações. As competências municipais estão longe de ser intocáveis e quem o reconhece são os próprios municípios ao constituir voluntariamente novas associações, ao abrigo da legislação sobre as novas áreas metropolitanas. A habilidade do governo de então consistiu em obter voluntariamente, o que dificilmente conseguiria pela via administrativa.

6. A última nota vai para a avaliação da **legalidade da gestão** *versus* **avaliação da qualidade da gestão**. Conforme já foi dito, o sistema de avaliação actualmente em vigor preocupa-se essencialmente com a legalidade da gestão. Toda a administração pública gravita em torno de procedimentos, regulamentos e habilitações legais, inerentes ao regime de direito público.

Será necessário reorientar a avaliação para a qualidade da gestão e não apenas para o controlo da legalidade. A execução da despesa tem merecido tradicionalmente maior importância porque representa a saída de fundos públicos, mas a receita também deve constituir objecto de avaliação. A omissão da administração na cobrança de importâncias devidas ao erário público, traduz-se em fonte de desigualdade entre cidadãos e empresas e pode mesmo ser encarada como perturbadora das regras de livre concorrência. A limitação imposta aos défices a que estão hoje sujeitas as finanças públicas, torna a questão da cobrança da receita, ainda mais premente.

A medição da eficiência, da economia e da eficácia da gestão é necessária para uma avaliação da qualidade da gestão autárquica. Para o conseguir são necessários indicadores e não existe qualquer sistema destinado a permitir atingir tal objectivo. O mérito do presente trabalho reside em ter procurado apresentar pistas para quem pretenda prosseguir tal tarefa e estabelecer algumas regras práticas para a sua implementação.

Mas a qualidade nasce também da existência de uma fiscalização continua e consistente que permita uma responsabilização pelos resultados. Numa democracia é tão importante quem governa, como quem fiscaliza na oposição. A manutenção do equilíbrio entre poder e oposição é indispensável à renovação, pressuposto sobre o qual o sistema assenta. Se o equilíbrio não existir, então o sistema também não existe e o que dele vemos não passa de holograma ou de uma realidade virtual.

BIBLIOGRAFIA

Bibliografia citada

AHLENIUS, Inga-Brit (1998), "Auditing and Evaluation in Sweden", *in* Eleanor Chemlinsky e William R. Shadish (org.), *Evaluation for the 21st Century – a Hanbook*, Londres, Sage Publications.

ALESINA, Alberto e Enrico Spolaore (1997), "On the number and size of nations" *Quaterly Jornal of Economics*.

ALESINA, Alberto e George Marios Angeletos (2002), *Fainess and redistribution: US versus Europe, NBER Working Paper*.

ALEXANDRE, Maria do Rosário Torres, (1998), "Controlo e Avaliação: culturas diferentes em processo de convergência", in *A Avaliação na Administração Pública,* Oeiras, INA.

ALVES, Carlos Soares Alves (2002), *Os municípios e as parcerias público-privadas, concessões e empresas municipais*, Santarém, ATAM.

AMARAL, João Ferreira do, (1998), "A avaliação de Políticas Públicas", *in A Avaliação na Administração Pública*, Oeiras, INA.

ANTUNES, Isabel Cabaço (1987), *A Autonomia Financeira dos Municípios Portugueses*, Direcção Geral da Administração Local, Lisboa, MPAT/SEALOT.

ANTUNES, Isabel Cabaço (2001), "Pensar global para a acção local", *Revista de Administração e Políticas Públicas*, n.º 1, Braga.

BAIÔA, Manuel (2000), "A Administração e o Poder Local na transição da I República para a Ditadura Militar", in *Revista da Administração Local*, Lisboa, António M. Rebordão Montalvo.

BALEIRAS, Rui Nuno e Fernando da Cruz Gabriel (1998), *Finanças Públicas subnacionais na União Europeia*, Documento de trabalho, Faculdade de Economia, Universidade Nova de Lisboa.

BALEIRAS, Rui Nuno (Agosto de 2001), *Governação subnacional: legitimidade económica e descentralização da despesa pública*, Documento de trabalho, Faculdade de Economia, Universidade Nova de Lisboa.

BALEIRAS, Rui Nuno (2002), "Finanças e fiscalidade regional e local", *in* Costa, José da Silva (org.), *Compendio de Economia Regional*, Coimbra, APDR.

BALEIRAS, Rui Nuno (2003), "Departing from property taxation in Portugal: why not?" *in Nova Economia e Desenvolvimento Regional, Actas do IX Encontro Nacional APDR*, Coimbra, APDR.

280   *O financiamento das autarquias locais portuguesas*

BESLEY, Timothy e Maiteesh Ghatak (2003), *Public Goods and Economic Development*, London, School of Economics Working Paper.

BILHIM, João Abreu de Faria, (1998), "Metodologia e técnicas de Avaliação", *A Avaliação na Administração Pública*, Oeiras, INA.

BILHIM, João Abreu de Faria (2001), *Teoria Organizacional – Estruturas e Pessoas*, Instituto Superior de Ciências Sociais e Políticas, Lisboa, Universidade Técnica de Lisboa.

BLANC, Jacques (1999), *La dotation globale de fontionnement (DGF)*, Paris, Librairie Génerale de Droit et de Jurisprudence.

BOUVIER, Michel (1993), *Les Finances Locales*, Paris, Système.

BRAGA, Ascensão Maria Martins e Felisberto Marques Reigado (2000), "A gestão da informação e do conhecimento na difusão da informação", *Actas do VIII Encontro Nacional da APDR*, Coimbra, APDR.

BRAVO, Ana Bela Santos (2000), "Escolhas públicas locais: a teoria, a prática e hipóteses para os municípios portugueses" in Economia Pública Regional e Local, *Actas do 1.º Encontro Ibérico APDR – AECR*, Coimbra, APDR.

BRAVO, Ana Bela Santos (2000), "Modernização na administração local", *Perpectivas de desenvolvimento para as regiões marítimas, Actas do VII Encontro Nacional APDR*, Coimbra, APDR.

BRAVO, Ana Bela Santos e Jorge Vasconcelos e Sá (2000), *Autarquias Locais, Descentralização e melhor gestão*, Lisboa, Verbo.

BRONCHI, Chiara (2003), *The effectiveness of public expenditure in Portugal*, Economics Department Working Papers, Paris, Organisation for Economic Cooperation and Development – OECD.

BUCHANAN, J. (1965), "An Economic Theory of Clubs", *Económica*.

CAETANO, Marcelo (1982), *Manuel de Direito Administrativo I*, Coimbra, Almedina.

CARVALHO, João Baptista Costa e Maria José Fernandes (2003), "1.º Congresso Nacional da Administração Pública, – Os vectores da mudança", *Os indicadores de gestão nas entidades públicas – O caso dos municípios portugueses*, Oeiras, INA.

CARVALHO, Rogério, (1998), "Avaliação de serviços públicos", *A Avaliação na Administração Pública*, Oeiras, INA.

CAUPERS, João (1998), "Controlo institucional e Avaliação", *A Avaliação na Administração Pública*, Oeiras, INA.

CAUPERS, João (2002), *Introdução à ciência da administração pública*, Lisboa, Ancora Editora.

CHEVALIER, Jacques (1994), *Science Administrative*, Paris, Presses Universitaires de France.

CHORINCAS, Joana (2003), *Dinâmicas Regionais em Portugal – Demografia e Investimentos*, Departamento de Prospectiva e Planeamento, Ministério das Finanças.

CORDEIRO, Gabriel e Sérgio Pratas (2005), "O acesso à informação nas autarquias locais: As prerrogativas dos eleitos", *Revista da Administração Local*, n.º 205.

CORTE-REAL, Isabel (2001), "Para desenvolver metodologias de modernização na administração pública e gestão da qualidade" *Revista de administração e políticas públicas*, n.º 1, Braga.

CORTE-REAL, Isabel (2003), *Descentralização e Reforma Administrativa*, Oeiras, Celta.

Bibliografia

COSTA, José da Silva e Mário Rui Silva (2000), "Transferências intergovernamentais, esforço fiscal e gestão camarária", *Economia Pública Regional e Local, Actas do 1.º Encontro Ibérico APDR – AECR*, Coimbra, APDR.

COSTA, José da Silva e Mário Rui Silva (2000), "Taxas e tarifas nos municípios portugueses", *Desenvolvimento e ruralidades no espaço europeu, Actas do VIII Encontro Nacional da APDR*, Coimbra, APDR.

COSTA, José da Silva (org.) (2002), "O financiamento das autarquias locais", *Compendio de Economia Regional*, Coimbra, APDR.

CUNHA, Jorge Correia da, Patrícia Silva (2002), "Finanças locais e consolidação orçamental em Portugal", *Boletim Económico*, Março 2002, Lisboa, Banco de Portugal.

FERNANDES, Paulo Jorge da Silva (2000), *Poder Local e Revolução Liberal: As transformações necessárias*, em Revista da Administração Local, ps. 649 a 660; António M. Rebordão Montalvo.

FRANCO, António Sousa (1981), *Direito financeiro e finanças públicas*, Lisboa, Vega.

FRANCO, António Sousa (1995), *Finanças Públicas e Direito Financeiro*, Vol. I, Coimbra, Almedina.

FRANCO, João, João Paulo Zbyszewski, Jorge Migueis e Fátima Abrantes Mendes (1997), *Legislação Eleitoral das Autarquias Locais*, Lisboa, Editora Progresso Social e Democracia.

FREIRE, Adriano (1997), *Estratégia, sucesso em Portugal*, Verbo.

GAGO, Mariano (2002),), "A sociedade de informação no contexto da estratégia de Lisboa", *Europa Novas Fronteiras*, n.º 9-10, Lisboa – Centro de Informação Europeia Jacques Delors.

GAMEIRO, Manuel (1998), "A avaliação na Administração Pública: Actores e papeis", *A Avaliação na Administração Pública*, Oeiras, INA.

GIDDENS, Anthony, (1997), *Para além da esquerda e da direita: o futuro da política radical*, Oeiras, Celta.

GOMES, João Salis (1998), "A perspectiva jurídica na avaliação de políticas públicas", *A Avaliação na Administração Pública*, Oeiras, INA.

GORE, Al (1996), *Da burocracia à eficácia – reinventar a administração pública*, relatório sobre o estado da administração pública americana e as opções fundamentais para a sua reforma, Lisboa, Quetzal Editores.

HABERMAS, Jurgen (1998), *L´integration républicaine*, Paris, Fayard, p.258.

KUSEK, Jody Zall (1998), "Mudar a Administração: a experiência americana", *A Avaliação na Administração Pública*, Oeiras, INA.

MARKS, Gary e Liesbet Hooghe (2000), *Optimal A critique of neo-classical theory*, Documento de trabalho, Departamento de Ciência Política, Universidade da Carolina do Norte, EUA.

MATIAS, Vasco Valdez (1987), *Sistemas Fiscais das Autarquias*, Lisboa, Rei dos Livros.

MATIAS, Vasco Valdez (1987), *Contributo para o Estudo das Finanças Municipais em Portugal*, Coimbra, Coimbra, Comissão de Coordenação da Região Centro.

MAULHOOD, Caroline (1998), "Performance Measurement in the United Kingdom (1985--1995)", *Evaluation for the 21st Century – a Hanbook*, Chemlinsky, Eleanor e Shadish, William R. (org.), Sage Londres, Publications.

MAUROY, Pierre (2000), *Refonder l´action publique locale*, La documentation Française, Paris,

MELLO, Luiz de, Matias Barenstein (2001), *Fiscal decentralization and governance; a cross- country analysis*, Washington, International Monetary Fund.

MELO, Alberto (2003), "A participação dos cidadãos: contra a apatia política, uma política de empatia", *A face oculta da Governança – Cidadania, Administração Pública e Sociedade*, Oeiras, INA.

MELO, João Paulo Barbosa de (1998), "Novas regras nas finanças locais: quem perde" in *Regiões e Cidades na União Europeia: Que futuro ?, Actas do VI Encontro Nacional APDR*, Coimbra, APDR.

MELO, João Paulo Barbosa de (2000), "Novas regras nas finanças locais: quem ganha" in *Economia Pública Regional e Local, Actas do 1.º Encontro Ibérico APDR – AECR*, Coimbra, APDR.

MONTALVO, António Rebordão (1995), *Nota de abertura*, Revista da Administração Local

MONTALVO, António Rebordão, (2003), *O processo de mudança e o novo modelo da gestão pública municipal*, Coimbra, Almedina.

MONTEIRO, Nuno Gonçalo (1996), "A sociedade local e os seus protagonistas" *in* César de Oliveira (Org.), *História dos Municípios Portugueses*, Lisboa, Círculo de Leitores.

MOREIRA, Vital e Maria Manuel Leitão Marques, (1999), "Desintervenção do Estado, privatização e regulação de serviços públicos", Comunicação apresentada em conferência do INA sobre "Serviço público, gestão privada e regulação", Oeiras.

MORENO, Carlos (2000), *Finanças Públicas – Gestão e Controlo dos Dinheiros Públicos*, 2.ª edição, Lisboa, Universidade Autónoma de Lisboa.

MOZZICAFREDDO, Juan (2000), Estado-Providência e cidadania em Portugal, Oeiras, Celta.

MOZZICAFREDDO, Juan, João Salis Gomes e João S. Batista (org.) (2003), "A responsabilidade e a cidadania na administração pública", in *Ètica e Administração – Como modernizar os serviços públicos ?*, Oeiras, Celta.

MURRET, Jean-Pierre (2001), "L´opinion publique et la démocratie participative", *in As grandes questões da comunicação municipal para o séc. XXI, Forum dos Municípios Europeus*, Oeiras, Câmara Municipal de Oeiras.

MUSGRAVE, Robert A. e Peggy B. Musgrave (1989), *Public Finance in theory and practice*, New York, McGraw-Hill International Editions.

OLIVEIRA, César (1996), "Os municípios no liberalismo monárquico constitucional" em César de Oliveira (Org.), *História dos Municípios Portugueses*, Lisboa, Círculo de Leitores.

PARK, No-Wook (2002), *Decentralization and distributive politics: Theory and evidence from Korea*, Department of Economics – University of Michigan Working Paper.

PEREIRA, Paulo Trigo e João Andrade e Silva (1998), "Um novo modelo de perequação financeira municipal – fundo de equilíbrio financeiro" *in Emprego e desenvolvimento regional, Actas do V Encontro Nacional APDR*, Coimbra, APDR.

PEREIRA, Paulo Trigo (1999), "Fiscal decentralization, public sector and the wealth of nations" in Economia Pública Regional e Local, *Actas do 1.º Encontro Ibérico APDR – AECR*, Coimbra, APDR.

PEREIRA, Paulo Trigo e João Andrade e Silva (2001), "Subvenções para os municípios: um novo modelo de equilíbrio Financeiro" *in Notas económicas*, Instituto Superior de Economia e Gestão – Universidade Técnica de Lisboa.

PETERS, B. Guy (2001), "De mudança em mudança, padrões de reforma administrativa contínua" in Juan Mozzicafreddo e João Salis Gomes (org.), *Administração e Política – Perspectivas de reforma da administração pública na Europa e nos Estados Unidos*, Oeiras, Celta.

PINTO, Ricardo Leite e José Mário Ferreira de Almeida (2001), *O sistema político-administrativo Português*, Oeiras, INA.

POLÈSE, Mario (1998), *Economia Urbana e Regional – A lógica das transformações económicas*, Coimbra, APDR.

POLÈSE, Mario (1999), "From regional development to local development: on the life, death and rebirth o regional science as a policy relevant science" in *Emprego e Desenvolvimento Regional, Actas do V Encontro Nacional APDR*, Coimbra, APDR.

POLLIT, Cristopher, (1998), "Papéis alternativos para a avaliação no processo de reforma da gestão pública", *A Avaliação na Administração Pública*, INA, Oeiras.

REVIGLIO, Franco (2001), *Budgetary transparency for public expenditure control*, Washington, International Monetary Fund.

RIBEIRO, José Joaquim Teixeira (1997), *Lições de Finanças Públicas*, Coimbra, Coimbra Editora, 5.ª Edição.

ROCHA, J.A. Oliveira (2000), "O futuro da governação local", in *Economia Pública Regional e Local – Actas do 1.º Encontro Ibérico APDR – AECR*, Coimbra, APDR.

ROCHA, J.A. Oliveira (2001), *Gestão Pública e Modernização administrativa*, Oeiras, INA.

ROIG-ALONSO, Miguel (2000), "Visibility of public expenditure benefit in European Union member countries" in *Economia Pública Regional e Local – Actas do 1.º Encontro Ibérico APDR – AECR*, Coimbra, APDR.

ROSEMBLOOM, David H. , (2001) "As reformas administrativas dos EUA na era Clinton-Gore", em Juan Mozzicafreddo e João Salis Gomes (org.), *Administração e Política*, Oeiras, Celta Editora.

RUIVO, Fernando (2000), *O Estado labiríntico – O poder relacional entre poderes local e central em Portugal*, Porto, Edições afrontamento.

SÁ, Luís de (2000), *Introdução ao direito das autarquias locais*, Lisboa, Universidade Aberta.

SÁ, Jorge Vasconcelos, Ana Bela Santos (1998), *A reforma das Finanças Locais*, Documento de trabalho n.º 3/98, Lisboa, ISEG / UTL.

SANTOS, José António (1995), *As Freguesias – História e actualidade*, Lisboa, Celta.

SANTOS, Leonel Duarte e Luís Alfredo Martins do Amaral (2002), "O correio electrónico como ponto de partida para o *local e.government* – um estudo qualitativo da situação portuguesa", Guimarães, Universidade do Minho.

SARAIVA, José Hermano (1959), *Evolução Histórica dos Municípios Portugueses*, Lisboa, Centro de Estudos Políticos e Sociais.

SILVA, Fernando José Oliveira (1999), "A nova Lei das Finanças Locais e as suas implicações práticas no quadro jurídico-financeiro das autarquias locais", Lisboa, Inspecção Geral de Finanças, Ministério das Finanças.

SOUSA, Carlos (2003), "Administração de proximidade e o exercício da cidadania", *A face oculta da Governança – Cidadania, Administração Pública e Sociedade*, Oeiras, INA.

SOUSA, Fernando de (1979), *A população portuguesa nos Inícios do Século XIX*, Porto, Mimeo.

SOUSA, Marcelo Rebelo de (1994*), Lições de Direito Administrativo – I volume*, Lisboa.

SOUSA, Marcelo Rebelo de (1997), *O sistema de Governo Municipal*, Santarém, ATAM

SOUSA, Marcelo Rebelo de (1997), *Uma constituição moderna para Portugal*, Lisboa, Grupo Parlamentar do PSD.

STIGLITZ, Joseph E. (2000), *Economics of the public sector*, New York, W.W. Norton.

STIGLITZ, Joseph E. (2002), *Globalização – A grande desilusão*, Lisboa; Terramar.

STOCK, Maria José (2001), "Novas formas de cidadania – Um modelo para a análise da participação política em novos moldes em Portugal, de 1990 a 2000", *in A reforma do Estado em Portugal, Actas do I Encontro de Ciência Política*, Lisboa, Bizâncio.

TER-MINASSIAN, Teresa e Gerd Schwartz (1997), *The role of fiscal policy in sustainable stabilization: Evidence from Latin America*, Washington, International Monetary Fund.

TER-MINASSIAN, Teresa (1997), *Decentralization and Macroeconomic Management*, Washington, International Monetary Fund Working Paper n.º 97/155.

TIEBOUT, C.M. (1956), "A pure theory of local expenditures", *Journal of Political Economy*.

TRIBOLET, José (2000), "A Organização, a Gestão e os Processos de Ensino e de Investigação", *Actas do X Encontro das Universidades de Língua Portuguesa*, Ponta Delgada.

VALENTE, Maria José Andrade Pais (1999), "Ensaio para a mesuração da capacidade e do esforço fiscal dos municípios portugueses" *in Regiões e cidades na União Europeia: Que futuro?, Actas do VI Encontro Nacional APDR*, Coimbra, APDR.

VALENTE, Maria José Andrade Pais (2000), "Análise das transferências financeiras para as autarquias locais, no âmbito da nova lei das finanças locais, em termos de capacidade/esforço fiscal" *in Perspectivas de desenvolvimento para as regiões marítimas, Actas do VII Encontro Nacional APDR*, Coimbra, APDR.

ZBYSZEWSKI, João Paulo (2001), *Regime de atribuições e competências das autarquias locais*, Lisboa, Lex editores.

Bibliografia de referência

AGUIAR, Joaquim (2001), "Clivagens políticas – do passado ao futuro" *in A reforma do Estado em Portuga – Actas do I Encontro de Ciência Política*, Lisboa, Bizâncio.

ALEXANDRE, Maria do Rosário Torres (1998), "Controlo e Avaliação: culturas diferentes em processo de convergência", *A Avaliação na Administração Pública*, Oeiras, INA.

AMARAL, João Ferreira do, (1998), "A avaliação de Políticas Públicas", *in A Avaliação na Administração Pública*, Oeiras, INA.

BALEIRAS, Rui Nuno (1997), *Local Finance in Portugal – Rules and Performance*, Documento de trabalho, Lisboa, Faculdade de Economia, Universidade Nova de Lisboa.

BALEIRAS, Rui Nuno (1998), "Regiões e clubes de municípios – uma abordagem económica da regionalizaçãol", *in Emprego e desenvolvimento regional – Actas do V Encontro Nacional APDR, Coimbra*, APDR.

Bibliografia

BALEIRAS, Rui Nuno (2000), "To fragment or to consolidate jurisdictions: the optimal arquitecture of government", *in Desenvolvimento e ruralidades no espaço europeu – Actas do VIII Encontro Nacional APDR*, Coimbra, APDR.

BALEIRAS, Rui Nuno e José da Siva Costa (Março de 2001), "To be or nor to be in office again, that is the question – Political busines cycles with local governments", *in Emprego e desenvolvimento regional – Actas do V Encontro Nacional APDR*, Coimbra, APDR.

BÉRARD, Françoise (2001), *Les dotations de l'État aux colectivités locales*, Paris, Librairie Générale de Droit et de Jurisprudence.

BRAVO, Ana Bela Santos (1998), "Regionalização: reforma inevitável ou crónica de uma morte anunciada", *in Emprego e desenvolvimento regional – Actas do V Encontro Nacional APDR*, Coimbra, APDR.

CARRIÈRE, Jean-Paul (1998), "Essai de mesure et de représentation des disparités régionales: aplication au cas Portugais", *in Emprego e desenvolvimento regional – Actas do V Encontro Nacional APDR*, Coimbra, APDR.

CLUZEL, Jean (1980), *Finances Publiques et Pouvoir Local*, Paris, Librairic Générale de Droit et de Jurisprudence.

CORREIA, Delfim da Costa (1999), "As razões da regionalização e a descentralização financeira", *in Regiões e cidades na União Europeia: Que futuro? – Actas do VI Encontro Nacional APDR*, Coimbra, APDR.

COUTO, João Pedro de Almeida (2000), "A gestão estratégica de organizações públicas: o caso de uma autarquia", *in Desenvolvimento e ruralidades no espaço europeu – Actas do VIII Encontro Nacional APDR*, Coimbra, APDR.

CRUZ, José Manuel Neves (2000), "Análise económica da concorrência no mercado político: uma aplicação aos municípios de Portugal Continental", *in Economia Pública Regional e Local – Actas do 1.º Encontro Ibérico APDR – AECR*, Coimbra, APDR.

ESPADA, João Carlos (2001), "A tradição de liberdade e sua memória: razão da sua importância", *in A reforma do Estado em Portugal – Actas do I Encontro de Ciência Política*, Lisboa, Bizâncio.

FIGLIO, David e Artur O'Sullivan (1999), "The local response to tax limitation measures: do local governments manipulate voters to increase revenues?", *in Emprego e desenvolvimento regional, Actas do V Encontro Nacional APDR*, Coimbra, APDR.

GIDDENS, Anthony (2000), *As consequências da modernidade*, Oeiras, Celta.

HELLER, Peter S. (2002), *Considering the IMF´s perpective in "Sound Fiscal Policy"*, Washington, International Monetary Fund.

INIESTA, António Olaya (1999), "La descentralización del sector público Espanhol en el contexto de la Unión Europea", *in Regiões e cidades na União Europeia: que futuro? – Actas do VI Encontro Nacional APDR*, Coimbra, APDR.

MAGNET, Jacques (2000), *La gestion de fait des deniers publics locaux*, Paris, Librairie Génerale de Droit et de Jurisprudence.

MARQUES, Rafael (2001), "A advertência de Peter Comestor: um breve excurso sobre as hipóteses de reforma do estado em sociedades democráticas", *in A reforma do Estado em Portugal – Actas do I Encontro de Ciência Política*, Lisboa, Bizâncio.

MOZZICAFREDDO, Juan e João Salis Gomes (org.) (2001), "Cidadania e administração pública em Portugal", in *Administração e Política – Perspectivas de reforma da administração pública na Europa e nos Estados Unidos*, Oeiras, Celta.

286   *O financiamento das autarquias locais portuguesas*

OSÓRIO, Joaquim Marques e José da Silva Costa (2000), "Efficiency effects of intergovernmental aid" in Economia Pública Regional e Local, *Actas do 1.º Encontro Ibérico APDR – AECR*, Coimbra, APDR.

PERDIGUER, Mariona Farré i, Joan Pere Enciso i Rodriguez (2000), "El papel de los tributos locales como instrumento de política medioambiental", *in Desenvolvimento e ruralidades no espaço europeu, Coimbra*, APDR.

PEREIRA, Paulo Trigo (2001), "Governabilidade, grupos de pressão e o papel do Estado", *in A reforma do Estado em Portugal – Actas do I Encontro de Ciência Política*, Lisboa, Bizâncio.

PINSON, Gaëlle e Marie Chapelet (2002), *Les contrats de plan État-Région*, Paris, La documentation française.

ROIG-ALONSO, Miguel (2000), "Visibility of public expenditure benefit in European Union member countries" *in Economia Pública Regional e Local – Actas do 1.º Encontro Ibérico APDR – AECR*, Coimbra, APDR.

SÁ, Jorge Vasconcelos, Ana Bela Santos (1996), *A reforma das Finanças Locais*, Documento de trabalho n.º 4/96, Lisboa, ISEG / UTL.

SÁ, Jorge Vasconcelos, Ana Bela Santos (1996), *Regionalização e a reforma das Finanças Locais*, Documento de trabalho n.º 5/96, Lisboa, ISEG / UTL.

SILVA, Filipe Carreira da (2001), "O conceito de democracia em Jürgen Habermas – A influência pragmatista", in A reforma do Estado em Portugal, *Actas do I Encontro de Ciência Política*, Lisboa, Bizâncio.

TAVARES, José F. F. (2000), *Administração Pública e Direito Administrativo*, Coimbra, Almedina.

TEIXEIRA, António Braz (1980), *Introdução ao Direito Financeiro*, Lisboa, Associação Académica da Faculdade de Direito.

VALENTE, Maria José Andrade Pais (2000), "Um índice de diversificação de receitas faz sentido no quadro da lei das finanças locais portuguesas ?", *in Desenvolvimento e ruralidades no espaço europeu – Actas do VIII Encontro Nacional APDR*, Coimbra, APDR.

Documentação

Comissão Europeia (1997), Séries de guias de avaliação.

Comissão Europeia, (2002), "Relatório de avaliação do desempenho da iniciativa eEurope", Bruxelas

Conselho da Europa – Comité das Regiões, (2001), Parecer de 19 de Setembro, sobre a Comunicação da Comissão ao Conselho e ao Parlamento Europeu "Plano de Acção e.learning – *Pensar o futuro da educação*", Parlamento Europeu, Estrasburgo.

Conselho da Europa – Comité das Regiões, (2002), Parecer de 3 de Julho, sobre o Livro Branco da Comissão Europeia – "Um novo impulso à juventude europeia", Parlamento Europeu, Estrasburgo.

Conselho da Europa – Congresso das Autoridades Locais e Regionais da Europa, Resolução n.º 79 (1999), sobre a integridade dos eleitos locais e regionais.

Conselho da Europa – Congresso das Autoridades Locais e Regionais da Europa, Recomendação n.º 114 (2002), sobre as autoridades locais e os serviços públicos.

Bibliografia

Conselho da Europa – Congresso das Autoridades Locais e Regionais da Europa, Recomendação n.º 127 (2003) sobre Democracia Local e Regional em Portugal.

Direcção Geral da Administração Autárquica, (1986), "Administração Local em números", Ministério do Planeamento e da Administração do Território

Direcção Geral da Administração Autárquica (2001) "Finanças Locais – aplicação em 2001 – indicadores das Freguesias – n.º6 " Ministério do Planeamento e da Administração do Território – Secretaria de Estado da Administração Local e do Ordenamento do Território.

Direcção Geral das Autarquias Locais (2001) "Administração Local em números – 2001" Ministério do Ambiente e do Ordenamento do Território – Secretaria de Estado da Administração Local.

Direcção Geral da Administração Autárquica (2002) "Finanças Locais – aplicação em 2001 – indicadores municipais – n.º 20 " Ministério das Cidades, Ordenamento do território e Ambiente – Secretaria de Estado da Administração Local.

Direcção Geral das Autarquias Locais (2002) "Finanças Municipais 2000" Ministério das Cidades, Ordenamento do Território e Ambiente – Secretaria de Estado da Administração Local.

Ministério do Plano e da Administração do Território (1987), *Carta Europeia de Autonomia Local*, Lisboa.

Observatório das Ciências e Tecnologias (2001), "Inquérito à utilização das Tecnologias da Informação e da Comunicação pela População Portuguesa", Documento n.º 3 Lisboa.

OCDE (1997), *The OECD Report on Regulatory Reform: Synthesis*, Paris.

OCDE (1998), *Guia das melhores práticas a seguir na avaliação*, PUMA, Paris.

OCDE (1999), Best practices for budget transparency, Paris, OCDE.

OCDE (2002), *Glossary of key Terms in Evaluation and Results Based Management*, Paris

STAPE Secretariado Técnico dos Assuntos para o Processo Eleitoral (2002), "Eleições para os órgãos das autarquias locais 2001 – resultados do escrutínio provisório".

ÍNDICES

ÍNDICE GERAL

Pags.

Prefácio	7
Introdução	13

PARTE I
INTRODUÇÃO À ADMINISTRAÇÃO E AO TERRITÓRIO

1. Conceitos, Noções e Enquadramento	19
1.1 *Conceitos*	19
1.1.1 Conceito de autarquia local	19
1.1.2 Conceito de Poder Local	21
1.1.3 Conceito de dinheiros públicos	22
1.2 *Noções*	23
1.2.1 Noção de freguesia e sua evolução	23
1.2.2 Noção de município e sua evolução	26
1.2.3 Região administrativa versus distrito	34
1.2.4 As regiões plano e a desconcentração	37
1.2.5 Autonomia e descentralização	40
1.3 *Considerações gerais*	42
1.3.1 As autarquias locais e o Estado	42
1.3.2 As autarquias e a administração pública	43
1.3.3 As autarquias locais e a Europa	45
1.3.4 As autarquias locais e a sua gestão económico-financeira	45
2. A caracterização das autarquias locais	47
2.1 *Caracterização das freguesias*	47
2.1.1 Dimensão populacional	47
2.1.2 Dimensão geográfica	48
2.1.3 Classificação administrativa	49
2.1.4 Número de freguesias por município	50
2.2 *Caracterização dos municípios*	51
2.2.1 Dimensão populacional	51

292　　　*O financiamento das autarquias locais portuguesas*

2.2.2 Dimensão geográfica 53
2.2.3 Classificação administrativa 54
2.2.4 Os municípios e as Comissões de Coordenação e desenvolvimento Regional 56
2.3 Outras organizações autárquicas 59
    2.3.1 Os gabinetes de apoio técnico – GAT 59
    2.3.2 As associações 61
    2.3.3 As empresas públicas 62
    2.3.4 As áreas metropolitanas e as comunidades urbanas 65

PARTE II
OS RECURSOS PÚBLICOS E A SUA UTILIZAÇÃO

3. Os diversos regimes de finanças das autarquias locais 69
3.1 *Enquadramento* 69
3.2 *Os diversos regimes de finanças locais* 70
    3.2.1 A primeira lei de finanças locais – Lei 1/79, de 2 de Janeiro 70
    3.2.2 O segundo regime de finanças locais – DL 98/84, de 29 de Março 73
    3.2.3 A terceira lei de finanças locais – Lei 1/87, de 6 de Janeiro 75
    3.2.4 O quarto regime de finanças locais – Lei 28/98, de 6 de Junho 78
    3.2.5 A evolução dos indicadores e a sua fiabilidade 82

4. Os recursos autárquicos 87
4.1 *Enquadramento* 87
4.2 *As receitas das freguesias* 87
    4.2.1 As receitas próprias das freguesias 87
    4.2.2 As transferências para as freguesias 88
    4.2.3 Outras receitas das freguesias 89
4.3 *As receitas dos Municípios* 90
    4.3.1 As receitas próprias dos municípios 90
    4.3.2 As transferências para os municípios 95
    4.3.3 Comparação receitas próprias / transferências 96

5. A despesa pública nacional 99
5.1 *Enquadramento* 99
5.2 *A despesa pública por níveis de governo* 100
5.3 *A despesa pública por funções* 103
5.4 *A evolução do PIB / inflação / despesa pública* 104

6. A despesa pública municipal 109
6.1 *Enquadramento* 109

Índices

6.2 *A despesa por classes de municípios (dimensão)* 109

6.3 *A despesa económica* 110

6.4 *A despesa por classificação funcional* 114

6.5 *A distribuição da despesa por NUT* 114

6.6 *A despesa de investimento* 119

6.7 *A distribuição per capita da despesa* 121

7. O endividamento dos municípios 125

   7.1 *Enquadramento* 125

   7.2 *O endividamento de curto prazo* 126

   7.3 *O endividamento de médio e de longo prazo* 127

   7.4 *A evolução do endividamento* 128

8. As relações financeiras entre o Estado e as colectividades regionais e locais na União Europeia 135

   8.1 *As receitas próprias dos governos locais* 135

      8.1.1 As receitas fiscais 135

      8.1.2 As receitas provenientes da venda de bens e serviços 136

   8.2 *As transferências do estado para as colectividades locais* 137

      8.2.1 As transferências resultantes dos mecanismos de perequação Financeira 137

      8.2.2 Outras transferências 138

   8.3 *Algumas comparações sobre o funcionamento dos sistemas subnacionais na União Europeia – o exemplo da despesa* 141

PARTE III

A REPARTIÇÃO DOS RECURSOS PÚBLICOS E A EQUIDADE REDISTRIBUTIVA

9. A intervenção do sector público e sua função 145

   9.1 *Enquadramento* 145

   9.2 *A função de afectação* 146

   9.3 *A função de distribuição* 156

   9.4 *A função de estabilização* 159

   9.5 *A função de coordenação* 160

10. A racionalidade da descentralização da despesas pública 161

   10.1 *Enquadramento* 161

   10.2 *Descentralizar ou não descentralizar – eis a questão* 162

   10.3 *Da teoria neo-clássica à multi-level governance* 165

294   *O financiamento das autarquias locais portuguesas*

10.4 *Descentralização e eficiência* 167
10.5 *Desintervenção, privatização, liberalização e desregulação* 172
10.6 *O funcionamento dos serviços públicos e a sua gestão por privados* 174
10.7 *A provisão pública aplicada aos municípios portugueses* 178

11. Aplicação ao caso Português – as necessidades e o financiamento dos municípios 185
    11.1 *Enquadramento* 185
    11.2 *A capacidade fiscal dos municípios* 186
    11.3 *O esforço fiscal de cada município* 187
    11.4 *Análise do mecanismo de transferências da Lei de Finanças Locais* 191

12. Um sistema de indicadores de gestão para os municípios portugueses O Benchmarking municipal (Case Study) 199
    12.1 *Enquadramento* 199
    12.2 *A metodologia de construção dos indicadores de gestão* 200
    12.3 *Uma proposta de indicadores municipais* 203

PARTE IV
A QUALIDADE E A TRANSPARÊNCIA DA ADMINISTRAÇÃO LOCAL

13. A democratização das autarquias locais 211
    13.1 *A renovação da classe política local* 211
        13.1.1 A revisão da lei eleitoral das autarquias locais 212
        13.1.2 A limitação do exercício de alguns mandatos 214
        13.1.3 O exercício dos mandatos e dos cargos 216
        13.1.4 A concessão de direitos políticos a estrangeiros 218
    13.2 *Maior transparência na gestão da administração local* 219
        13.2.1 A fiscalização política das autarquias locais 219
        13.2.2 O estatuto de oposição 222
        13.2.3 As consultas populares e o referendo local 223
        13.2.4 A administração aberta e a consulta dos processos Administrativos 224

14. A participação dos cidadãos na vida local 227
    14.1 *Uma sociedade da informação ao serviço dos cidadãos* 227
        14.1.1 A Internet e o intercâmbio da informação 227
        14.1.2 A sociedade da informação nos municípios Portugueses 230
        14.1.3 Os boletins autárquicos e a publicidade 232
    14.2 *A participação dos cidadãos na gestão* 233
    14.3 *A concertação nos projectos* 235

Índices 295

14.4 *A descentralização dos serviços municipais* 237

14.5 *O relançamento do Conselho Municipal* 239

14.6 *Uma democracia de proximidade* 240

15. O controlo de legalidade e de gestão nas autarquias locais 243

    15.1 *O controlo de legalidade* 243

        15.1.1 O controlo *ex-ante* 247

        15.1.2 O controlo *on-going* 248

        15.1.3 O controlo *ex-post* 249

    15.2 *O controlo de gestão* 250

        15.2.1 O controlo interno 251

        15.2.2 O controlo externo 252

        15.2.3 O Sistema de Controlo Interno 253

    15.3 *A responsabilidade dos eleitos e as acções de controlo* 255

        15.3.1 Acções inspectivas ou acções de formação 256

        15.3.2 A função inspectiva e a auditoria externa 256

        15.3.3 *Accountability* ou responsabilidade pelos resultados 257

16. Uma cultura de avaliação para as autarquias locais 259

    16.1 *A utilidade da avaliação na gestão* 259

    16.2 *Os objectivos da avaliação* 260

    16.3 *A oportunidade da avaliação* 261

    16.4 *Os métodos de avaliação* 262

    16.5 *Algumas experiências de avaliação internacionais* 265

    16.6 *A avaliação em Portugal* 269

    16.7 *Um* Case Study *"O método aberto de coordenação" e a sua aplicação às autarquias locais* 270

Conclusões 273

Bibliografia 279

Documentação 286

Índice Geral 291

Índice de Quadros 297

Índice de Figuras 301

ÍNDICE DE QUADROS

Quadro 2.1 – Dimensão populacional das freguesias, por classes de eleitores ..... p. 48

Quadro 2.2 – Dimensão das freguesias, por classes de área .... p. 48

Quadro 2.3 – Número de freguesias por município .... p. 50

Quadro 2.4 – Dimensão populacional dos municípios, por classes de habitantes p. 52

Quadro 2.5 – Dimensão populacional dos maiores e menores municípios .... p. 52

Quadro 2.6 – Dimensão geográfica dos municípios, por classes .... p. 53

Quadro 2.7 – Dimensão geográfica dos maiores e menores municípios .... p. 54

Quadro 2.8 – Actividades prosseguidas pelas empresas públicas municipais
ou intermunicipais .... p. 64

Quadro 2.9 – Composição das duas áreas metropolitanas .... p. 66

Quadro 3.1 – Fundos municipais e fundos das freguesias de 1995 a 2002 .... p. 82

Quadro 3.2 – Critérios de distribuição dos Fundos Municipais .... p. 84

Quadro 4.1 – Evolução das transferências para as freguesias .... p. 89

Quadro 4.2 – Receitas próprias – valores per capita (euros) .... p. 91

Quadro 4.3 – Cobrança da Sisa por municípios – dez mais e dez menos (euros) p. 93

Quadro 4.4 – Transferências – valores (Milhões de contos) .... p. 95

Quadro 4.5 – Evolução da estrutura das receitas municipais
– (milhões de contos) .... p. 96

Quadro 5.1 – Despesa total - grandes agrupamentos, (milhões de contos).......... p. 101

Quadro 5.2 – Atribuições das Regiões Autónomas – art. 228 da C.R.P .... p. 102

Quadro 5.3 – Atribuições dos Municípios – art. 13º da Lei 159/99 .... p. 102

Quadro 5.4 – Composição funcional da despesa pública em 1998
(em percentagem) .... p. 104

Quadro 5.5 – Evolução da despesa pública, da fiscalidade e do endividamento
na U.E. e nos E.U.A entre 1970 - 1999 (em percentagem) .... p. 106

Quadro 6.1 – Despesa por classes de municípios 1995-2000 (em percentagem) . p. 110

Quadro 6.2 – Síntese da situação financeira 1995-2000 (milhares de euros) .... p. 111

Quadro 6.3 – Comparação entre os saldos de gerência e o endividamento
de curtoprazo 1995-2000 .... p. 111

298   *O financiamento das autarquias locais portuguesas*

Quadro 6.4 – Despesa total dos municípios em 2001 (milhões de euros) .... p. 113

Quadro 6.5 – Despesas dos Municípios em 2001 por NUTS I
(milhares de euros) .... p. 115

Quadro 6.6 – Evolução de alguns agrupamentos da despesa, por NUT I
(milhares de euros) .... p. 118

Quadro 6.7 – Evolução da despesa por NUT I I (milhares de euros) .... p. 119

Quadro 6.8 – Evolução do financiamento do investimento (milhares de euros) p. 120

Quadro 6.9 – Capitação da despesa municipal e sua evolução (milhares de euros) p. 122

Quadro 7.1 – Variação do endividamento curto prazo por NUT II .... p. 126

Quadro 7.2 – Variação do endividamento médio e longo prazo por NUT II ...... p. 128

Quadro 7.3 – Simulação das transferências AC-AL, com a LFL de 1998 e a LFL
de 1987 .... p. 129

Quadro 7.4 – Variação da dívida bancária bruta e liquida de depósitos,
da Administração Local .... p. 129

Quadro 7.5 – Endividamento dos municípios 1996 – 2001, por NUT
(em milhares de euros) .... p. 131

Quadro 7.6 – Acréscimos anuais de endividamento dos municípios, por NUT
(em percentagem) .... p. 132

Quadro 7.7 – Capacidade de endividamento dos municípios, em Junho de 2003 p. 133

Quadro 8.1 – Peso da base de tributação na receita fiscal da administração local
(em percentagem) .... p. 136

Quadro 8.2 – Estrutura das subvenções e receitas fiscais locais em 1981
(em percentagem) .... p. 137

Quadro 8.3 – Comparação internacional referente a 1999 (% do PIB) .... p. 142

Quadro 9.1 – Classificação da provisão pública de bens e serviços dos
municípios .... p. 149

Quadro 9.2 – Resumo da classificação do quadro 9.1. .... p. 154

Quadro 10.1 – Natureza e forma das reformas propostas para os municípios
portugueses .... p. 178

Quadro 11.1 – Matriz de esforço/capacidade fiscal - BF_1 – (unidade:
n.º de municípios) .... p. 187

Quadro 11.2 – Matriz de esforço/capacidade fiscal – BF_2 – (unidade:
n.º de municípios) .... p. 188

Quadro 12.1 – Classificação dos indicadores municipais de gestão, segundo
Carvalho e Fernandes .... p. 201

Quadro 12.2 – Classificação dos indicadores municipais de gestão por critérios
de avaliação .... p. 202

Quadro 12.3 – Proposta de classificação de indicadores externos de gestão
dos municípios .... p. 204

Quadro 12.4 – Proposta de indicadores internos de gestão dos municípios .... p. 207

Quadro 14.1 – Câmaras municipais com correio electrónico em 2002 (resposta
a um questionário) .... p. 231

Quadro 14.2 – Resposta a uma mensagem simples de correio electrónico
(resultado do estudo) .... p. 231

ÍNDICE DE FIGURAS

Figura 2.1 – Áreas de actuação das CCDR .... p. 58

Figura 2.2 – Áreas de actuação dos GAT .... p. 60

Figura 4.1 – Evolução das transferências do O.E. – Fundos municipais
e Fundos das freguesias – período de 1995 a 2002 .... p. 88

Figura 4.2 – Repartição dos impostos directos em 2001 .... p. 92

Figura 4.3 – Repartição dos impostos directos em 2001, por NUT II .... p. 93

Figura 4.4 – Distribuição da Sisa em 2001 – Concentração por municípios .... p. 94

Figura 4.5 – Evolução das receitas próprias e das transferências
para os municípios .... p. 97

Figura 5.1 – Comparação da evolução da despesa pública, da fiscalidade e do
endividamento .... p. 107

Figura 6.1 – Evolução da despesa no período 1995-2000 .... p. 112

Figura 6.2 – Evolução do financiamento do investimento .... p. 121

Figura 8.1 – Repercussão micro económica das transferências .... p. 140